金融衍生品

灵药还是毒药？

（Simon Grima）
[马耳他] 西蒙·格里马　　　　著

（Eleftherios I. Thalassinos）
[希] 埃莱夫塞里奥斯·I. 塔拉西诺斯

吴士宝　译

FINANCIAL
DERIVATIVES
A Blessing or a Curse?

中国原子能出版社　中国科学技术出版社

·北　京·

Financial Derivatives: A Blessing or a Curse? by Simon Grima; Eleftherios I. Thalassinos and edited by Rebecca Dalli Gonzi; Ioannis E. Thalassinos/ISBN:978-1-78973-246-7
Copyright © 2020 Emerald Publishing Limited
All rights reserved.
This translation of Financial Derivatives by Simon Grima; Eleftherios I. Thalassinos;and edited by Rebecca Dalli Gonzi; Ioannis E. Thalassinos is published under licence from Emerald Publishing Limited of Howard House, Wagon Lane, Bingley, West Yorkshire, BD16 1WA, United Kingdom.
This edition arranged through BIG APPLE AGENCY, LABUAN, MALAYSIA.
Simplified Chinese edition copyright © 2024 by China Science and Technology Press Co., Ltd.and China Atomic Energy Publishing&Media Company Limited.

北京市版权局著作权合同登记　图字：01-2024-0383。

图书在版编目（CIP）数据

金融衍生品：灵药还是毒药？/（马耳他）西蒙·格里马（Simon Grima），（希）埃莱夫塞里奥斯·I. 塔拉西诺斯（Eleftherios I. Thalassinos）著；吴士宝译
. —北京：中国原子能出版社：中国科学技术出版社，2024.5
书名原文：Financial Derivatives: A Blessing or a Curse?
ISBN 978-7-5221-3174-0

Ⅰ.①金… Ⅱ.①西… ②埃… ③吴… Ⅲ.①金融衍生产品—研究 Ⅳ.① F830.95

中国国家版本馆 CIP 数据核字（2023）第 241361 号

策划编辑	申永刚　王雪娇	责任编辑	马世玉　陈　喆
文字编辑	何　涛	版式设计	蚂蚁设计
封面设计	马筱琨	责任印制	赵　明　李晓霖
责任校对	冯莲凤　张晓莉		

出　版	中国原子能出版社　中国科学技术出版社
发　行	中国原子能出版社　中国科学技术出版社有限公司发行部
地　址	北京市海淀区中关村南大街 16 号
邮　编	100081
发行电话	010-62173865
传　真	010-62173081
网　址	http://www.cspbooks.com.cn

开　本	710mm×1000mm　1/16
字　数	211 千字
印　张	17
版　次	2024 年 5 月第 1 版
印　次	2024 年 5 月第 1 次印刷
印　刷	北京盛通印刷股份有限公司
书　号	ISBN 978-7-5221-3174-0
定　价	89.00 元

目录

第 1 章

矛盾的金融衍生品

第 2 章

金融衍生品的应用

第 3 章

金融衍生品的滥用案例

第 4 章

人们对金融衍生品的认识误区与疑问

附录：案例概要

第 1 章
矛盾的金融衍生品

第 1 章对金融衍生品以及围绕衍生品的争论进行了简单介绍，并划定了本书的研究范围，阐明了本书的研究目的和研究意义，提出了针对衍生品的基本问题，并讨论了围绕衍生品应用的相关问题。此外，本章还总结了人们对衍生品所做的相关研究。

1.1　关于衍生品的争论

埃丁顿（Edington，1994 年）根据人们对金融衍生品的观点，将其划分为两派完全对立的阵营：“一派将衍生品视为新投资时代的‘圣杯’，另一派则将其诋毁为金融领域的‘撒旦’。”他的观点表明，针对衍生品及其使用问题，存在着许多相互矛盾的观点和意见。人们要么将其视为一种有用的金融工具，要么认为其纯粹是对时间和金钱的浪费 [多德（Dodd），2002 年 b]。赫尔（Hull，2008 年）曾对金融衍生品下了这样一个定义：一种能够从其他更基本、更基础变量的价值中，衍生出本身价值的金融工具。这里所提到的更基础的变量，可以是任何对象，既可以是一项金融资产，也可以是利率，其价值与某个指数，特定地区的天气状况，或者特定企业的盈利能力密切相关 [施图尔茨（Stulz），2005 年]。

施图尔茨（2004 年）在《我们是否应该畏惧金融衍生品？》（*Should We Fear Derivatives?*）一文中，将衍生品分为两类：普通衍生品和奇异衍生品。普通衍生品是指远期和期货合约、掉期合约、期权或这些工具的组合。其他衍生品则统称为奇异衍生品。本书第 2 章将对这些概念进行深入探讨。

钱斯（Chance，1995 年）在《金融衍生品年表》（*A Chronology of Derivatives*）中，重点探讨了衍生品的历史和发展过程。他认为，最早的衍生品可以追溯到公元前 580 年左右，"当时，米利都人泰勒斯购买了橄榄油榨油器的'期权'，借助橄榄的丰收，从而大赚了一笔。"他还提到，公元前 1700 年左右，雅各（《圣经·创世记》第 29 章）"购买了一项'期权'，以 7 年的劳动为代价，换取与拉班的女儿瑞吉儿结婚的权利"。钱斯认为，衍生品发展过程中最重要的历史事件是，"伦敦皇家交易所"率先开展衍生品交易——标志着第一家衍生品交易所从此诞生。当时的人们通过这家交易所执行远期合约。而最早的期货合约，据说诞生于日本大阪的淀屋稻米交易所；而第二个重要的历史事件是 1848 年芝加哥交易所的成立。

施图尔茨（2005 年）在他的《揭秘金融衍生品》（*Demystifying Financial Derivatives*）一文中指出，在 20 世纪 70 年代之前，衍生品的市场容量并不算大。但是，进入 20 世纪 70 年代后，经济环境的变化，以及衍生品定价方法的不断进步，促使衍生品交易激增。在这段时间，"利率和汇率波动剧烈，迫使人们寻找更有效的方法来对冲相对风险。同时，由于政府对许多行业放松管制，再加上国际贸易大幅增长，资本流动更加顺畅，人们因此迫切需要合适的金融产品来应对风险。"施图尔茨（2005 年）认为，20 世纪 70 年代涌现出的技术进步，提高了计算管理的速度与效率，增强了网络与通信设施的功能。在同一时期，学者们开发出布莱克－斯克尔斯定价模型。这些因素大大改变了衍生品的交易方式。此后，金融工程师可以更加容易地设计新的金融衍生产品，实现它们的价值。

根据《国际清算银行 2019 年季度审查报告》（*Bank for International Settlements（BIS）Quarterly Review*），截至 2018 年底，2018 年下半年全球衍生品市场总值高达 96 620 亿美元，各类场外衍生品交易未清偿合约名义金额高达 544 400 亿美元。虽然规模较大，但较之上半年还是略有下降，下降幅度约为 506 000 亿美元。

截至 2018 年 12 月，场内交易的期货和期权衍生品的名义金额分别为 390 000 亿美元和 682 000 亿美元（国际清算银行，2019 年）。

因此，我们有必要对衍生品进行深入的理解和研究。此外，由于衍生品市场不仅规模庞大，而且复杂多变，所以，监管者必须不断调整管制手段，才能预防由金融衍生品引发的全球性金融危机。

通过后面几章，我们将会了解到，衍生品已经改变了公司看待金融风险并减轻风险影响的方式。当今世界，金融风险越来越复杂，而且会随着创新的出现不断改变。风险也并不局限在一国之内，而是会蔓延到全球，同时互联网等快速通信方式会进一步加剧风险的复杂性。西蒙（Simon，2008 年）在《衍生品是否是金融行业的"大规模杀伤性武器"？》（*Are Derivatives Financial "Weapons of Mass Destruction"*）一文中指出，尽管衍生品的目的是对冲此前提到的各种风险，但仍有人对这些工具的使用持怀疑态度。国际 30 人小组（1993 年）认为，这些金融工具的使用者，"无论是金融行业内的，还是行业外的，都对衍生品交易活动感到不安"。此外，虽然近年来，在适当风险管理系统的支撑下，衍生品的应用越发普及，但并非所有的企业都能免受衍生品滥用造成的影响。

在《失策的豪赌》（*Big Bets Gone Bad*）一书中，菲利普·乔瑞恩引用了菲利克斯·罗哈金（Felix Rohatyn）的名言。将衍生品比作"一群 26 岁的年轻人用计算机制造出的金融氢弹"。乔瑞恩还引述了亨利·冈萨雷斯（Henry Gonzalez）的观点，将衍生品视为"电子环境下畸形的全球性庞氏骗局"。1995 年 3 月，CBS（哥伦比亚广播公司）的电视节目——《60 分钟时事杂志》（*60 Minutes*）将衍生品形容为"复杂得难以解释，但又重要得不容忽视"。节目还表示，衍生品"不仅非常另类，难以理解，还缺乏实质的监管。有些人认为，它们异常多变，有可能会对全球银行体系造成严重的破坏"。

赫尔（2008年）指出，衍生品本身固有的不良性质，给公司和政府机构带来了重大财务损失。但是，科克伦却认为，"绝大多数经济学家都将衍生品视为最近30年来的一项积极的金融创新"，并且只有充分理解这一观点，才能在国际金融市场立足。由于许多衍生品涉及跨境交易，因此，"衍生品市场加重了国际金融的脆弱性，国际金融市场迫切需要对该工具进行超国家治理"［麦克林托克（McClintock），1996年］。

贝克特（Becketti，1995年）的观点普遍更被人们所接受。他认为，金融衍生品的使用会加重企业的特有风险和系统风险，有可能会危及全球实体经济和金融系统。企业特有风险包括：信贷或违约风险、法律风险、市场和流动性风险以及运营或管理风险。

他进一步强调，金融衍生品会使金融机构（既包括信贷机构也包括非信贷机构）间的竞争加剧；金融市场间的互联性不断增强；衍生品表外交易日益集中以及降低了信息披露的透明度。这些因素将放大人们对市场动荡的反应。

西蒙（2008年）引述了沃伦·巴菲特（Warren Buffett，2003年）的观点。后者在伯克希尔·哈撒韦公司（Berkshire Hathaway Inc）2002年的年报中，将衍生品形容为"金融领域的大规模杀伤性武器，是由疯子设计出来的金融合约"。达斯（Das，2005年）在《交易者、枪炮与金钱》（*Traders, Guns and Money*）一文中指出，"自从巴菲特将衍生品形容为'金融领域的大规模杀伤性武器'以来，人们一直希望有人能够以衍生品为素材，创造出一部惊悚小说或电影出来。"

大量的案例表明，衍生品的使用确实给许多企业和政府实体带来了损失。但问题是，衍生品及其市场是否是这些重大失败和损失的罪魁祸首。后续章节将会对其中一些案例进行总结。表 1-1 简要列举了文献中提到的企业失败的著名案例。人们认为，这份表格所列举的经济领域的重大损失、失败，都是由金融衍生工具的使用所造成的。我们可以看到，除个别案例（如 1995 年的大和银行）外，几乎所有案例都涉及衍生品的使用和交易。此外，为了使人们能够理解企业损失的规模，我们在表格中还增加了一列，用以表明该项损失占总体损失的百分比。另外，巴尔特与麦卡锡（Barth 和 McCarthy，2012 年）在《交易损失：以小见大地思考问题》（*Trading Losses: A Little Perspective on a Large Problem*）一文中指出，从相对规模与净股本的比例来看，不凋花顾问公司、美国长期资本管理公司（LTCM）和巴林投资银行（Barings Investment Bank）的亏损程度，几乎等于或超过了这些公司的净股本，导致这三家公司破产或濒临破产。

表 1-1　交易损失汇总

交易员	损失额（亿美元）	机构	市场类别	该项损失占总损失的比重（%）	发生年份
霍华德·豪伊·许布勒（Howard Howie Huble）	90	摩根士丹利（Morgan Stanley）	房地产信用违约掉期	11.79	2008
热罗姆·凯维埃（Jérôme Kervie）	72	法国兴业银行（Société Générale）	欧洲股指期货	9.43	2008
布莱恩·亨特（Brian Hunter）	65	不凋花顾问公司（Amaranth Advisors）	天然气期货	8.51	2006

续表

交易员	损失额（亿美元）	机构	市场类别	该项损失占总损失的比重（%）	发生年份
约翰·梅里韦瑟（John Meriwethe）	46	长期资本管理公司（Long-Term Capital Management）	利率和股权衍生工具	6.02	1998
滨中泰南（Yasou Hamanaka）	35	住友商事	铜期货	4.58	1996
无特定交易员	29	鹿岛石油株式会社（Kashima Oil）	外汇衍生品交易（外汇远期合约）	3.80	1994
威廉·亨特（William Hunt）、纳尔逊·亨特（Nelson Hunt）	25.2	亨特兄弟（Hunt Brothers）	白银期货	3.30	1980
无特定交易员	25	阿拉克鲁兹公司（Aracruz）	巴西外汇期权——以雷亚尔资产为基础	3.27	2008
沃尔夫冈·弗洛蒂（Wolfgang Flotti）、赫尔穆特·埃尔斯纳（Helmut Elsner）	25	巴瓦格银行（Bawag）	货币掉期和利息掉期	3.27	2006
奎库·阿多博利（Kweku Adcboli）	23	瑞士联合银行（UBS）	欧洲股票市场－标普500，达克斯，以及欧洲斯托克股指期货	3.01	2011
无特定交易员	21.4	昭和壳牌石油公司（Showa Shell Sekiyu）	外汇远期	2.80	1993

续表

交易员	损失额（亿美元）	机构	市场类别	该项损失占总损失的比重（％）	发生年份
布鲁诺·伊克希尔（Bruno Iksil，绰号伦敦鲸）或伏地魔）	20	摩根大通（JPMorgan Chase）	信用衍生品市场	2.62	2013
荣明方	18.2	中信泰富	外汇交易	2.38	2014
马克西姆·格里沙宁（Maksim Grishanin）	17.6	俄罗斯国家石油管道运输公司（Transneft）	金融衍生品	2.30	2008
博阿茨·魏因施泰因（Boaz Weinstein）	17.4	德意志银行（Deutsche Bank）	金融衍生品	2.28	2000
罗伯特·西特伦（Robert Citron）	17	奥兰治县地方政府	利率衍生品	2.23	1994
沃尔夫冈·弗洛蒂、赫尔穆特·埃尔斯纳	15.6	巴瓦格银行	外汇交易	2.04	1995
乔治·索罗斯（George Soros）	14.6	索罗斯基金（Soros Fund）	标普 500 股指期货	1.91	1987
尼克·李森（Nick Leeson）	14	巴林银行	日经股指期货	1.83	1995
海因茨·席梅尔布施（Heinz Schimmelbusch）	13	德国金属公司	原油期货	1.70	1993
井口俊英（Toshihide Iguchi）	11	大和银行理索纳控股集团（Daiwa Bank-Resona Holdings）	美国国债	1.44	1995

续表

交易员	损失额（亿美元）	机构	市场类别	该项损失占总损失的比重（%）	发生年份
鲍里斯·皮卡诺－纳奇（Boris Picano-Nacci）	10.6	松鼠储蓄银行（Groupe Caisse d'Epargne）	股权衍生品	1.39	2008
阿德里亚诺·费雷拉（Adriano Ferreira），阿尔瓦罗·巴列乔（Álvaro Ballejo）	10.5	沙地亚公司（Sadia）	外汇与信贷期权	1.37	2008
彼得·杨（Peter Young）	8.5	摩根格兰福（Morgan Grenfell）	股票	1.11	1997
戴维·阿斯肯（David Askin）	8.4	阿斯肯资本管理公司（Askin Capital Management）	抵押证券	1.10	1994
弗里德黑尔姆·布罗伊尔（Friedhelm Breuers）	8.2	西德意志银行（WestLB）	普通股和优先股	1.07	2007
戴维·李（David Lee）	8	蒙特利尔银行（Bank of Montreal）	天然气股权	1.05	2007
丹尼·达特尔（Dany Dattel）	7.6	赫斯塔特银行（Herstatt Bank）	外汇交易	1.00	1974
戴维·李，凯文·卡西迪（Kevin Cassidy）	6.4	蒙特利尔银行	天然气衍生品	0.84	2007
陈九霖	6	中国航油（新加坡）股份有限公司	原油期货与期权	0.79	2004

续表

交易员	损失额（亿美元）	机构	市场类别	该项损失占总损失的比重（%）	发生年份
拉米·戈尔德施泰因（Ramy Goldstein）	5.5	瑞士联合银行	股权衍生品	0.72	1998
陈九霖	5.5	中国航油	航空燃油期货	0.72	2005
霍华德·A.鲁宾（Howard A. Rubin）	5.1	美林证券（Merrill Lynch）	抵押贷款（本金证券与利息证券）交易	0.67	1987
A.詹姆斯·曼钦（A. James Manchin）	5.1	西弗吉尼亚州政府	固定收益和利率衍生品	0.67	1987
约瑟夫·杰特（Joseph Jett）	4.9	基德尔·皮博迪公司（Kidder, Peabody & Co）	政府债券	0.64	1994
迈克尔·伯杰（Michael Berger）	4.8	曼哈顿投资基金（Manhattan Investment Fund）	互联网泡沫时期 IT 股做空交易	0.63	2000
托马斯·乔伊斯（Thomas Joyce）	4.4	奈特资本集团（Knight Capital Group）	股权	0.58	2012
无特定交易员	4.1	裕宝阿尔普 - 亚德里亚国际银行（Hypo Alpe-Adria-Bank International）	外汇交易	0.54	2004

续表

交易员	损失额（亿美元）	机构	市场类别	该项损失占总损失的比重（%）	发生年份
理查德·比尔鲍姆（Richard Chip Bierbaum）	3.5	东方汇理银行（Calyon）	信用衍生品	0.46	2007
马克·科伦坡（Marc Colombo）	3.28	劳埃德银行（Lloyds Bank）	外汇交易	0.43	2004
无特定交易员	3.1	德克夏银行（Dexia Bank）	企业债券	0.41	1974
胡安·巴勃罗·达维拉（Juan Pablo Davila）	3.0	智利国家铜业公司（Codelco）	铜、白银与黄金期货	0.39	2001
雷蒙德·梅因斯（Raymond Mains）	2.2	宝洁公司（Procter & Gamble）	利率衍生品	0.29	1994
保罗·厄尔德曼（Paul Erdman）	2.14	巴塞尔加利福尼亚联合银行（United California Bank of Basel）	可可豆期货	0.28	1970
刘其兵	2.1	中国国家物资储备局	铜期货	0.27	2005
基里亚科斯·帕普伊斯（Kyriacos Papouis）	1.9	国民西敏寺银行（NatWest）	利率期权	0.25	1997
彼得·沙迪克（Peter Shaddick）	1.64	富兰克林国民银行（Franklin National Bank）	外汇交易	0.21	1974

续表

交易员	损失额（亿美元）	机构	市场类别	该项损失占总损失的比重（%）	发生年份
戴维·布伦（David Bullen）、卢克·达菲（Luke Duffy）、文斯·菲卡拉（Vince Ficarra）、吉安尼·格雷（Gianni Gray）	1.87	澳大利亚国家银行（National Australia Bank）	外汇期权	0.24	2003—2004
阿明·S.（Armin S.）	1.76	法国巴黎银行（BNP Paribas Arbitrage）	结构性产品	0.23	2016
无特定交易员	1.5	俄亥俄州凯霍加县地方政府（Cuyahoga County, Ohio）	杠杆化固定收益	0.20	1994
弗雷德里克·克拉福德（Fredrik Crafoord）、米卡埃尔·考尼格（Mikael König）、帕特里克·恩布拉德（Patrik Enbrad）	1.43	HQ 银行	股权衍生品	0.19	2010
埃文·杜利（Evan Dooley）	1.3	全球曼氏金融（MF Global）	小麦期货	0.17	2008
马特·派珀（Matt Piper）	1.2	摩根士丹利	信贷指数期权	0.16	2008
爱德华·诺地罗（Eduard Nodilo）	1.2	里耶卡银行（Rijeka）	外汇交易	0.16	2002
马修·泰勒（Matthew Taylor）	1.18	高盛集团（Goldman Sachs）	标普 500 指数期货	0.15	2007

续表

交易员	损失额（亿美元）	机构	市场类别	该项损失占总损失的比重（%）	发生年份
约瑟夫·杰特	0.74	基德尔·皮博迪公司	美国国债	0.10	1994

巴巴克（Babak，2008年）在他的文章中，将衍生品交易比作"拿着高速运转的、熊熊燃烧的链锯玩杂耍"。他认为，"除非你清楚自己在做什么，否则情况会变得一团糟"，所有这些损失一开始规模都很小，但"人们听之任之，小损失逐渐膨胀到荒唐的地步"。此外，如果我们让自己的信念去支配规则，我们必然会重蹈覆辙。

　　如果有什么区别的话，那就是，如此巨大的损失，在一定程度上破除了有关市场操纵的阴谋论。毕竟，如果人们不能用几十亿美元玩弄整个市场，那就说明，市场容量之大，远超任何一个资本玩家。

亚当斯和朗克尔（Adams和Runkle，2000年）的观点略有不同，他们认为，给这些企业造成损失和失败的关键因素，是衍生品的复杂性，而不是其固有的性质。而米林（Muehring，1995年）则认为，造成企业重大损失的原因，既不是衍生品的复杂性，也不是其固有的性质，这两者甚至都不是企业管理不善的必要因素。他认为，导致企业重大损失的原因，是一种"不会输的心态"，在这种心态下，企业会忽视投资过程中的负面信号。

达斯认为，"衍生品的世界是一个充满美丽谎言的世界"，交易场地充斥着一群骗子：

> 销售人员欺骗客户，交易员欺骗销售人员和风险管理师，风险管理师欺骗市场管理者（文章将其嘲讽为"那些自认为市场管理者的人"）。市场管理者欺骗企业股东、市场监管者。数量分析专家（文中将其嘲讽为"天才的专家"）为了行骗，专门设计出一套模型。最后是客户，他们主要欺骗自己。

施图尔茨认为，只有在衍生品交易导致巨额财务损失时，衍生品才会成为头条新闻。如前所述，衍生品已经与金融和非金融公司、国家和地方的重大事件联系在了一起。但是，如何妥善处理衍生品，不仅是关系当前经济的大事，更能影响未来的经济。

为了确定到底是衍生品的滥用，还是衍生品内在的性质，导致了企业失败或造成重大损失，我们需要对衍生品滥用的相关案例，做进一步的审视。这些案例将有助于我们找到企业失败或损失的根本原因。此外，我们不能孤立地看待这些案例，我们还必须更深入地了解衍生品的使用环境、使用者特质等方面的因素。我们需要注意，在很多情况下，衍生品的使用并没有给企业或其他机构造成损失或失败，而这样的案例往往不会被报刊或者媒体报道。作者还考察了有关衍生品滥用的研究、访谈和调查，以便将其与支持和反对衍生品使用的研究相结合，并进行综合评价。作者将他们的研究结果与其他研究进行了比较，剖析人们针对衍生品的质疑以及认识误区。这些研究包括贝齐纳和格里马（Bezzina，

Grima, 2012 年），贝齐纳、格里马与法尔宗（Bezzina, Grima 和 Falzon, 2013 年），格里马、罗曼诺娃与贝齐纳（Grima , Romanova 和 Bezzina, 2017 年）以及格里马（2012 年）等的研究。以上研究人员均采用了自行设计的调查、访谈以及案例分析的研究方法。

1.2　关于衍生品的疑问

人们通常认为，衍生品市场是一个缺乏流动性、相对独立的市场，不仅容易受到政治环境的影响，而且本身缺少监管制约。尽管如此，由于对交易者而言，衍生品本身具有独特的优势，因此衍生品的场内和场外交易日趋活跃（后续章节将会对这一问题进行探讨）。笔者在本书中解释并讨论了在经济活动中正确使用衍生品的主要困难，并提供了可行的解决方案。

企业和机构在使用衍生品的过程中，所经历的重大损失和失败，是否是由衍生品工具本身造成的？对这一问题，作者在本书中进行了分析和探讨。此外，作者还探讨了是否存在其他因素以及究竟是哪些因素导致或共同导致了这些重大损失。为了解答这些问题，我们对案例研究，相关书籍，期刊，出版物，在线资料（包括在线访谈、转录文本、在线文献）进行了深入研究。为了开展研究，我们还组织了在线论坛讨论、访谈、调查等活动。这些研究活动有助于我们剖析有关衍生品的误解和误区，进而揭示出企业或政府实体所经历的重大损失究竟是由衍生品的使用不当还是衍生工具本身所造成的。概括起来，本书所要探讨的是：对公司和政府而言，在得到妥善使用的前提下，衍生品是否是一种有用的金融工具，以及哪些因素是影响衍生品安全使用的决定因素。

尽管人们对衍生品理论和定价问题进行了大量的研究，但是，很少有人探讨和研究衍生品使用的经济因素、成本及其造成的影响。这些问题同样十分重要，这是因为，根据莫尔斯（Morse，1997 年）的观点，作为企业投资组合的重要工具，衍生品的使用已经越来越普遍了。戴维斯（Davis，2009 年）强调，人们必须认识和理解他们所面临的风险，尤其是风险的规模和成本，只有这样，人们才能准备好应对"衍生品领域的切尔诺贝利事件"：

> 与沃伦·巴菲特不同，早在第一轮衍生品危机发生的三年前，威尔士银行家朱利安·霍奇（Julian Hodge）爵士就预料到了这场灾难。这场危机发生于 1994 年，主要涉及德国金属公司、奥兰治县地方政府、西尔斯·罗巴克公司（Sears Roebuck）和宝洁公司。随后，危机进一步蔓延，大和银行和巴林银行相继爆出丑闻。然而，在 1998 年 9 月的长期资本管理公司危机爆发之前，没有哪一家公司能凭一己之力令全球金融体系陷入瘫痪。近 10 年后的 2008 年 3 月，美联储采取紧急措施，以避免所谓的"衍生品领域的切尔诺贝利事件"。这些措施确实起到了作用，但只是暂时的。随后的信贷危机引发了人们的担忧，人们担心，一场规模浩大的灾难会不会就在眼前？
>
> [《玩弄点差赌注的金融企业》（*Financial Spread Betting Ltd*），2011 年]

本书的目的是全面分析相关讨论和文献，阐明衍生品使用所能带来的益处,帮助人们理解和确定影响其安全和有效使用的决定因素。作者希望,本书能够帮助人们理解并重视衍生品使用的成本,纠正围绕衍生品的错误观点。此外,作者还希望读者能够深刻理解戴维森(Davidson)所提出的观点。在《审查衍生品策略》(*Auditing Derivative Strategies*,2000年,第1页)一书的导言中,她这样写道:

> 衍生品本身不会毁掉公司!诚然,交易员和投资组合经理损失了大量资金,但这是因为他们不了解衍生品结构的运作方式,而且在这个高风险领域,企业没有实行必要的内部控制,确保资产得到相应的保护。

她还对媒体提出了辛辣的批评,指责它们试图让大家相信,所有的问题都是衍生品本身造成的,而不是人为因素造成的。她认为是衍生品交易的相关人员,在人们不知情的情况下,将衍生品渗透到人们的投资组合中,从而造成了这些损失。她不仅认为,衍生品像其他东西一样可以用作武器,而且还表示,不投资衍生品就是"在不确定性上赌博"(戴维森,2000年,第1页)。

如前所述,为了更好地了解衍生品的使用现状以及衍生品滥用的成本,作者分析整理了一些广为人知且记录在案的金融和非金融企业案例(见下文);将研究结果与贝齐纳和格里马(2012年)、贝齐纳等人(2013年)、格里马等人(2017年)和格里马(2012年)的研究进行了比较,从而确定结论的有效性和差异性。

如上所述,衍生品的使用给一些企业和组织造成了损失,作者针对这些案例进行了深入的研究，目的是确定衍生工具在其中扮演的角色。通过这些案例研究，人们可判断衍生工具是否是造成这些损失的罪魁祸首，或者是否在一定程度上催生了这些损失或失败。但是，由于媒体通常只会大肆渲染负面案例，因此，作者还广泛查阅了相关研究、访谈和调查，获取大量的二手数据，搜集成功的衍生品投资策略。作者结合这些研究，寻找影响衍生品有效使用的决定因素。如上所述，作者将他们的研究结果与其他研究进行了比较，剖析针对衍生品的质疑以及认识误区。这些对比研究均采用了自行设计的调查、访谈以及案例分析的研究方法。对比研究包括如下研究资料：①贝齐纳和格里马（2012年）的研究，他们"根据衍生品的活跃使用者和管理者提供的数据，研究了促进或阻碍衍生品合理使用的因素"，他们还运用因子分析的方法，验证了影响衍生品合理使用的五个假设因子；②贝齐纳等人（2013年）的研究，他们分析了企业运用衍生品工具实现企业目标的成功案例；③格里马等人（2017年）的研究，他们访问了不同的欧洲企业，与直接或间接使用过衍生品的专家讨论衍生品滥用的问题；④格里马（2012年）的研究，这项研究分析了衍生品在近几次金融危机中所扮演的角色。

1.3　与衍生品相关的损失

近年来，一些公开发表的文件对风险管理和衍生品审计者提出了一些建议。如前文所述，在过去的四十年里，许多组织在衍生品市场遭受了重大损失。相关组织没有遵循风险管理和审计的指导方针，致使组织蒙受损失。由于管理层无法制定统筹公司财务、运营和管理等方面的控制机制，致使那些所谓的"流氓交易员"开展了一些轻率的活动，而企业一开始没有察觉到这些活动的危害。由于缺乏有效的内部监督措施和制衡手段，公司可能会在不同的运营和管理水平，以及不同的场合，遭受不同程度的失败。

在后续的章节中，我们将对金融机构和非金融机构滥用衍生品的失败案例进行总结和简要描述，进而帮助读者理解作者为什么选择这些特定的案例进行深入研究。当然，这些案例并不是详尽无遗的，也不可能涵盖所有的情况。结合本章内容以及表1-1，我们可以发现，许多企业蒙受损失的原因，可以归结为或部分归结为某个员工的不当行为以及衍生品本身的性质。此外，这些案例也并不能完全反映出衍生品交易领域的整体特点，甚至也不能完全反映出衍生工具本身的性质。总体来说，衍生品市场是一个规模庞大的市场，市场总值高达数万亿美元。我们所探讨的这些案例，虽然涉及的金额都非常巨大，但无论是数量上还是价值上，都仅仅占衍生品交易总体的一小部分。因此，我们需要谨慎地看待这些案例，并吸取经验教训。许多银行、非金融公司、国家、对冲基金及其管理层、董事都刻意保守各自的秘密，他们可能永远不会向公众公开各自的重大损失。因此，我们很难获得涉及衍生品的企业损失或企业破产的总体信息。此外，一些案例可能会比其他案例更受人们重视，因为它们不仅能够给人们提供一些深刻的启示，帮助人们理解他们所面临的问题，还能够反映出衍生品滥用所造成的后果。

汉密尔顿（Hamilton）与米克尔思韦特（Micklethwait）（2006年）认为，把公司的失败归结为会计丑闻和舞弊，是一种非常省事的做法。这样，政客、分析人士、记者和其他相关人士就可以呼吁立即修改法条，号召人们加强内部监督，甚至谴责人性的贪婪，从而回避问题的实质。这种做法仅仅会引起一些轰动效应，制造出"高高在上的高管身陷囹圄的噱头"。虽然表面看起来许多案例原因是相似的，但其实背后的具体因素是复杂的，这种做法并不适用于所有案例。

通过查阅文献、案例，并结合本身的经验，作者选取了最合适的案例，来开展这项案例研究。这些案例如表 1-2 所示。作者对这些广为人知且记录在案的案例，进行了深入的研究。因为作者相信，这些来自不同行业和国家的案例，非常具有代表性。但是，正如前文所述，选择这些案例并不意味着，我们完全不理会因衍生品使用导致企业损失或破产的其他案例（我们尽量避免笼统地分析问题，因为案例研究只会分析个别企业的详细情况）。大多数案例都非常著名，因为这些案例都得到了媒体的广泛报道，甚至引发了相关的诉讼。

表 1-2　所选案例

银行	非金融企业
巴林银行	安然公司
爱尔兰联合银行	德国金属公司
法国兴业银行	

此外，在查阅相关文献和案例（见附录中）之后，作者确定了案例研究的特定主题［这些文献包括：斯泰克（Stake），1995 年；殷（Yin），2003 年；布劳恩（Braun）和克拉克（Clarke），2006 年］，从而建立起本项研究的概念框架或结构（表 1-3 所示），指导作者完成本项案例研究。作者将影响衍生品安全使用或正确使用的因素，作为待研究的主题，并附上相应的编号。通过在案例中分析这些因素，确定这些案例是否受到了这些因素的影响。此外，作者还将其中一个主题标记为"其他因素"，以保证本项研究的开放性，确保所有因素都能涵盖在内（即，保证我

们的研究不受已有观点的束缚，以防止我们忽略掉不符合现有理论或经验的观察结果）。因此，作者在部分定性研究中使用了演绎和归纳的方法。

1.4　研究目的

作者试图通过研究，回答以下两个问题：

1.影响衍生品安全使用的决定因素是什么？

每一种金融衍生工具或衍生品都有相应的风险和回报。要回答这个问题，作者需要辨别出它们的风险和回报，分析衍生品在企业失败中所扮演的角色。作者还需要确定衍生品使用的意义和后果，从而使人们重视这些基本问题。这些问题代表着公司在使用衍生品时经常遇到的实际困难，它们的存在有时会导致衍生品的滥用。作者还需要分析衍生工具的滥用方式，并确定在衍生品的滥用过程中是否存在一些共同特征。进而帮助作者确认人们是否有可能有效管理风险，并确保衍生品的安全使用。

2.问题的根源是否是衍生工具所固有的性质？使用衍生品是否是一种不理智的行为？衍生品是否是一种糟糕透顶且极度危险的金融工具？

作者在这里提出了这样的问题：衍生品本身的性质有无可能是其被滥用的根本原因？使用衍生品是否只会带来麻烦？衍生品本身是否容易招致犯罪和欺诈？或者说，它们是否是一种容易遭到滥用的金融工具？如果答案是肯定的，那么使用衍生品的积极作用是否大于其潜在威胁？作者感兴趣的是，衍生品是否会带来风险；如果衍生品确实带来了一定的风险，那么，这些风险是否比其他金融工具更大。此外，作者还希望能弄清楚，这些风险是否取决于使用者或管理者对待衍生品的态度，以及他们的态度是否会对衍生品的安全使用造成影响。表 1-3 列举了本书中所研究的影响衍生品安全使用的决定因素及其具体表现。

表 1-3　待研究的主题

命题 / 主题－因素		具体表现
a	前台、中台、后台部门职责不明	大多数案例中，前台、中台、后台部门之间缺少理论上或实际上的职责界线。有些企业存在这样的职责界线，但是却并不能发挥适当的作用，原因是交易者出于种种原因，会从头到尾地执行相应的交易，或者影响他人履行职责
b	缺乏适当的内部控制措施，缺乏适当的会计标准和规则	内部控制措施似乎很难奏效。在很多案例中，出现这一问题的原因是内部监督者年轻，缺乏经验，或者是由于控制团队的规模或结构不合理，致使内部缺少适当的沟通。我们可以发现案例中存在着大量被忽视的预警信号，这些预警信号原本可以帮助他们判断出相应的风险。有些预警信号非常明显，但人们对此置之不理。同样，流于形式的会计标准和规则也在一定程上影响了衍生品的使用
c	缺乏适当的监督	很多案例表明，企业内部确实也存在监督机制，但监督者盲目乐观，他们出于某些原因，只在乎交易能否盈利，而不去仔细检查交易者的工作
d	监管松懈	政策和规章的制定跟不上衍生品发展和创新的节奏。此外，衍生品市场缺乏监管，不同的衍生品市场之间互相竞争，而不是互相协作，促进监管政策的实施
e	管理者（使用者和内部监督者）缺乏相应的知识	管理者对衍生品缺乏足够的理解，因此很难实施内部监督措施。相关人员，尤其是衍生品管理者大都是没有经验的年轻新人。下面第 i 条将再一次提到这个问题
f	缺乏沟通	监管者、审计人员、管理人员和董事会或审计委员会之间缺乏沟通。董事会和审计委员会每年只开几次会，而且只开几个小时，因此很难找出问题所在。不同监管者之间的沟通也很不顺畅，他们从衍生品使用者那里获得的衍生品信息也非常有限。审计人员和管理人员各自为战，很少进行沟通

续表

命题 / 主题 - 因素		具体表现
g	衍生品使用的复杂性和认识误区	即使是"普通衍生品",也是一种非常复杂的金融工具,而在场外交易的定制衍生品更是复杂至极。另外人们对衍生品的认识误区导致衍生品的使用"复杂得难以解释,但又重要得不容忽视"。或者人们错误地将其视作"畸形的全球性庞氏骗局"。(众议院银行委员会主席亨利·冈萨雷斯,出自乔瑞恩 2009 年的文章)
h	贪婪、傲慢以及权力欲	"这个人让我们赚了上百万美元,我不知道他是怎么做到的,但我们都是受益者。"(1994 年奥兰治县监管者托马斯·赖利对罗伯特·西特伦的评语,出自乔瑞恩 1995 年的文章)。正如前文所述,没有人敢冒犯"下金蛋的鹅",事实上也没人这么做。大多数交易者或所谓的"流氓交易员"都很傲慢,也很强势。他们渴望权力,自以为是,没人能触犯他们
i	经验与教育经历	前文也曾提到,睿智的华尔街投资人菲利克斯·罗哈金将衍生品比作"一群 26 岁的年轻人用计算机制造出的金融氢弹"(乔瑞恩,1995 年)。这句话也反映出衍生品的内部监督者大都是一群没有经验的年轻人
j	布莱克-斯克尔斯定价模型	"问题是,长期资本管理公司引发的金融灾难是否仅仅是一个孤立的特例,一个偶然出现的小概率事件? 布莱克 - 斯克尔斯定价模型本身以及它给人们带来的错觉,是否必然会导致这类灾难? 毕竟这个模型会使市场参与者误以为他们能够同时对冲掉所有风险。"(诺贝尔奖得主默顿·H. 米勒,出自洛温斯坦 2000 年的文章)

1.5 研究框架

我们的基本观点是,衍生品的"使用者"以及"内部监督者"的人为因素,而不是衍生品本身,致使人们做出错误决定,令企业蒙受损失。巴特拉姆(Bartram,2009 年)认为,将问题归结到衍生品上,就好像是怪罪汽车而不是醉酒的司机造成了车祸一样。很多时候,人们都会错误地将公司倒闭和数十亿美元的损失归咎于衍生工具本身。这种做法省却了很多麻烦，比如人们不必再去追究责任人的相应责任。但这样就掩盖了衍生品真正的价值和优点。

> 问题的根源可能在于一种全球性的商业文化，在这种氛围下，企业会慷慨地奖励敢于冒险的交易员，而不是负责监督他们的人。

伊根（Egan，1996 年）在论文中引述了经济学家戴维·黑尔（David Hale）的这段话。这一观点表明，企业乐于花费大笔资金，寻找新的赚钱途径，为优秀的销售人员支付高昂的报酬。同时他们又不愿意花费时间和金钱来进行有效和适当的管控。另外，"企业会给交易员提供上百万美元的奖励计划，在这种环境下，由经验不足的内部监督者设计的，预算经费有限的管控体系，显然不是合适的风险管控工具。"（贝齐纳和格里马，2012 年）。

布伦特·麦克林托克（1996 年）在《国际金融的不稳定性和金融衍生品》（*International Financial Instability and the Financial Derivatives*）一文中指出：

> 与衍生品市场的快速增长形成鲜明对比的是监管控制的滞后，及时的监管控制能够有效限制这些金融创新带来的不稳定影响。由于许多衍生品涉及跨境交易，因此，衍生品市场加重了国际金融的脆弱性，国际金融市场迫切需要对该工具进行超国家治理。

此外，皮埃尔·波登（Pierre Paulden），杰奎琳·西蒙斯（Jacqueline Simmons）和哈米什·里斯克（Hamish Risk）（2007）在彭博网上发表了一篇文章，名为《东方汇理银行交易员因交易亏损遭解雇，声称自己不是"流氓交易员"》（*Calyon Trader Fired for Losses, Says He's No Rogue*）。这篇文章引用了尼克·李森在都柏林接受采访时所说的一段话：

> 接连不断的损失表明，银行不愿意花钱预防"流氓交易"，过去10年来，金融界爆出了很多丑闻，涉及几十亿美元的损失，但是现在我们仍然没有相应的监管机制和内部监督措施，人们不禁要问，为什么会这样？

这导致人们更容易在贪欲的支配下铤而走险，而不是努力理解并管理风险。值得注意的是，是盲目冒险与管控风险（更直白地讲，管控贪欲）之间的巨大差异，而不是衍生品固有的特质，在纵容人们滥用衍生品。斯蒂芬妮·贝克-赛德（Stephanie Baker-Said）与埃琳娜·洛古滕科娃（Elena Logutenkova）（2008年）得出了一个比较中肯的结论。她们认为，纵容衍生品滥用的，既不是市场或竞争，也不是技术缺陷或缺少管控体系，而是组织的内部人员（贝齐纳等，2013年）。

图1-1描绘了本项研究的概念框架。该图表明，为了解决企业面临的问题，并回答作者提出的问题，我们需要针对每个数据收集来源，思考6个子问题。

文献综述为我们提供了研究背景，帮助我们运用有关衍生品及其市场的社会学理论，考察衍生品和监管措施的发展历程、管控结构、衍生衍生品是否是企业所遇到问题产生的根本原因?

主要问题：

- 影响衍生品安全使用的决定因素是什么?
- 问题的根源是否是衍生工具所固有的性质? 使用衍生品是否是一种不理智的行为? 衍生品是否是一种糟糕透顶且极度危险的金融工具?

数据收集来源：

- 文献
- 金融企业案例
- 非金融企业案例
- 相关研究：贝齐纳等（2012 年，2013 年），格里马等（2017 年），格里马（2012 年）

子问题：

- 使用衍生品会产生什么后果?
- 衍生品的使用背景和使用条件是什么?
- 衍生品在这些企业中扮演了什么样的角色?
- 为什么企业在使用衍生品的过程中会遇到一些问题?
- 影响衍生品安全使用的决定因素是什么?
- 有什么方法能使企业避免出现这些问题?

结果与结论：

对比贝齐纳等（2012 年，2013 年），格里马等（2017 年），格里马（2012 年）等的研究，得出结果与结论

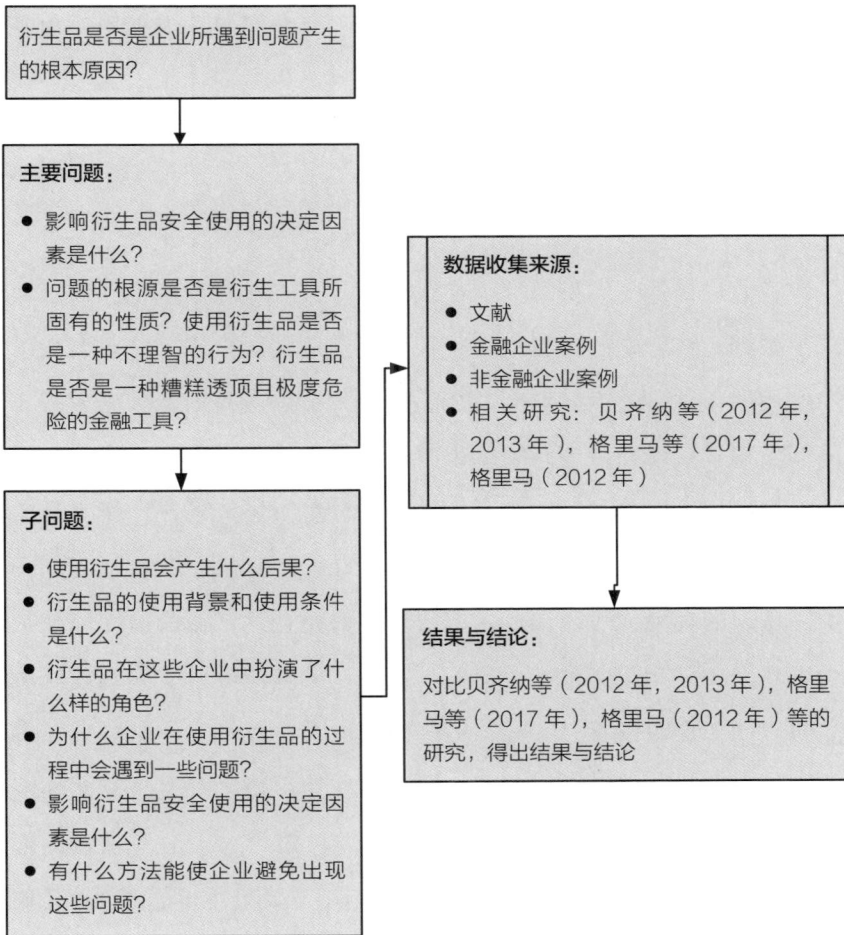

图 1-1 文献综述的概念框架或结构

图片来源：作者编制

品及其市场特征。它为我们后续的研究奠定了基础，使我们能够确定衍生品的使用目标，总结衍生品的优点，找出原始因素与实际因素的差距。通过文献综述，我们得以考察衍生品危机发生后，内部监督措施和政策环境的发展变化。相关文献还探讨了不同的管控结构、框架以及政治环

境（外部和内部）对衍生品使用的影响，以及实施特定内部监督措施的意愿与实际结果、实际影响之间的差距。

1.6 研究方法

作者通过访谈，案例研究、在线论坛等方式进行调查，获取了大量的二手数据；结合这些数据，考察衍生品滥用的决定因素，以及衍生品安全使用的条件，进而获取有关衍生品使用的深刻见解。作者发现，衍生品的滥用，可能跟某个特定因素没有关系，或者可能跟不止一个因素有关，如使用者的教育经历或者个人能力。更有可能的是，衍生品的滥用同时也与企业内的其他因素密切相关，如企业在招聘衍生品从业者时，使用了错误的标准或者错误的录取要求。对企业这么做的原因以及它们是否有意为之，相关文献做了研究。此外，文献还分析了人们在使用衍生品时应该知道的内容、实际知道的内容以及由此产生的影响这三者之间的差距。为此，作者研究和分析了人们在使用衍生工具时所面临困难的程度（复杂性），以及相关人员的特质（例如衍生工具使用者和内部监督者的性格、性别、年龄和所处环境）对衍生工具滥用可能产生的影响。

在过去的 20 年里，一些研究和论文使用相似或不同的方法，从不同的角度来研究金融企业和非金融企业的衍生品使用和滥用问题。一些论文分析了衍生品和衍生品市场的发展起点和历程。还有一些论文通过分析衍生品使用所造成的巨额财产损失和企业破产，总结经验教训。有的论文依靠调查或访谈，重点研究不同国家或不同大陆在衍生品使用问题上的相似点和区别。这些研究都以各自的方式，丰富了有关衍生品问题的知识和文献。本书下一章将对其中一些研究进行介绍和总结。

由国际 30 人小组赞助的全球衍生工具研究小组，是研究衍生工具的一个重要组织。该小组的工作独立于监管当局，旨在制定适当的监管措施和健全风险管理措施和原则。它采用案例研究、举办讨论小组、在线论坛等不同的方法，开展研究。后续的章节将会引述他们所进行的案例研究分析。

还有一些研究，如米安（Mian，1996 年）利用市场和财务报表数据，分析了衍生品在非金融企业中的使用情况。在这项实证研究中，米安以 3 022 家企业为样本，分析了影响公司套期策略的因素。他根据 1992 年的年度财务报表，将企业分为套期保值企业（771 家）和非套期保值企业（2 251 家），这表明衍生工具的使用率为 25.5%。南斯、史密斯和史密森（Nance，Smith 和 Smithson，1993 年）从财富 500 强和标准普尔 400 强中选出了 169 家公司，深入研究这些企业的对冲操作。他们发现，大多数公司（104 家）在那个财年使用了套期保值工具。他们的研究结果表明，套期保值决策与财务压力和代理成本无关，而是与投资税收抵免有关。另外，盖齐、明顿和斯特兰德（Geczy，Minton 和 Strand，1997 年）调查了财富 500 强中的非金融公司（共 372 家），他们发现有 41.4% 的企业在使用衍生品，原因很可能是这些公司面临着汇率波动的风险（根据 1991 年的财务报表）。

其他研究选择了大规模调查的方法，例如，从 1994 年开始，沃顿商学院的专家进行了三次调查。贝德诺兹（Bednorz）、霍伊特（Hoyt）、马斯顿（Marston）和史密斯森于 1995 年发表了关于第一次调查的论文。第二项调查于 1995 年开启，是在加拿大帝国商业银行（CIBC）汇达证券（Wood Gundy）的资助下进行的。它比 1994 年的调查更详细，所分析的问题范围更广，涉及定价和风险管理等问题。这项调查针对衍生工具的使用，提出了更加具体的问题。1995 年 10 月，他们将相同的问卷（通过邮寄）寄给了 1994 年调查的那批企业，同时还寄给了 1994 年其余没有调查到的财富 500 强公司。他们总共收回了 350 份问卷，有 176 份来自制造业，77 份来自初级产品部门（即农业、采矿业、能源业和公用事业），97 份来自服务行业。1998 年研究者又与加拿大帝国商业银行世界市场部（CIBC World Markets）开展合作，进行了最后一次调查。这次调查在先前调查的基础上，提出了与衍生品使用和风险管理实践等方面有关的新问题。

其他学者在这些调查的基础上，遵循类似的方法，对美国和全球衍生品的使用进行了研究。这些调查包括在日本［柳田（Yanagida）和乾（Inui），1995年］、加拿大［唐尼（Downie）、麦克米伦（McMillan）和诺萨尔（Nosal），1996年］、瑞典［阿尔克贝克（Alkeback）和哈格林（Hagelin），1999年］和澳大利亚［阮（Nguyen）和法夫（Faff），2002年］进行的衍生品研究。这些研究发现，使用衍生品的一个主要原因是，它能降低现金流的不稳定性，并通过降低损失概率来弥补风险。伯克曼（Berkman）等人（1997年），约瑟夫和休因斯（Joseph 和 Hewins，1997年），博德纳和格布哈特（Bodnar 和 Gebhardt，1998年）分别在新西兰、英国和德国，得到了类似的结论。同样，新兴国家，特别是拉丁美洲的一些国家也进行了类似的研究。不过，里瓦-查韦斯（Rivas-Chavez，2003年）发现，巴西、墨西哥和智利等国的金融企业在衍生品的使用上具有显著的特点，另外，拉丁美洲的银行不向企业提供衍生工具，来帮助它们降低利率和信用风险。他还发现，衍生品的使用与这些银行的效率没有关系。

伯克曼等人（1997 年）进行了类似的研究，他们抽样调查了 116 家在新西兰证券交易所上市的公司。他们发现，随着杠杆率、公司规模、税负和经理人持股比例等因素的增加，衍生品的使用风险会相应地增加，而随着流动性和利息偿付率的提高，衍生品的使用风险会相应地减少。随后，普雷沃斯特（Prevost，2000 年）等对新西兰企业进行了研究，也发现了类似的结论。

除了贝齐纳和格里马等（2012 年），贝齐纳等（2013 年），格里马等（2017 年），格里马（2012 年）的研究，作者发现约翰内斯·康拉迪·布鲁斯（Johannes Conradie Bruce）2007 年的博士论文也对本书具有重要意义。这篇名为《金融市场中极端机会主义基础结构因素的作用》（*The Role of Structural Factors Underlying Incidences of Extreme Opportunism in Financial Markets*）的论文，是他为获得南非大学社会学博士学位而撰写的毕业论文。他运用社会学方法，通过研究"流氓交易员"案例，分析金融市场中极端机会主义事件的发生率。他采用"开放式思路"，将理论和现实结合起来，分析所谓的"流氓交易"现象，以判断出哪些因素催生了这种现象，哪些因素仅仅是替罪羊。

1.7 本项研究的意义或作用

除了贝齐纳和格里马等（2012 年），贝齐纳等（2013 年），格里马等（2017 年），格里马（2012 年）的研究，近年来，其他学者也针对衍生品及其使用进行了研究。但很少有人采用与本项研究相同的方式，分析衍生品滥用的问题。这些研究都以各自的方式，丰富了这一课题的文献资源。另外，许多作者和记者跟踪并关注衍生品造成的企业损失，将他们与所谓"流氓交易员"的采访记录下来，并撰写了事件始末。其他学者则重点分析衍生品及其贡献，或者分析确保其安全使用所需的管控措施，为高等院校编写教科书，准备课程讲义，或者帮助监管者制定法律和标准，保障衍生品的合理使用，或者起草相应的监管政策。此外，一些论坛和在线资源为这一领域的专业人士和学者提供了讨论和分享文章的工具，促进了衍生品的安全使用。

本项研究探讨了衍生品的使用和滥用的问题，找出了影响衍生品安全使用的决定因素，运用了各种工具来判断衍生品本身是否为问题的根源。作者站在中立，但又相对乐观的立场，看待衍生品使用的潜在后果，并主张企业损失和破产的根本原因并不是衍生工具本身。今后将会有越来越多的文献探讨与衍生品及其管控有关的企业失败案例。另外，本书认为，衍生品是企业的重要工具，恰当使用衍生品，能够对冲风险，本书通过阐述这一观点，剖析了人们在衍生品使用和企业失败问题上的认识误区。由于这些错误观点仍萦绕在管理层和公司董事的脑海中，因此需要进一步的总结研究来纠正他们的观点。这本书的重点是寻找明确的管控措施，确保人们可以以一种有利于各相关方的、安全的方式使用衍生品。作者采取了一种研究者兼实践者的立场分析问题。这有助于将本项研究付诸实践，缩小理论与实践的距离［詹姆斯（James）和温尼科姆（Vinnicombe），2002 年］。

1.8　小结

过去几十年，衍生工具的使用越来越普遍，衍生品市场容量也在不断扩大。媒体持续报道涉及衍生品的企业失败案例，引发了公众对衍生工具的热烈争论，人们在衍生品的利弊、风险、控制和适当监管等问题上争论不休。立法者、监管者、内部监督者和使用者都担心，这种全球性金融工具可能会给个别公司、特定市场和整体经济带来巨大的风险。

正如本章所指出的，人们仍然担心，不理解这一工具的投资者可能会面临未知的风险。现在看来，这些风险似乎已经被大大分散掉了，越来越多的投资者开始涉足衍生品市场。风险承担者就像照看泳池里的孩子的父母一样，一刻也不能让目标离开自己的视线。尽管过去几十年，衍生品本身也在不断发展，但衍生品的奇异性质似乎依然令公众感到困惑。原因或许是，人们对衍生品的认识，大都来源于媒体对企业失败案例的大肆报道。

因此，在公众眼里，衍生品就像是破坏金融稳定的幽灵。

衍生品的复杂性以及衍生品信息披露的问题，在会计行业引发了一场热烈的争论。财务会计标准委员会（FASB）在财务会计准则公告（*SFAS*）133 号中提出的衍生品披露要求，最终将这场争论推向了高潮（FASB，1998 年）。

最后，本项研究的目的是，审视和分析企业在使用衍生工具过程中所蒙受的巨大损失，判断这些损失是否是由衍生工具本身所造成的，并判断是否有其他因素导致或共同导致了这一结果。

第 2 章
金融衍生品的应用

2.1　概述

作者在前一章重点指出，金融衍生品广受人们的质疑［夏尔马（Sharma），2008 年］，原因是许多人认为它们会对金融市场产生严重的破坏作用，同时这种破坏作用会渗透到实体经济中。麦克林托克（1996 年）指出，人们普遍认为，金融衍生品是一种容易导致企业损失或失败的金融工具。他还认为，衍生品市场会加重国际金融市场的脆弱性，进而影响到全球经济。公众对金融衍生品以及混合并购［卢埃林（Lewellen），1971 年］、杠杆收购［詹森（Jensen），1989 年］以及垃圾债券发行［安德森（Andersen），1995 年］等交易的看法褒贬不一，担心它们会加重企业特有风险和系统风险。而后三种交易类型曾一度被视为市场效率［小岛（Kojima），1995 年］的重要标志。

企业特有风险由企业的信贷风险、法律风险、市场风险、流动性风险和管理风险组成。而系统风险产生的主要原因是，"银行与非银行金融机构间的竞争加剧，金融市场的互联性增强，衍生品交易日益集中，企业通过开展表外业务绕过财务信息披露制度"，以及金融和电信创新所导致的市场动荡加剧（贝克特，1995 年）。

针对金融衍生品的存在原因这一问题，人们进行过激烈的争论，而且也有理论家并不认同衍生品的作用，甚至有些学者对衍生品的存在目的大加指责（多德，2002c）。因此，作者认为，人们有必要理解金融衍生品在金融市场中形成的原因，并且理解它们在全球金融市场几十年的发展中普遍存在的性质［施泰因赫尔（Steinherr），2002 年］。

因此，本章主要阐述金融衍生品的产生背景和相关理论，重点介绍了有关衍生品应用和影响的文献，分析衍生品使用者和管理者的特点以及他们对衍生品的看法,并解释金融衍生品安全应用所面临的挑战(图2-1)。本章的内容为后续章节中的许多结论提供了必要而坚实的理论基础。作者认为,各种文献对衍生品及其使用者特点都提出了各自的观点,理解这些观点对于理解金融衍生品来说是十分重要的。

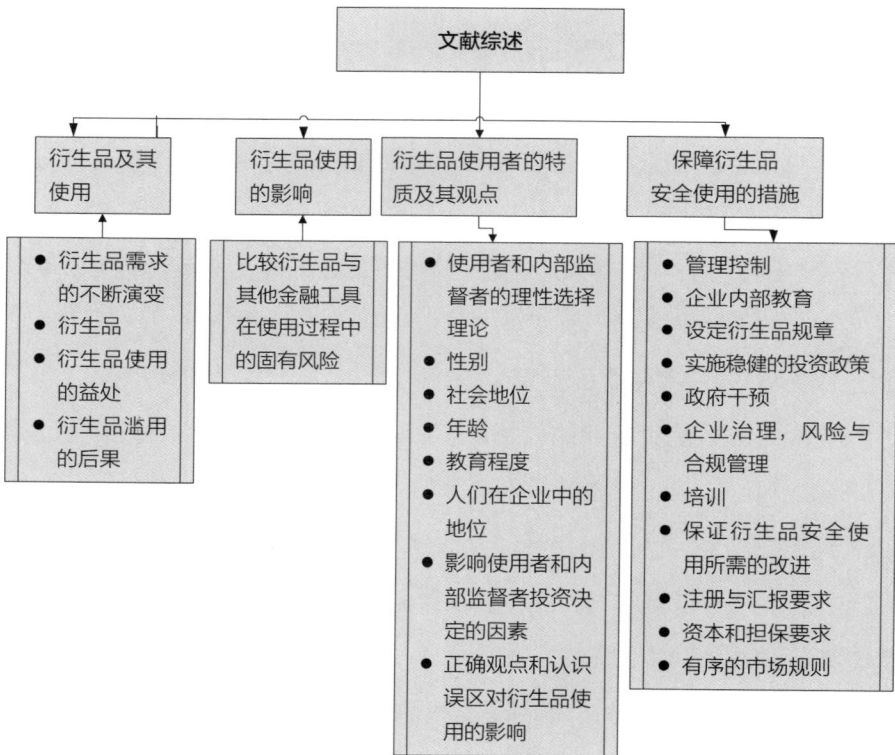

```
                        ┌──────────────┐
                        │   文献综述     │
                        └──────────────┘
          ┌──────────┬────────┴────────┬──────────────┐
   ┌──────────┐ ┌──────────┐ ┌──────────┐  ┌──────────────┐
   │ 衍生品及其 │ │ 衍生品使用 │ │ 衍生品使用 │  │ 保障衍生品    │
   │   使用    │ │  的影响   │ │ 者的特质   │  │ 安全使用的措施 │
   │          │ │          │ │ 及其观点   │  │              │
   └──────────┘ └──────────┘ └──────────┘  └──────────────┘
```

- 衍生品需求的不断演变
- 衍生品
- 衍生品使用的益处
- 衍生品滥用的后果

- 比较衍生品与其他金融工具在使用过程中的固有风险

- 使用者和内部监督者的理性选择理论
- 性别
- 社会地位
- 年龄
- 教育程度
- 人们在企业中的地位
- 影响使用者和内部监督者投资决定的因素
- 正确观点和认识误区对衍生品使用的影响

- 管理控制
- 企业内部教育
- 设定衍生品规章
- 实施稳健的投资政策
- 政府干预
- 企业治理,风险与合规管理
- 培训
- 保证衍生品安全使用所需的改进
- 注册与汇报要求
- 资本和担保要求
- 有序的市场规则

图 2-1　本章结构框架

资料来源:作者根据有关资料编辑而成

2.2　金融衍生品理论及衍生品应用

2.2.1　衍生品需求的不断演变

克里斯·加夫尼（Chris Gaffney，2009 年）认为，在美元的主导下，全球金融市场发展迅速。但他又解释道，伦敦和东京金融市场也在迅速崛起。此外，"投资银行、证券公司、期货和期权交易所"，也对曾经占主导地位的"商业银行和股票交易所"发起了挑战。同时，在严格的监管下，占据主导地位的在岸国际金融市场，已经被离岸金融市场所超越，因为针对后者的监管更为宽松。

全球金融市场的其他变化还包括：20 世纪 70 年代初，根据布雷顿森林协议建立的固定汇率制度，最终走向崩溃；20 世纪 90 年代中期，墨西哥、泰国、韩国、俄罗斯和巴西等许多国家的固定汇率制度，也在毫无征兆的情况下土崩瓦解。这些事件给监管机构、金融产品使用者和管理者带来了压力，迫使他们必须了解投资经理和公司财务主管的责任，采取适当的措施来衡量和管理他们的财务和操作风险。欧洲单一监管机构逐渐形成，管理手段逐渐升级为企业治理、风险与合规管理（GRC）。另外，巴塞尔银行监管委员会也提出了一些监管建议，在这些因素的共同作用下，金融监管措施和控制措施不断发展。信息技术的应用和电子商务的发展，不仅使这个世界完全不同于二十年前，同时也给金融管理带来了更多的选择（加夫尼，2009 年）。

衍生品是社会发展的一种产物，是一种在需求的驱动下，在金融经济中应运而生的金融工具，它深深根植于实体经济的运行环境中（夏尔马，2008 年）。布伦纳（2002 年）认为，从 20 世纪 60 年代末到 70 年代，以生产制造为核心的实体经济，开始让位于金融经济；通货膨胀、货币问题、债务违约等问题,加剧了金融市场的波动和不稳定性,而人们迫切需要控制这种不稳定性。众多文献均指出,人们的这种需求,比如对监管、风险管理和审计的需求,是金融衍生品在全世界不断得到普及的主要原因[贝齐纳、格里马与法尔宗,2013 年;布伦纳(Brenner),2002 年;E. I. 塔拉西诺斯(E. I. Thalassinos)、利亚皮斯(Liapis)和 I. E. 塔拉西诺斯,2014;E.I. 塔拉西诺斯、斯塔马托普洛斯(Stamatopoulos)和 I.E. 塔拉西诺斯,2015 年]。

2.2.2 金融衍生品简介

第 1 章曾指出,金融衍生品是一种金融合约,"其价值取决于一种或多种基础资产或指数"(亚当斯和朗克尔,2000 年)。不过,摩根大通全球衍生品部门主管彼得·汉考克(Peter Hancock)对衍生品做了一个不太正式的解释,即"任何赔钱的东西……似乎都可以算得上衍生品"(米林,1995 年,第 21 页)。菲利普·乔瑞恩在《失策的豪赌》一书中指出,衍生品就像是一个既需要人们敬畏,也需要人们加以约束的"巨大怪物"。这一观点既说明衍生品交易量巨大,同时也反映了衍生品交易的神秘性,以及其中所蕴含的复杂性和风险性。巴克斯特兰(Backstrand,1997 年)给衍生品下了一个更加正式的定义,即:衍生品是一种涉及双方的金融工具或金融合约,其自身价值是从其他基础的资产或基础的参考价格、利率或指数中衍生而来的。在《失策的豪赌》一书中,菲利普·乔瑞恩(1995 年)指出,目前有一百多种衍生品,每种都有非常复杂的名称。比如上限期权(cap)、差价合约(diff)、下限期权(floor)、掉期期权(swaption)、逆向浮动利率债券(inverse floater)、对冲敲出期权(knock-out)、利率递增债券(step-ups)、二元期权(binary)等。他认为，随着信息技术的发展，数学家，甚至物理学家，都可以通过微型计算机技术和软件技术，创造出非常复杂的金融衍生工具。可以以抵押贷款或者信贷工具为标的的这类衍生品叫作结构性票据。下文将介绍最基本的衍生品，即普通衍生品，包括远期合约、期货、掉期以及期权。

衍生品的存在，使得企业和政府实体能够"分门别类地区分、隔离和管理金融工具以及商品的市场风险"。因此，企业越来越依赖衍生品活动，将其看作"通过做市、建立头寸和风险套利获得收入的直接来源"（巴塞尔银行监管委员会，1994 年）。衍生品的交易可以分为场内交易和场外交易两种形式，前者指的是所有活动都在某个实际场所进行的交易，后者指的是通过分散的银行和金融网络进行的交易。所有的期货合约，以及部分期权合约都属于格式合同，都是在交易所内完成的［罗马诺（Romano），1996 年］。而远期合约、掉期以及部分期权合约则属于客户自行拟定的合约［戈德曼（Goldman），1995 年］。

套期保值是衍生品的一种主要用途（亚当斯和朗克尔，2000 年），这类交易的目的是为了降低由价值、收益、价格、现金流量或资产、负债数量变化而造成的经济损失风险［登贝克（Dembeck）和利姆（Lim），1999 年］。它通过两种相反的投资活动降低经济风险［弗里德里克（Frederick），1995 年；E.I. 塔拉西诺斯和 I.E. 塔拉西诺斯，2018 年］。

它要求工具的使用者必须首先区分受价格波动影响的特定商业资产，然后购买相应的金融衍生品，以抵消这些资产价格变动的影响，从而保证企业能够补偿基本的市场波动所造成的损失（戈德曼，1995 年）。

远期合约是指：

交易双方签署的，在指定日期以特定价格买卖某种基础资产的合约（戈德曼，1995年）。合约规定，在合约到期日，无论当前的公平市场价格是多少，买方有义务以合同规定的价格购买该项资产，同时卖方必须以该价格出售该项资产（罗马诺，1996年）。

这些合约属于典型的场外交易合约，而且是根据客户的需求自行拟定的，客户一般将合约持有至到期日（乔瑞恩，1995年）。远期合约可以用来锁定某项资产的未来价格。例如，美国对马耳他的出口商可能会同意以特定的欧元价格接受某一年的货物运费。这样，他就需要承受欧元对美元贬值的风险。因此，为了对冲掉这一风险，出口商可以卖出远期欧元（乔瑞恩，1995年）。与这类合约不同的是，期货合约通常都是格式合同，而且必须在有组织的交易所内完成，交易所会提供特定场所，方便买卖双方签订格式合同 [《美国总审计局报告》(General Accounting Office Report)，1994年]。因此，对交易者来说，平仓期货头寸比平仓远期头寸更容易 [伊特韦尔（Eatwell）、米尔盖特（Milgate）和纽曼（Newman），1998年]。

另外一种普通衍生品是期权合约。与期货或者远期合约相同的是，期权合约也是从某种基础资产的未来价格中衍生出自身的价值，而且也要求以预先规定的价格买卖某项资产（弗里德里克，1995年）。但不同的是，期权赋予了合约一方要求另一方执行特定交易行为的权利，而不是义务。期权合约比其他类型的衍生工具更受青睐，因为它们在不丧失上行潜力的情况下，降低了下行风险（亚当斯和朗克尔，2000 年）。买入期权也叫作看涨期权，卖出期权也叫作看跌期权。由于期权赋予了某一方权利而不是义务，因此只有当期权能够产生利润时，投资者才会行权。期权既可以在场内交易也可以在场外交易（乔瑞恩，1995 年）。

最后一种是掉期合约，指的是交易双方交换一系列现金流的场外交易合约（罗马诺，1996 年）。它的常见形式是利率掉期 [普莱奥（Puleo），1987 年]，目的是降低利率波动对双方的影响（弗里德里克，1995 年）。与远期合约相比，掉期交易更为有利，因为它们在场外交易，因此不受期货市场严格的、标准化要求的限制。对金融机构投资者来说，掉期合约是一种最为有效的套期保值工具，这是因为金融机构的资产和负债期限不匹配（罗马诺，1996 年，第 65 页）。回到美国出口商的那个例子，他可能会安排在未来五年，每六个月支付固定数额的欧元，以换取固定的美元资金流（乔瑞恩，1995 年）。

过去几十年，衍生品的定价和相关技术已经变得相当复杂。世界上第一个期权定价模型是法国数学家路易·巴舍利耶（Louis Bachelier）于 20 世纪初提出的。20 世纪 60 年代末，由于需要处理一些未知的参数，保罗·萨缪尔森（Paul Samuelson）对模型进行了一些不太实用的修正。20 世纪 70 年代初，费舍尔·布莱克（Fisher Black）与迈伦·斯克尔斯（Myron Scholes）共同设计了一套严谨而灵活的期权定价模型。这标志着衍生品定价技术的重大突破，现在所有的期权交易者和学者都在使用这套模型。这套模型因此被称为"应用经济学最成功的模型"（乔瑞恩，1995 年）。

那么，为什么说衍生品是一种重要的金融工具？为什么它们如此重要？为什么我们需要衍生品？

原因不仅在于衍生品活动的规模，同时还在于，它能帮助我们理解、衡量和管理金融风险。通过使用衍生品，我们可以梳理好传统金融工具本身具有的复杂风险，并分别独立地管理这些风险，从而在一定程度上提高管理效率［《国际 30 人小组全球衍生品研究》（*Global Derivatives Study Group of Thirty*），1993 年］。

事实上，默顿·米勒在《我们是否真的需要对金融衍生品进行监管》（*Do we really need more regulation of financial derivatives?*）一文中指出：

> 我坚持认为，衍生品的应用已经变得越来越广泛，这是因为它们满足了企业的重要需求，使企业和银行能以有效和低成本的方式，管理困扰了它们几十年甚至几百年的商业风险和金融风险。

衍生品还可以为许多机构和公司节省成本，增加回报，降低亏损风险，同时拓宽融资和投资渠道。对其他企业来说，它们还能打造企业优势，原因是它们能够加强企业与客户之间的现有联系，帮助他们建立多样化的信贷组合（国际 30 人小组，1993 年）。

2.2.3　使用衍生品的潜在益处

衍生品引起了人们的普遍关注，人们将其看作一种充满争议的投资工具。许多投资者因为衍生品使用不当而遭遇失败。针对这类案例连篇累牍的报道，使人们患上了亚当斯和朗克尔所说的"衍生品恐惧症"。然而，尽管有人对衍生品提出了强烈的批评，但仍有很多人主张在特定情况下使用衍生品，以降低损失风险［奥尔贝茨（Alberts）和普恩（Poon），2006 年］。衍生品是一种灵活的金融工具，可以用在商品价格、利率、汇率和股票价格等许多方面，能够减少因市场波动造成的企业亏损，从而起到稳定经济的作用。

国际市场的复杂局面，促进了衍生品的飞速发展。有见识的投资者可以利用这一工具，根据不同国家的利率、股票市场、货币汇率的变化以及全球范围内商品供求的变化做出调整，最终获取利润（特许金融分析师协会，2009 年）。

在传统的投资组合中加入不同形式的衍生工具，可以实现不同效果，包括：调整金融工具和外汇结构，对冲通货膨胀和通货紧缩的影响，以及通过非传统投资获得利润等（特许金融分析师协会，2009 年）。价格发现和风险管理是衍生品使用中收获的两种最常见的益处（特许金融分析师协会，2009 年）。

1. 价格发现

期货的市场价格取决于全球不同地区的数据流动，而且价格的形成对市场透明性提出了严格的要求（特许金融分析师协会，2009 年）。有些因素会影响资产（特别是商品）的供求，同时也影响衍生品合约标的资产的当期和未来价格（特许金融分析师协会，2009 年）。上述因素包括：地理条件、气候状况、政治局势、环境的健康性、债务违约风险、难民安置、土地开垦等（特许金融分析师协会，2009 年）。有关这些因素的信息，以及人们获取这些信息的方式，影响了商品价格的变化。这一过程即价格发现过程：

● 在某些期货市场，标的资产可能分散在不同的地理区域，有着不同的当期价格或现货价格。人们通常以到期日最短的期货合约作为其标的资产的替代品（特许金融分析师协会，2009 年）。

● 此外，期货合约的价格是从事期货交易的人可以接受的价格，而不是与未来价格的不确定性相关的风险成本（特许金融分析师协会，2009 年）。

● 期权交易参与者对市场波动性的看法，促进了价格发现的过程。期权是一种套期保值的工具，因为它能够保护投资者免受损失，同时又能帮助投资者从标的资产上盈利（特许金融分析师协会，2009 年）。

2. 风险管理（风险转移）

风险管理是人们使用衍生品最重要的一项目标。风险管理是指，确定理想风险水平和现有风险水平，并将实际风险水平（无须衍生品即可实现的风险水平）转化为理想风险水平的过程。它属于"套期保值和投机交易"的范畴（特许金融分析师协会，2009 年）。

套期保值指的是通过轧平市场头寸降低风险水平的做法。投机指的是根据市场局势建立多空头寸的操作。企业可以运用套期保值和投机策略，结合衍生品的使用，有效管理市场风险（特许金融分析师协会，2009 年）。

3. 衍生品可以提高标的资产的市场效率

例如，如果一名投资者希望自己的投资能绑定标准普尔 500 指数，那么他可以购买标准普尔指数基金，或者通过购买股票期货和投资无风险债券，来跟踪指数基金（特许金融分析师协会，2009 年）。这种策略可以让投资者无须买入标的资产，就能绑定股票指数。

通过上述策略购买衍生品的成本，如果与指数基金的购买成本相同，那么投资者的决策是没有区别的。而如果两者的价格不相同，投资者就会决定卖出更有利可图的资产，买入价格更低的资产，最终实现均衡。通过这种方式，市场效率得以实现。

而衍生品通过这种方式降低了交易成本，因为它们可以用作一种保障手段或者风险管理手段，否则精明的投资者是不会为他们持有的头寸购买"保险"的。

2.2.4 滥用衍生品的潜在后果

如前文所述，尽管衍生品在经济中发挥了积极作用，但不当使用衍生品也会带来一些潜在的负面后果，引发人们对整个经济和金融体系的能力、敏感性和效率的担忧。人们所担忧的问题共分为两类：一类是"衍生品的滥用"，另一类是其"负面后果"。后者有可能削弱市场的可靠性，并削弱价格所蕴含信息的可信性。造成这种后果的原因是，人们对金融和商品市场的信任和信心水平较低，因而提高了资本的成本，市场价格的扭曲或者潜在的价格扭曲，降低了市场效率。"衍生品的滥用"则主要针对以下情况导致的问题：

- 欺诈、操纵市场的行为；
- 逃税；
- 操纵一国所拥有的国际收支信息；
- 企业的收入或者资产负债表；
- 一国货币贬值的预期（多德，2002 年 c）

衍生品滥用增加了系统性风险，加重了风险的传染性。并有可能引发金融体系危机，严重威胁金融经济的稳定。无论是使用衍生品进行套期保值，还是进行风险管理，均有可能产生负面后果。此外，结构不完善，缺乏适当监管的衍生品市场，可能会催生出新的风险，将风险提高到新的水平，并加重市场的脆弱性，进而影响整个经济体系（多德，2002 年 c）。

单个的投资者和企业能够合理使用衍生品，将衍生品从缺乏应对风险能力的人或企业手里，转移到有能力、有意愿管理风险人或企业手里。尽管如此，整个金融系统仍然会承担衍生品活动以及衍生品合约所带来的风险。支持或反对使用衍生品的观点，在很多情况下，都可以归结为衍生品负面后果的成本与套期保值的好处孰轻孰重的问题。但是，我们认为，更好的办法是查明并评估这些成本的来源，从而通过监管降低相应的成本（多德，2002 年 c）。

在前文提到的文章中，米林（1994 年）谨慎地表示，"没有哪种衍生品能导致金融体系的崩溃"，企业会因为判断失误或者不良的衍生品交易而出现亏损，这跟他们使用其他金融工具没什么两样。他继续写道：

> 世界金融市场随时都可能出现危机。但金融市场的崩溃，不像是地震那种外生型灾难。它们都属于政策灾难，其根源并非私营部门之间的交易，而是源于某个国家的央行故意采取的通货紧缩行动，这通常是央行对此前相反方向上的政策错误做出的过度反应。

2.2.5 衍生品滥用

衍生品可以用来确保投资者能够管理衍生品滥用和欺诈造成的风险。

这是一个比较敏感的问题，因为它涉及持续一段特定时期的承诺或合约。即使在一个能够自我调节的、付现自运的市场，人们也很难立即发现欺诈或舞弊的存在，同时肇事方也会迅速脱身。而金融市场更强调时间的价值，因此损失造成的影响可能会更大。另一个因素是距离因素，即通常情况下，交易中不同参与者会处于不同的地理区域。空间和时间的分离，更容易导致欺诈行为，而且使人们很难立即发现这类行为。事实上，正是由于这种时空分离，衍生品交易常常会受到一些"诡诈伎俩"、"误导性宣传"、"虚假回报承诺"或者其他"地下电话交易所"活动的影响，导致出现不公平或欺诈性的衍生品交易行为，如"虚假交易"、"洗售交易"、市场信息的不当使用、"抢先交易"等。参与这些活动会导致投资者损失其投资头寸的大部分价值，并可能影响其管理风险的能力。因此很多企业或个人反对参与这类活动（多德，2002 年 c）。

2.2.6 市场操纵行为

为了确保衍生品的安全使用，人们必须对市场操纵行为进行限制。操纵的形式有很多种，常见的几种形式及其对经济的影响列举如下：

- 基于信息的操纵：这类操纵行为涉及"内幕交易"，或者就市场情况制造虚假信息。二者分别指的是操作者利用其他人未掌握的信息，或者通过发布对自己有利的虚假信息，开展交易活动。如果市场缺少针对衍生品信息披露（透明度报告要求）的监管政策，而且缺少防范市场舞弊行为（包括市场操纵和内幕交易）的要求，信息操纵就很容易产生。

- 基于行动的操纵：这类操纵行为主要是指操纵者故意采取某些行动，以改变人们对商品或资产价值的判断。例如，公司的管理人员可以先卖出公司股票,然后释放利空消息(比如,因某项合同而出现的重大损失),这样他们就能低价买入股票,以获利的方式轧平空头头寸。衍生品交易市场,特别是衍生品场外交易市场,很容易滋生这类操纵行为,原因是,人们很容易通过价格变化在衍生品市场上获利,而且操纵者可以在参与者没有完全察觉的情况下建立头寸。

● 基于交易的操纵:这类行为指的是,交易者获得相当数量的头寸,然后通过扭曲相关市场标的资产的价格而获取利润。在衍生品场外交易市场,政府或其他市场竞争对手很难确定交易操纵者的全部仓位。例如,为了增加衍生品多头头寸的价值,操纵者会从现货市场购买大量的原油。操纵者能否成功,取决于他能否在不亏损的情况下出售上述库存。需要注意的是,操纵者不需要获得全部存货,而只需要占全部存货的很大一部分,就能影响价格的上涨(多德,2002 年 c)。

市场操纵是一种影响公众利益的行为,因为它破坏了信息的完整性,使人们无法从价格信号和市场活动中获得完整的信息。衍生品的价格是非常重要的信息,因为它对生产者和消费者有着重要的影响。虽然并不是每个衍生品市场都会导致价格发现过程,但这类行为是大量存在的。无论是衍生品场内交易市场还是场外交易市场,都有可能出现操纵市场的行为。

然而,在以交易商为基础的市场中,有关价格发现的知识仅由市场的主要参与者所掌握,而不为整个经济体所共享。这就导致了与信息不平等分配相关的经济无效,滋生了大量的操纵行为和丑闻,影响了公众对衍生品市场的认知,进而对市场效率、交易量和市场活动也造成了相应的影响。此外,它还降低了市场的流动性,提高了风险成本(这些成本都包含在谈判价格中，计入了买卖价差）。如前文所述，投资者对交易实践和市场价格的信任和信心，会影响衍生品的使用程度（多德，2002 年 a，c）。

世界银行前任首席经济学家约瑟夫·斯蒂格利茨（Joseph Stiglitz，1998 年）认为：

> （在发展中国家）衍生品使用的逐渐普及，使得人们越来越难以全面披露相关信息，甚至很难全面解读已经披露的信息（出自多德，2002 年 c，第 14 页）。

衍生品可能会导致透明度问题，原因是企业在利用收入和资产负债表评估企业相关风险和利润过程中，没有完全披露衍生品的相关信息。这类问题的形式有编造虚假收入数据，以及隐瞒因使用其他金融工具而需承担的债务。由于衍生品的存在，资产负债表之外的信息披露使得人们很难发现风险敞口，而这会增大或减小资产负债表所反映的风险（多德，2002 年 c）。

多德（2002 年 c）解释道，尽管美国有着严格的会计准则，同时政府对金融市场也进行着监管，但一项研究表明，42% 的美国企业使用衍生品将企业某一时期的收入数据计入另一时期，目的是"管理需要公开的收益"。他继续解释说，除此之外，企业还可能会使用衍生品伪造收入信息和隐藏债务信息，进而扭曲市场信息，致使其他企业无法对交易对象的信誉做出适当评估。更严重的是，由于缺少衍生品场外交易的信息和数据，监管机构无法发现相关市场的操纵行为。

因此，监管当局无法确定所有或主要参与者在金融市场上的未偿付头寸，因而完全无法掌握与可用资本相关的金融风险。这样一来，监管机构很难监控整个经济对主要市场因素（如利率和汇率）变化的敏感性（多德，2002 年 c）。

缺少确定风险所需的信息，也会对一个国家的资产负债表造成影响。因此可以说，由于衍生品的存在，一个国家用来评估实际市场风险敞口的数据，即使没有误导性，也没有太大的用处。原因是，相关的货币信息披露可能会大幅增加或减少资本头寸或国际投资头寸，而资产和负债的货币价值可以转换为外汇衍生品。此外，国家如果执行相关的"看跌"期权，可以将长期贷款转换为短期贷款，也有可能改变资本类型和投资工具。国家可以通过利率掉期合约来改变资产和负债的利率信息披露，而且可以通过总回报掉期交易，让短期美元贷款变成一种投资组合。此外，人们需要满足对衍生品保证金或抵押品的要求，进而形成大量外汇流动的趋势，但特定国家国际收支账户上的外债和有价证券的数量却无法反映这种趋势（多德，2002 年 a，c）。

政府在使用衍生品管理公共债务时，也会遇到类似的危险。多德认为（2002 年 c），尽管许多国家已经使用衍生品来降低借贷，但只有瑞典在这样做的同时，还保持了市场透明度。他继续指出，在国际证券市场协会的支持下，皮加（Piga，2001）开展了一项研究。研究结果表明，在 1997 年至少有一个欧洲国家故意滥用衍生工具，使其债务的现金流量报告能够满足《马斯特里赫特条约》规定的赤字目标标准。

戴维·努斯鲍姆（David Nussbaum，1997年）认为，由于衍生品使用愈加普遍，国际货币基金组织面临的最重要的挑战之一，是调整成员国的国际收支表体系。他引述了大卫·福克兹-兰道（David Folkerts-Landau）的观点，称"跨国衍生品头寸对国际收支数据造成了严重的破坏""国际货币基金组织的内部估计显示，头寸失衡扭曲了新兴市场经济国家的数据，失真率可能高达25%"。为此，人们强烈呼吁，各国在使用衍生品管理债务时，应保持高度的透明度，并将其作为一项高度优先的政策加以贯彻［卡萨德（Cassard）和福克兹-兰道，1997年；兰道（Landau），1987年，出自多德，2002年b，c］。

小结

我们在本节介绍了有关衍生品及其使用的文献。具体来说，我们简单介绍了衍生品需求的演变，给出了衍生品的定义并列举了它的基本种类，说明了衍生品使用的益处（即价格发现、风险管理或风险转移以及它在提高市场效率中的作用），最后概括了衍生品滥用的后果。

2.3 金融衍生品的风险和风险管理

风险管理要求人们设计出新的创新型工具来管理或降低风险及其造成的影响。但反过来，这些新的风险管理工具也会创造出新的风险形式（夏尔马，2008 年）。

"'衍生品'，是一个被作家们污名化和妖魔化了的词语。"但是，无论心怀不满的现代交易员和经济学家如何妖魔化它们，研究人员都需要客观地判断衍生品是否是一种不良的金融工具，而且他们必须明白，衍生品的价值衍生于具有内在价值的东西，比如一种商品。［汤（Towne），2008 年］。

20 世纪 90 年代之前，对衍生品的讨论主要是在最专业的投资者圈子内（亚当斯和朗克尔，2000 年）进行的，并由此形成了两派不同的观点。有些投资者是严重财务损失和企业破产的受害者，他们将衍生品视为极具破坏性的金融工具，其破坏强度好比是一群四处逃窜的水牛，因此，避免使用衍生品，似乎才是最好的解决办法。而开明的投资者则将衍生品比作一群骏马，在被人们驾驭和合理使用后，它们会成为富有生产力的工具，不仅有效而且高效。借助它们，人们能够充分利用资源，降低风险。

在美国，大约 75% 的大型公司在使用衍生工具［霍兰德（Holland）和席勒（Schiller），1994 年］。根据《美国总审计局报告》（1994 年），过去的 20 年里，全球金融市场发生了根本性变化，导致金融衍生品的使用越发普及。因此，人们迫切需要成本效益高的套期保值工具，来防范汇率、利率、股票和大宗商品价格变动带来的风险。《国际 30 人小组报告》称，94% 的《财富》（Fortune）世界 500 强的首席执行官对公司使用衍生品的状况感到满意。

如果意外的市场变化要求合约一方立即交付大量现金，以支付担保债务，就会引发衍生品滥用问题。在一些臭名昭著的案例中，衍生品的使用不当导致了大规模的财务损失。反对衍生品的人指出，20 世纪 90 年代，衍生品造成的财务损失和企业破产比比皆是。事实上，从 1982 年至 1992 年，与衍生品有关的货币损失总额约为 21 亿美元，而到了 1994 年，这一损失飙升至 100 亿美元（米林，1995 年）。除了本书前一章列举的案例，其他一些被公开报告、承认的衍生品损失的著名案例，涉及宝洁（P&G）公司、戴尔电脑（Dell Computer）、大西洋里奇菲尔德公司（Atlantic Richfield Co.）、梅里尔·道制药公司（Merrell Dow Inc.）、米德公司（Mead Corp.）、派拉蒙通信公司（Paramount Communications）、卡特彼勒财务服务公司（Caterpillar Financial Services Unit）、芝加哥城市学院（City Colleges of Chicago）、敖德萨大学（Odessa College）、佛罗里达州艾斯康比亚县政府、威斯康星州投资基金（Wisconsin's investment fund）［莱基（Leckey），1994 年］。

衍生品导致的财务失败也从西方蔓延到了亚洲。事实上，衍生品在 1998 年亚洲货币危机中扮演了重要的角色，特别是在韩国［奥布赖恩（O'Brien），1998 年 a］。摩根大通在起诉韩国一家大型银行和一家投资公司（SK 证券）时，指责后者没有履行掉期合约义务，以美元兑换某些东南亚货币［弗兰克（Frank），1998 年］。SK 证券反驳称摩根大通韩国分公司没有充分告知它们衍生品交易可能带来的风险。

此外，1998 年 8 月中旬，俄罗斯卢布的急剧贬值也跟衍生品有关。这次事件动摇了投资者对外国市场和衍生品使用的信心［《新闻日报》（Newsday），1998 年］。尽管大多数美国银行能够承受卢布贬值带来的损失，但其中一些银行遭受了严重的打击。纽约共和银行（The Republic New York Corporation）在俄罗斯的亏损，相当于其 1998 年盈利总额的三分之一（奥布赖恩，1998 年 b）。最近几年也发生了一些类似的案例，例如，在最近的几次金融危机期间或之后，出现了不少与衍生品相关的案例。

媒体对公司失败的大量报道，引发了人们对衍生品问题的争论，即衍生品是否比其他投资工具风险更大。从投资组合的角度来看，衍生品能够减少而不是增加风险，因为它们最常用来对冲现有的投资组合风险［弗兰克尔（Frankel），1995 年］。另一些人则认为，引发风险的是投资者的投机冲动，而不是衍生品本身。此外，许多人认为，衍生品比其他类型的投资工具风险更低（米林，1995 年）。信孚银行（Bankers Trust）的一位董事总经理对衍生品持支持态度，他说，人们在两年期美国国债上损失的钱，远远大于他们在衍生品上的损失。因此，人们普遍认为，衍生品并不比任何其他投资工具风险更大。衍生品既不能创造风险，也不能消灭风险，它们只能将现有的风险从一个投资者身上转移到另一个投资者身上（亚当斯和朗克尔，2000 年）。

有的人之所以对衍生品持负面看法，是因为大多数衍生品交易相当复杂，令人异常困惑（弗兰克尔，1995 年）。而衍生品的复杂性是由许多因素造成的。其中一个因素是，许多衍生品是根据个人投资者的需求而定制的，另一个因素则是人们没有在假设模型的范围外对衍生品进行测试。此外，衍生品经纪人的陈述和建议可能会有意或无意地误导投资者（这是经纪人和投资者之间形成的矛盾关系所导致的结果）（亚当斯和朗克尔，2000 年）。造成衍生品负面看法的其他因素还包括相应文件复杂混乱、风险披露不充分和会计规范不完善［曼宁（Manning），1995 年］。衍生品的每一个缺点都增加了管理难度，比如，增加了人们对衍生品进行估值或确定其风险的难度［贝尔德（Baird）等人，1995 年］。不充分的内部管控，进一步放大了衍生品的复杂性（亚当斯和朗克尔，2000 年）。

不完善的风险衡量机制、不充分的风险管控，以及人们对衍生品在投资策略中的重要作用理解不足，这些因素使衍生品的性质变得更加混乱和复杂。这种混乱往往是由一些因素共同造成的，而这些因素导致了衍生品的滥用，并最终给企业造成严重损失。最复杂的衍生品往往是交易双方定制的场外衍生品，通常由几个衍生品的组合组成，这些衍生品往往对基础市场的变化非常敏感［耐普（Knap），1994 年］。

衍生品为人们引入了管理风险的新方法。许多人可能会认为，衍生品的使用会产生新的其所特有的风险，但事实并非如此。交易实体因衍生品活动而面临的金融风险，与其他金融工具引发的金融风险并无二致。这些风险主要包括：

（1）市场风险。衍生品公允价值发生不利变动，会产生一些经济成本，市场风险则是与这类经济成本相关的概念[《审计指导公告》（*Auditing Guidance Statement*），2002 年]。市场风险具体指的是，所有投资中资产或负债的价值发生不利变化，导致财务损失的风险（《美国总审计局报告》，1994 年）。这一概念也可以用在金融工具价格的波动上[西蒙斯（Simons），1995 年]。市场风险管理的复杂性在于如何度量风险，而对衍生品市场风险的估计取决于对标的工具的估值（西蒙斯，1995 年）。通过使用 VAR（风险价值）等工具，人们可以预测不利市场波动所造成的财务损失。利用这种方法，人们可以比较高级管理层和董事会同意的市场风险限额，从而评估当前的衍生品策略（亚当斯和朗克尔，2000 年）。

VAR 方法能够协助投资者实施适当的套期保值策略，将过度的市场风险降到最低水平。西蒙斯（1995 年）认为，人们必须在投资组合的基础上评估衍生品的市场风险。机构可以持有标的物的衍生品合约，以降低特定资产或负债的市场风险。不过，问题的关键仍然是，该工具是否降低了机构投资组合的整体市场风险（西蒙斯，1995 年；塔拉西诺斯，2014 年）。

其他与此相关的风险还包括：

● 价格风险 即由价格水平变化引起的风险（《审计指导公告》，2002 年）。价格变化可能来自外汇汇率、利率等的变动，这些因素都能造成指数、价格等的变化。从这个角度来看，价格风险又可分为外汇风险和利率风险（《审计指导公告》，2002 年）。

- 流动性风险 它与市场上待出售或待处置的衍生品经济活力的变化有关（《审计指导公告》，2002 年）。当成交量不足或很少有交易实体愿意参与交易时，就会导致衍生品的流动性风险（《审计指导公告》，2002 年）。

- 经济损失风险 市场上的信息不充分或不真实时，交易者根据这种信息进行交易，可能会承担经济损失风险（《审计指导公告》，2002 年）。

- 基差风险 当使用衍生品进行套期保值时，基差在套期合约到期前发生变化，就会引起基差风险（《审计指导公告》，2002 年）。"基差"是指被保值标的物的价格与相应衍生品价格之间的差额（《审计指导公告》，2002 年）。基差发生变化意味着两个价格的波动不会完全同步（价格同步波动能使两者完美地抵消掉各自的损益），这时就会出现基差风险。

（2）信用风险。指的是在到期日或其后的任何期间，客户或交易的另一方没有能力清偿部分或全部债务，而导致的风险（《审计指导公告》，2002 年）。这种风险是交易对方所承担债务的正价值，也是可能失去的经济利益的价值（《审计指导公告》，2002 年）。影响这类风险敞口程度的另一个因素是衍生品价格和结构的不断波动（《审计指导公告》，2002 年）。

由于市场的不稳定性，一些衍生品市场的信用风险敞口非常不稳定，从而提高了信用风险水平（《审计指导公告》，2002 年）。场内交易的衍生品是降低信用风险的典型工具，它要求交易方必须每日对头寸价值的变化进行结算，有严格的抵押品要求，并指定了信用限额（《审计指导公告》，2002 年）。

处理信用问题是一件棘手的工作，因为在管理这类风险时，人们必须考虑风险敞口的快速变化（《美国总审计局报告》，1994 年）。场外交易的衍生品的信用风险，要远远大于场内交易的衍生品，这是因为交易所要求买卖双方必须提供保证金担保，从而降低风险。人们可以对每个交易方单独设定风险敞口的额度，并避免与某一个交易方集中进行衍生品交易，以便将风险敞口降到最低。

信用衍生品是一项创新型的金融衍生品 [帕克（Park），1998 年]。自国际掉期交易协会 1992 年会议 [木岛（Kijima）和室町（Muromachi），2000 年] 以来，这类工具的交易市场发展迅速。如前文所述，信用风险是与公司违约事实或违约可能性有关的危险。它是指交易对方未能履行衍生品合约而导致损失的风险（西蒙斯，1995 年）。信用衍生品是自身收益与参考资产价值的信用特征相关的金融工具（木岛和室町，2000 年）。

信用衍生品市场迅速发展的主要原因是，越来越多的银行发现了这一产品的潜力，它的优势既可以运用于商业客户上，也能用在自己的投资组合上 [阿舍（Asher），1998 年]。大多数分析人士认为，这类衍生品的主要使用者是商业银行（帕克，1998 年）。随着信用衍生品的引入，非银行机构也可以承担贷款的风险。此外，由于商业银行受到监管，这类衍生品也带来了一些公共政策方面的问题，例如，资本金要求和存款保险定价问题（帕克，1998 年）。

尽管与其他种类的衍生品市场相比，这个市场仍然很小，但它的交易量正在不断增加。英国银行家协会的一项调查表明，1996 年全球信用衍生品市场总值不到 500 亿美元，但次年便增加到了 1 700 亿美元（阿舍，1998 年）。根据国际掉期和衍生品协会（ISDA）的报告，2001 年年底，全球信用衍生品场外交易市场未清偿合约名义金额为 6 210 亿美元，如此高的市场容量是由两个因素共同造就的,一个是人们对破产保护的需求不断增加,另一个则是高收益率的新兴市场债券在不断减少[克拉克(Clarke),2001年]。ISDA还指出,2007年上半年,全球信用衍生品的交易量增长了22%,比上一年同期增长了75%。信用衍生品的交易量从2006年底的244 200亿美元飙升至454 600亿美元(路透社,2007年)。

如第1章所述,截至2018年12月底,场外衍生品的名义金额为5 440 000亿美元,市场价值为97 000万亿美元。场外交易的衍生品名义金额的主要组成部分(80%)是利率衍生品(国际清算银行,2019年)。

此外,美国监管机构收集的数据显示,美国商业银行信用衍生品市场总值从1997年的970亿美元,急剧增长到次年第一季度末的1 480亿美元(阿舍,1998)。这类衍生品在美国很受欢迎,因为它为公司提供的利润率,高于现金交易市场上的企业债券。对冲基金通常将信用衍生品用作结构性产品,交易方可以定制衍生品以改善定价过程和效率分布[阿里兹(Arize)、安德烈奥普洛斯–坎帕内利(Andreopoulos–Campanelli)、卡里安尼奥蒂斯(Kallianiotis)和马林德莱图斯(Malindretos),2018年;克拉克,2001年;塔拉西诺斯,2008年]。

帕克(1998年)在一篇关于信用风险的文章中指出,信用衍生品的最大潜力体现在贷款上。这类产品在一些投资公司中很受欢迎,因为它们持有大量的非流动性债券,通过使用信用衍生品,它们可以在不出售债券的情况下,转移违约风险。保险公司也非常喜欢这类衍生品,因为它们必须遵守相应的监管规定,在约定期限前,一直持有某些特定资产。

为了降低信用风险,传统的方法是将贷款出售。而信用衍生品的积极作用在于,它使银行能够在不出售贷款的情况下降低信用风险,从而使银行能够维持与借款人的关系。银行之所以能这么做,是因为衍生品合约不需要征得借款人的同意或了解。但是，帕克（1998 年）认为，大多数银行贷款不容易出售，出售贷款会损害银行与借款人的融洽关系，而融洽的借贷关系在银行业务中是相当重要的（帕克，1998 年）。

作为一种金融工具，信用衍生品的重要性不断升高，但人们对信用衍生品定价问题的研究还不够丰富［达菲（Duffie），1998 年；木岛（Kijima），2000 年］。朗斯塔夫和施瓦茨（Longstaff 和 Schwartz，1995 年）直接使用随机微分方程来计算信用价差，而木岛和小森（Komoribayashi）（1998）以贾罗、兰多和特恩布尔（Jarrow，Lando 和 Turnbull，1997 年）的马尔可夫链模型为基础，来研究信用期权。达菲（1999 年）提出了对信用掉期进行估值的随机游走模型，并对信用掉期的估值进行了研究。达菲（1998 年）给出了具有首次违约特征的信用衍生品的一般定价公式，木岛（2000 年）给出了一篮子信用掉期定价的解析解。

木岛和室町（Muromachi, 2000 年）认为，评估信用风险的关键是运用两种基于无套利定价方法构建违约模型，第一种方法是结构模型［马丹（Madan）和于纳尔（Unal），2000 年］，第二种方法是简约模型［达菲和辛格尔顿（Singleton），1999 年］。马丹和于纳尔（1998 年）的原始模型不像后来研究出的其他密度模型那样"简化"，但它结合了密度模型和经典企业价值模型的特征，因此被称为混合信用风险定价原型［格伦德克（Grundke）和里德尔（Riedel），2004 年］。

结构模型和简约模型的主要区别是，结构模型从公司价值和其资本结构角度显式定义了违约事件，进而得到违约的概率和所需支付。而简约模型没有定义违约事件，并假设到期日之前任何时期的违约密度为外生参数（木岛和室町，2000 年）。因此，结构模型的主要优势是它的经济直觉，而简约模型在分析上更容易处理，也更容易实现（木岛和室町，2000 年）。

风险管理者喜欢把确定风险管理活动的优先级比作"剥洋葱"，最优先的事项决定了管理"风险洋葱"外层所需的衍生工具［莫泽（Moser），1998年］。在处理完外层之后，风险管理者必须关注"洋葱"的内层，特别是信用风险，才能在全球市场上获得竞争优势。为了实现这一目标，鉴于其借款人集中在地理位置不同的分支部门，金融机构必须寻求提高其信贷风险敞口多样化的方法（莫泽，1998年）。风险管理者需要进行两方面的努力：（1）设计方法，以衡量信用风险敞口；（2）设计衍生合约，转移信用风险敞口（莫泽，1998年）。

尽管信用衍生品对信用风险对冲和信用风险证券化具有重要意义，但一些研究人员担心，它们可能会破坏银行业的稳定性。检验信用衍生品这项金融创新是否会使银行更容易暴露于信用风险中，因斯特菲尤尔（Instefjord）（2002年）解答了衍生品的金融创新是否会使企业更不稳定的问题。因斯特菲尤尔（2002年）在文章中指出，银行是在一个系统的环境中运营的，因此，企业风险不仅仅与股东有关。但是，这一领域的研究文献还不够丰富，相比之下，风险的度量一直是银行风险研究的主要内容。

银行监管机构面临的主要问题是，如何计算银行的既定风险敞口。伯科威茨（Berkowitz）和奥布赖恩（2002年）认为，银行内部风险评估技术并不完善。作为回应，因斯特菲尤尔（2002年）认为，无论风险评估的技术有多完善，总是存在一些因素使银行倾向于增加已知的风险敞口。当然，这并不意味着风险衡量不重要。因斯特菲尤尔（2002年）指出，正是风险评估技术的不完善，促使人们分析冒险行为的驱动因素。

随着信用衍生品市场的不断发展，银行业在某些特征上与石油行业越来越相似。在石油行业，多年来，人们一直使用原油衍生工具管理企业风险。阿尔特曼、考埃特和纳拉扬（Altman，Caouette 和 Narayan，1998 年）认为，银行不希望在发放贷款后，一直持有贷款或将贷款冲销。相反，他们越来越愿意考虑交易对方所安排的资产，在这种安排中，随着原始贷款人的总风险降低，信贷风险敞口也随之转移。

因斯特菲尤尔（2002 年）认为，信用衍生品交易数据支持这一观点。但大多数人会认为，衍生品的供给大大降低了银行风险。例如，鲁勒（Rule，2001 年）认为，信用衍生品市场的发展，有利于促进金融稳定性，因为它将信贷发放和融资与由此产生的信贷风险分配分离开来。因此，与大宗商品行业相反，系统性部门的信用衍生品交易可能对社会更为有益［道（Dow），2000 年］。

此外，因斯特菲尤尔（2002 年）认为，还必须再增加一个因素，即固定的资产负债表所反映的财务困境的净成本，才能将私人利润动机导致的风险与不稳定的潜在社会成本联系起来。

尽管财务困境成本并不一定是唯一因素，但理论研究和大量的实证研究表明，它肯定是重要因素之一。这些成本促使银行积极管理他们的风险敞口，并将风险管理作为创造股东价值的一个组成部分（因斯特菲尤尔，2003 年）。《英国银行家协会信用衍生品报告》（*British Bankers' Association Credit Derivatives Reports*，1999/2000 年度、2001/2002 年度）支持这一观点。该报告显示，伦敦衍生品市场的几家银行认为，信用衍生品交易在积极的投资组合管理或资产管理方面的意义，要比遵守监管方面的意义更为重要。

在信用衍生品的创新方面，有几项研究值得一提。第一项研究探讨的是信用衍生品市场上的贷款对冲对借贷双方关系的影响（莫里森，2001 年）。达菲和周（2001 年）认为，虽然这类衍生品可以在事后保护贷款人免受逆向选择成本的影响，但它们也可以在事前阻止有效放贷。但是，莫里森（Morrison，2001 年）指出，信用衍生品在信贷市场上造成了去中介化效应，进而直接减少了福利。第二项研究分析和评价了市场和信用风险的度量方法［达菲和潘（Pan），1997 年］。第三项研究涉及金融创新，而金融创新在很大程度上被归结为一种内生过程。还有一本文献与上述三项研究存在一定的关系，它探讨了外部监管机构如何评估和控制银行的风险管理政策［弗雷克萨（Freixas）和罗切特（Rochet），1998 年］。

因斯特菲尤尔（2002 年）发现，财务困境成本决定了一定的市场模式，金融创新则是这种市场模式的重要驱动因素。在这种情况下，最根本的问题是哪个市场最有可能开放［达菲和拉希（Rahi），1995 年］。我们可以从很多角度来回答这一问题。如果创新者是总体规划者，那么他可以通过最大化所有参与人的福利，来解决这个问题（道，1998 年）。如果以销售新金融产品的企业或者个人的角度看待这个问题，则可以通过最大化创新者的收入来解决这个问题（拉希，1996 年）。如果创新者是交易中介，他可以通过最大化佣金或买卖价差等交易收入来解决这一问题［艾伦（Allen）和盖尔（Gale），1994 年］。因此，理解谁是创新过程的控制者是很重要的。

总体说来，因斯特菲尤尔（2002 年）的结论是：

> 信用衍生品市场的金融创新可能会增加银行的风险，特别是那些在高弹性信用市场运营的银行。因此，信用衍生品交易是银行稳定性的潜在威胁，即使它们使用这些工具的目的仅仅是为了对冲风险，或确保其信贷敞口。

（3）结算风险。指的是交易一方结算时未从另一方获得补偿或价值的风险。人们可以通过"净额结算协议"最小化这种风险，即各方可以通过协议抵消各自头寸（《审计指导公告》，2002 年）。

（4）偿付能力风险。即合约到期时，当事方不能支付承诺金额或合约规定金额的风险。例如，当期货到期时，当事方由于价格不利的变动，无法支付保证金。（《审计指导公告》，2002 年）。

（5）法律风险。指的是因法律行为或监管行为使双方约定的条款无效，进而可能导致损失的风险。例如，政府出台衍生品投资禁令，或者修改有关税收的法律法规（《审计指导公告》，2002 年）。

（6）操作风险。指因企业运营中遇到的失败和困境而造成损失的风险。由于不了解如何使用衍生品，人们做出错误决定，滥用衍生工具，从而导致了这种风险的出现。

由于企业面临着各种风险，因此企业风险管理方案必须能够系统地管理这些风险敞口，才能提高企业价值。许多大型公司和地方政府由于采用了不适当的衍生品风险管理方案，而承受了严重的财务损失。为了应对这类问题，《经济学人》（The Economist）（1996 年）开展了一项调查，集中探讨"非金融企业分散风险的其他方法"（第 18 页）。这项研究具体讨论了天然的对冲手段和运营性对冲手段。而企业风险管理方案的主要目标是通过风险管理提高公司价值，进而提高股东收益［博亚巴特里（Boyabatli）和托克泰（Toktay），2004 年］。

令人感到意外的是，根据莫迪利亚尼和米勒（Modigliani 和 Miller，1958 年）的研究，金融理论家们断言，在理想的完全市场下，企业风险管理方案不会增加任何价值。在这里，一些金融理论家提出了这样的假设：股东可以通过资产多样化获得公司风险管理活动的好处。因此，风险管理不能通过开展投资者同样擅长的活动来创造价值（博亚巴特里和托克泰，2004 年）。

风险管理的第一步是识别和评估风险敞口［博迪（Bodie）和默顿，1998 年］。除市场风险、信用风险和系统风险外，其他风险主要来自企业经营活动。克莱因多弗尔和沃森霍夫（Kleindorfer 和 Wassenhove，2002年）研究了全球供应链中的风险管理，并讨论了两大类风险：有意或无意触发的扰动风险以及供需协调风险。根据比林顿、约翰逊和特里安蒂斯（Billington，Johnson 和 Triantis，2003 年）的研究，对大多数制造商来说，最大的风险是产品需求和关键资源供给的不确定性。这种不确定性导致了供求关系的不匹配，从而引起经济损失（博亚巴特里和托克泰，2004 年）。

在确定了风险投资组合之后，公司可以使用大量的工具来管理它们。虽然金融工具，如金融衍生品，适用于那些自身风险敞口取决于资产价格的公司，但企业不能使用金融合约来管理由运营造成的风险［瓜伊（Guay）和科塔里（Kothari），2003 年］。

具有实物期权特征的投资工具，是用于管理操作风险敞口的常见工具（博亚巴特里和托克泰，2004 年）。根据特里安蒂斯（2002 年）的研究，实物期权给人们提供了随时间变化而延迟和调整投资决策和经营决策的机会，以解决不确定性问题。实物期权的价值不仅受到时机的影响，还受到其范围的影响（比林顿等，2003 年）。

由于人们很难界定操作风险，因此针对这一风险，目前还没有普遍接受的定义，但由于本书的研究需要，我们采用了布莱克（Blacker，1988 年）的定义。他将其视为一种不同于信贷、市场和银行账面利率的风险类型，并将其定义为运营过程中失败或崩溃所导致的风险。然而，对现代银行的操作风险建立一个清晰的模型，是一项更加复杂和困难的工作［霍夫曼（Hoffman）和约翰逊（Johnson），1996 年；汤普森（Thompson）和弗罗斯特（Frost），1997 年］。

操作风险研究是一个发展迅速的研究领域，近年来受到了业界和政府的高度重视。多年来，世界通信公司（Worldcom）、巴林银行、长期资本管理公司、雷曼兄弟（LEHMAN BROTHERS）和澳大利亚国民银行等都出现了重大的运营失败。为了应对持续发生的财务管理不善（如欺诈，未经授权的交易，战略误判，犯罪活动和投机），巴塞尔委员会在《巴塞尔新资本协议》（即 Basel II，国际清算银行，2001 年）中，将操作风险列为风险的一部分，要求金融机构就像应对信用风险和市场风险一样，为其保留资本。

虽然《巴塞尔新资本协议》的最终修改时间被推迟，但幸运的是，2002 年 7 月，该协议在原则上达成了一致，从而使全球大型银行受益。因为在自行制定复杂的内部风险管理措施后，它们只需要满足较低的资本金要求即可［曼（Mun），2003 年］。2006 年修订的《巴塞尔新资本协议》包含了一个详细的框架，通过设定一套尽可能少的、成员国能够接受的标准，帮助成员国统一修订监管规定，作为全球活跃银行确定资本充足率的统一标准（巴塞尔银行监管委员会，2006 年）。其目标包括：设计一个框架，进一步加强全球银行系统的稳定性和可靠性，同时保持足够的一致性，以便《资本充足率指引》能够确保一个公平竞争的环境，避免全球活跃银行之间进行差异化竞争。巴塞尔委员会认为，"修订后的框架将鼓励银行业采用更强的风险管理措施，委员会还将这视为该框架的主要好处之一"（国际清算银行，2004 年）。在欧洲，《新巴塞尔协议》转换成了《资本充足率指引》（也被称为《资本要求指引》）。

运营性对冲有两种定义。其中一个由胡赫策迈尔（Huchzermeier）

（1991年）提出，并由丁和库韦利斯（Ding 和 Kouvelis，2001年）所采纳。其具体定义为：运营性对冲策略是指企业在全球供应链环境下为应对需求、价格和汇率的意外变化而使用的实物（复合）期权（第2页）。另一个是由范米恩海姆（2003年）定义的，即"在不引入金融工具的处理体系中采用抵消性操作降低风险的策略"（第271页）。

丁和库韦利斯（2001年）认为，企业可以通过推迟对部分或整个物流的决策来实施运营性对冲。而博亚巴特里和托克泰（2004年）解释说，企业也可以通过"推迟最终产能投资的投入量"来实施运营性对冲。此外，科恩（Cohen）和胡赫策迈尔（1999年）补充说，企业可以根据需求和汇率的不确定性，改变采购和生产战略、改变供应链网络结构，保持较大产能来实施运营性对冲。

根据科恩和胡赫策迈尔（1999年）的研究，作为运营性对冲手段，这些实物期权能够通过降低下行风险来减轻长期风险敞口。这些"实物期权通过部署过剩产能和随机手段，产生某种形式的运营灵活性"。科恩和胡赫策迈尔（1999年）将运营灵活性定义为企业通过实施运营措施，灵活预测和应对市场状况变化的能力。借助这些实物期权，跨国公司可以利用环境中的波动性（博亚巴特里和托克泰，2004年）。

胡赫策迈尔和科恩（1996年）分析了运营灵活性，他们将其定义为：

在不同的全球制造战略之间切换的能力。具备了运营灵活性，企业虽然不会消除现金流的波动性，但却能利用这种波动性。这种形式的运营性对冲策略利用了全球供应链网络结构，能够减轻汇率风险敞口，增加公司的价值并降低其下行风险。

科恩和胡赫策迈尔（1999 年）指出企业能够将产能维持在预期要求之上，以应对需求的不确定性，进而揭示了企业如何通过全球供应链保持额外的产能，来改善运营灵活性。

阿拉扬尼斯，伊里格和韦斯顿（Allayannis，Ihrig 和 Weston，2001 年）说明了公司如何使用运营性对冲来管理它们的风险。在运营管理文献中，实物期权是典型的运营对冲机制（博亚巴特里和托克泰，2004 年）。特里安蒂斯（2002 年）认为，有些风险只能通过运营手段加以管理，这说明，运营性对冲是企业层面风险管理的一个组成部分。

综上所述，金融领域的相关研究表明，企业可以通过实施运营保护措施，降低企业风险。运营管理方面的研究认为，运营性对冲策略起源于两种独立但概念上并无不同的实物期权。"运营灵活性"，可以通过实物期权来实现，"地理多样化" 则是这类文献中所讨论的主要运营性对冲策略。与金融对冲策略相比，运营性对冲策略需要更大的资本投入，但却能够长期对冲风险。此外，"运营灵活性具有通过套利和利用机会创造价值的能力"。因此，只有当存在风险规避的理由时，它才被视为一种运营对冲策略（博亚巴特里和托克泰，2004 年）。

企业也可能会遇到许多其他风险，不过，这些风险通常是上述风险的组合（《审计指导公告》，2002 年）。

另一种常见类型的风险则涉及商品，是指商品由于没有达到规定质量和预期质量所导致的风险（《审计指导公告》，2002 年）。

由于缺乏内部控制机制，企业伪造或输入虚假的账户余额或交易信息，进而导致固有风险。当企业账户与其他账户交易进行合并时，也可能导致这种风险（《审计指导公告》，2002 年）。因此，衍生品控制者和使用者应该了解对衍生品风险评估造成影响的因素。这些因素包括：

- 企业开展衍生品活动的经济和商业原因。这可能会影响做多或做空标的资产的决定（《审计指导公告》，2002 年）。

- 企业所需要的头寸。它可以介于消除风险（套期保值）和利润最大化（投机）之间。投机型利润最大化策略的固有风险，不同于风险管理策略（套期保值）的固有风险（《审计指导公告》，2002 年）。衍生品活动的风险管理策略也根据不同功能的风险而有所变化（《审计指导公告》，2002 年）。

- 衍生品特征的复杂程度。针对衍生品及其复杂性问题，人们普遍认为，衍生品复杂性越高，确定该衍生品公允价值的难度就越大。一些衍生品的公允价值可以通过独立的金融信息来源确定，如通过金融刊物或独立于交易主体的经纪自营商确定。当衍生品合约是根据客户需求定制的，或者衍生品合约属于非定期交易合约，或者只在没有公布价格的市场上进行交易的时候，人们可能很难确定上述公允价值。但是，人们总是可以设计出一个模型来评估其价值的。估值风险和模型风险是这里遇到的两种风险：第一种风险是误判衍生品的公允价值所导致的风险；第二种是模型及其相关假设的不完善和主观性所带来的风险。这两种风险都会影响衍生品的价值估计（《审计指导公告》，2002 年）。

- 衍生品活动中涉及现金交易。有相当数量的衍生品，它们在合约开始时不涉及现金交易，或在某些时期或合约结束时可能有不正常的现金流模式。这些合约存在着无法（全部或部分）生效而且无法在财务报表中得到确认的风险（《审计指导公告》，2002 年）。

- 参与者的相关经验。在没有适当的知识和经验的情况下，签订涉及复杂衍生品的合约，会加大衍生品滥用的固有风险。企业应该向直接参与衍生品活动的人、交易者以及参与风险管理、企业治理、合规管理和其他监管职能的人普及衍生品知识，开展相关培训（《审计指导公告》，2002 年）。

- 将衍生品作为嵌入特征纳入协议中。这里的固有风险指的是管理层无法识别合约中所包含的衍生品，进而无法识别其影响（《审计指导公告》，2002 年）。

- 外部因素的存在。这些因素可能会影响人们对衍生品的判断。例如，夕阳产业交易实体的信用风险的变化，增加了有关衍生品估值判断的固有风险。此外，利率的变化也会影响衍生品的估值，其价格会受到该利率的影响（《审计指导公告》，2002 年）。

- 衍生品是在本地交易还是在国外交易。与跨境交易相关的不同因素也可能增加衍生品的固有风险，法律法规的变化以及汇率和经济条件的变化，都会对衍生品造成影响（《审计指导公告》，2002 年）。

上述因素增加了衍生品权利、义务和估值过程所固有的风险。此外，还存在这样一种风险，即衍生品交易产生的损失，可能高于该衍生品在资产负债表上所列的价值（表外业务风险）。例如，由于商品的市场价格下跌，参与实体可能会为了结清一种商品的远期头寸而蒙受损失。在其他情况下，亏损可能会让人怀疑该公司是否还有继续经营下去的能力。然而，为了评估风险对衍生工具的假设影响，交易实体也可以对敏感性或 VAR 进行分析（《审计指导公告》，2002 年）。

2.4　金融衍生品使用者和监督者的特点及观点

2.4.1　使用者和内部监督者的理性选择理论

衍生品使用者和内部监督者的一些特点，决定了他们是否需要衍生品以及使用衍生品的方式。夏尔马（2008 年）认为，人们需要通过套期保值（确保预定的成本或受益）的方式应对不确定性问题，这催生了人们对衍生品的需求。事实上，他将衍生品看作"风险管理的制度机制"。但是，金融理论家们认为，投机也是消除金融资产价值波动的基本因素，只不过投机是一种次要目的，而且这一目的是由其他因素决定的（夏尔马，2008 年）。斯科特（Scott，2000 年）提出了"理性选择理论"。它假设，人们是在金钱和利益的驱使下开展经济活动的，在这一前提下，我们可以规范地构建出具有预测功能的人类行为模型。

新古典理论假设衍生品使用者和内部监督者能够掌握所有的信息，因此他们对信息完全知情，能够根据现有信息，对比历史趋势，来制定决策。新古典理论还假设信息是完备的，行为人基于理性选择，利用所掌握的信息制定决策［金德尔伯格（Kindleberger），1996 年］。但很多学者并不同意这一观点，他们认为由于人们对信息变动比较敏感，因此他们通常只关注和权衡新信息［伯恩斯坦（Bernstein），1998 年］。这会导致人们根据片面的信息以及市场的普遍看法做出选择，因此，这些选择并不是完全理性的，这也反映出了市场本身的缺陷。根据这些理论，衍生品的使用者和内部监督者并不是完全理性的，其决策并非基于对市场现状和历史的完全理解。此外，这些决策大多基于投资者的观点，而大多数投资者并不会利用数学模型，去解释金融市场的风险和风险管理，也不会利用这些模型，结合最新的市场活动和已有的信息对当前的情况做出反应（施泰因赫尔，2000 年）。

市场活动是由一系列市场事件以及政治、经济和社会环境共同导致的。衍生品的使用者和内部监督者通常会在这些外界条件的支配下以及利益的驱使下做出理性的选择。在理论上，他们都是理性的，但实际上，他们并不是完全理性的。这是因为，他们对信息的掌握是不完全的，他们会服从市场趋势，响应环境变化，得出不同的看法（夏尔马，2008 年）。这一观点得到了制度主义观点的充分支持，因为与那些只掌握部分信息的人相比，那些掌握信息最充分的人，能够充分利用资源，对市场条件的变化做出更合理的响应［史瑞勒（Shriller），2005 年］。

前文指出，大多数市场活动都具有特定形式的风险。因此，我们不难发现，大量的社会科学研究都在探讨决策者如何根据风险制定决策［查尼斯（Charness）和格尼兹（Gneezt），2010 年］。

我们将采取相似的方法，介绍一些探讨衍生品使用者和内部监督者特质的文献和理论，从而分析这些特质对使用者和内部监督者的影响，进而得出相应的结论。我们将重点研究那些探讨个人与环境特质的理论，以便确定这些理论是否支持后续章节中的结论，以及这些理论能否解释衍生品滥用的问题。

为此，我们首先引出风险容忍度这一概念，它指的是个人对投资风险的接受程度。这一概念非常重要，因为它是个人或公司制定资产组合的决定因素，同时它也决定了人们是否愿意承受相关风险［德罗姆（Droms），1987 年］。影响投资者决策的个人特质很多，主要包括：性别、婚姻状况、年龄、教育程度等。

1. 性别

查尼斯和格尼兹（2010 年）认为，投资者的性别与风险接受程度存在关联性。他们指出,人们普遍认为,女性投资人比男性更加厌恶风险。他们还对比了其他类似的研究,如朗格尔和韦伯(Langer 和 Weber,2004年);黑格和利斯特(Haigh 和 List,2005 年);费尔纳和萨特(Fellner 和 Sutter,2004 年);查尼斯和热尼科(Genicot)(2004 年);贝勒姆、克劳斯、克罗格(Kroger)和张(Bellemare, Krause, Kroger 和 Zhang,2005年);德雷贝和霍夫曼(Dreber 和 Hoffman,2007 年)以及格尼兹、伦纳德(Leonard)和利斯特(2009 年)。这些研究者考察了投资者在多个时期,对待同一类型投资选择所持有的风险态度。绝大多数研究表明,男性投资者比女性更倾向于采取投资(即更愿意冒险)决策。只有一项研究(即德雷贝和霍夫曼在 2007 年进行的研究,引自查尼斯和格尼兹 2011年的研究)表明,在对待投资风险的态度上,并不存在性别差异。这项研究与其他研究的不同之处在于,它使用了非西方社会的相关数据。因此,这或许表明,西方与非西方社会规范存在着差异。

查尼斯和格尼兹(2010 年)接着指出,如果仅考察上述六项以西方社会数据为样本的研究,对其进行简单的二项分布检验,就会发现,原假设"一种性别投资者比另一性别更倾向于采取投资策略"的 p 值为0.021,而原假设"男性投资者比女性投资者更倾向于采取投资策略"的 p 值为 0.016。这些数据支持人们的普遍看法,即男性投资者在面对投资选择时更愿意冒险。相对男性来说,女性投资者对风险资产的投资意愿较低,因此表现得更加厌恶风险。理解这些结论的经济学意义,是十分重要的,因为它解释了男性和女性投资者在进行投资和资产管理决策时的不同行为模式。

人们发现,性别差异与资产分配存在着显著的相关关系。查尼斯和格尼兹(2010 年);松登和叙雷特(Sundén 和 Surette,1998 年);菲纽肯（Finucane）等（2000 年）；吉安纳科普洛斯和贝尔纳谢克（Jianakoplos 和 Bernasek，1998 年）；欣茨、麦卡锡和特纳（Hinz，McCarthy 和 Turner，1997 年）以及巴特斯密特和范德海（Bajtelsmit 和 Van Derhei，1997 年）等人在研究资产组合的分配问题时发现，女性的投资组合比男性的风险更小。

2. 婚姻状况

婚姻状况或婚姻情况指的是投资人处于已婚、单身、分居、离异和丧偶等状态中的一种。投资管理者注意到，婚姻状况差异导致投资决策差异这一命题，主要基于两个基本假设。第一个假设是，单身的投资者在面对投资风险时会很少有顾忌，或者无所顾忌，而已婚的投资者会有更强的责任感，比如他们会考虑投资决策对自己家人的影响。第二个假设是，已婚投资者更加在意决策的社交风险，即他们会担心决策失误可能使他们丧失尊严，或承受朋友、同事们的指责［罗什科夫斯基（Roszkowski）、施奈尔贝克（Snelbecker）和因伯格（Eimberg），1993 年］。

很多学者对已婚投资者的投资决策进行了研究，但他们的研究结果备受质疑。因为人们认为已婚的投资组合反映的是家庭共同的风险偏好，而不是个人的风险偏好［贝尔纳谢克和施韦夫（Shwiff），2001 年］。现有的证据表明，与已婚投资者相比，处于其他婚姻状态的投资者具有更高的风险容忍度（罗什科夫斯基等人，1993 年）。但有些研究表明，婚姻状况与风险容忍度之间并不存在相关关系［哈利亚索斯（Haliassos）和贝尔托（Bertau），1995 年；麦克伊尼什（McInish），1982 年］。

伯托奇、布鲁内蒂和托里切利（Bertocchi，Brunetti 和 Torricelli，2010 年）研究了婚姻状况和性别对投资的影响，他们发现已婚女性更倾向于进行风险性更高的投资。学者们发现，已婚女性和未婚女性的投资倾向差异，要大于已婚男性和未婚男性之间的差异。而且，这一差异也在随时间变化。人们还发现，已就业女性之间不存在这种差异。姚睿和汉纳（Yao 和 Hanna，2005 年）发现，已婚男性的风险容忍度高于已婚女性。他们的研究表明，已婚投资者的风险容忍度通常低于单身投资者，男性投资者的风险容忍度高于女性。未婚男性的风险容忍度最高，其次是已婚男性、单身女性，最后是已婚女性。罗什科夫斯基等人（1993年），以及姚睿和汉纳（2005 年）的研究对风险容忍度的差异进行了解释，他们认为造成这种差异的原因是已婚投资者需要与配偶互相帮扶，并共同承担对子女或其他亲人的职责。户主为男性的家庭，其风险容忍度高于户主为女性的家庭（宋和汉纳，1996 年）。

3. 年龄

研究表明，在投资领域，年龄是决策过程的重要决定因素。人们发现，投资管理人员将年龄因素作为评价投资者的一项重要因素，用它评估投资者能否具有充足的时间，运用自己的资产有效实现既定的投资目标，以及衡量投资者是否具有充足的时间从财务损失中恢复过来。基于这一概念，一些研究者认为，与年轻的投资者相比，年长的投资者缺少时间从投资损失中恢复过来，因此他们的风险容忍度较低［施奈尔贝克、罗什科夫斯基和库特勒（Cutler），1990 年；弗罗姆（Vroom）和帕尔（Pahl），1971 年］。人们认为，随着投资者年龄的增长，其投资组合风险性会降低。当投资者的年龄逐渐接近退休年龄时，他们就会逐渐降低投资组合的波动性，即年长投资者的风险容忍度更低。王慧（音）（Wuang）与汉纳（1997 年）研究了年龄与风险容忍度间的关系，他们的研究表明，投资者的风险容忍度会随年龄的增长而降低，但个人的风险资产净值会随年龄的增长而升高。研究人员还发现，年轻投资者的风险厌恶水平比较高，其原因主要是他们的金融资产仅是自己个人资产的一小部分。但是，他们不能承受短期的投资损失。因此，人们对相对风险的厌恶程度，会随着年龄的增长而下降，这意味着，在其他所有变量保持不变的情况下，在现有风险资产上的投资比例，会随着年龄的增长而上升。这说明，人们的风险容忍程度会随年龄的增长而升高。王慧（音）（Wuang）与汉纳（1997）的这项研究推翻了生命周期风险规避假说。麦克伊尼什，拉马斯瓦米和斯利瓦斯塔瓦（Ramaswami 和 Srivastava，1993 年）的研究表明，35 岁以下人群的风险容忍度与净资产之间存在显著的统计学关系，对 35 岁以上人群来说，这两者不存在显著的统计学关系。然而，这项研究没有考虑到继承财富的各种影响，而继承的财富是个人所拥有大量财富的一个重要来源。莱利（Riley）和周（1992 年）对个人的投资分配和风险厌恶水平进行了研究，他们发现，在 65 岁之前，人们的风险厌恶率会随年龄的增长而降低，但在 65 岁之后，人们的风险厌恶率会急剧上升。收入、资产净值与风险容忍度之间存在着正相关关系。研究发现，富有的商人和投资者拥有更多的风险资产，其中年龄在 45 岁至 50 岁之间的投资者拥有的风险资产最多［科恩、卢埃林、里斯（Lease）和施拉尔鲍姆（Schlarbaum），1975 年；麦克伊尼什等，1993 年］。其他研究表明，考虑到生命周期这一因素后，年龄与风险容忍度之间不存在线性关系（巴特斯密特和范德海，1997 年）。基于这些结论，一些研究表明，投资者的年龄与风险容忍度之间不存在相关性［格拉布尔（Grable）和利顿（Lytton），1998 年］。

4. 教育程度

教育程度是影响投资者决策的一个重要因素。研究发现，较高的教育程度能够帮助投资者深刻分析投资决策的风险，提高个人的投资能力和技能［贝克和哈斯勒姆（Haslem），1974 年；麦克里蒙（MacCrimmon）

和韦龙（Wehrung），1986 年］。它能提高个人判断能力，使投资者能够评估特定投资所蕴含的风险。这意味着，教育能够提高个人的风险容忍度［哈利亚索斯和贝尔托（Haliassos Bertaut），1995 年］。研究人员进行了一项调查，探讨教育程度与个人财富之间的关系。结果表明，较高的教育程度能使个人获取更多的物质财富。根据这项研究，具有大学学历的人拥有更多的财富，48.59% 的百万富翁拥有大学教育背景，只有9.12% 的人上过高中。资产最少的受访者甚至没有拿到高中文凭［哈纳（Hallahan）、法夫和麦克肯齐（McKenzie），2004 年］。但是，肖（Shaw，1996 年）并不同意这种观点。相反，他认为，资本获取水平在很大程度上，是由风险的相对厌恶程度决定的。贝克和哈斯勒姆调查了由 851 名个体组成的样本，他们发现，与受过高等教育的投资者相比，教育程度较低的投资者更重视价格的稳定性。上述研究与其他研究者的结论相矛盾，后者认为教育程度较低的投资者为了获取短期利益，会更加倾向于进行风险性较高的交易（波特，1971 年）。哈蒙德、休斯顿和梅兰德（Hammond，Houston 和 Melander，1967 年）运用回归模型，分析了家庭在人寿保险上的支出。他们发现，户主的教育程度与保险支出水平存在着显著的相关关系；教育程度较低的个人（即此项研究中的户主），其风险容忍度低于教育程度较高的个人。哈利亚索斯和贝尔托（1995 年）发现，教育是一项重要的因素，与受过大学教育的人相比，没有大学学历的个人不太可能持有金融资产（股票）。根据斯洛维奇，费希霍夫和利希滕斯坦（Slovic，Fischhoff 和 Lichtenstein，2000 年）的观点，投资决策能力是公司向交易者表明其业务实力和各种市场能力的一项重要资源。

很多研究表明，教育是决定投资者风险容忍度的一项重要因素，较高的教育程度会提高个人的风险容忍度。但是，也有一些学者并不认同这些结论。布卢姆（Blume）（1978 年）认为，教育水平较高的户主，比教育程度较低的户主，更不愿意承担较高的投资风险（但他同时指出，后者降低金融风险的倾向非常低，低于平均水平）。麦克伊尼什（1982 年）指出，教育程度与风险容忍度存在正相关关系，但是教育程度的回归系数并不显著。

5. 经验

投资者的个人经验也是影响其投资决定和风险容忍度的重要因素。个人的经验决定了个人的风险容忍水平。也就是说，丰富的个人经验能够帮助个人更好地理解投资收益与风险间的直接关系。个人经验还会帮助投资者克服对潜在风险的畏惧心理［迈尔（Meir），2005 年］。

拉科尼肖，施莱弗和维希尼（Lakonishok，Shleifer 和 Vishny，1992 年）认为，正面的经验能够提高个人的风险容忍度，因为投资者会结合自己的经验处理当前情况。但是，丰富的经验也可能会使投资者骄傲自满。负面的经验会严重影响投资者的金融资产。投资者也可以从负面经验中总结教训，以便未来制定更为明智的决策。经历过投资困局的投资者会更加坦然地面对未来的投资挫折；相反，没有经验的投资者可能会选择放弃［卡尼曼（Kahneman）和特维尔斯基（Tversky），1999 年］。

相较于缺乏经验的投资者，经验丰富且信息渠道更广的投资者，更擅长利用各种资源，积极地应对各种市场变化（史瑞勒，2005 年）。经验能够帮助投资者分析当前面临的风险，从而制定更为明智的投资决策。

6. 个人在企业中的地位

研究表明，投资机会的复杂性可能会导致不同管理者承担不同程度的风险［霍洛威（Holloway），1979 年；霍华德（Howard），1988；沃尔斯（Walls）和克莱曼（Clyman），1998 年］。企业里职位较高的人比职位较低的人更愿意进行投资。也就是说，经理、总裁以及其他高管的风险容忍度更高。造成这种情况的原因是，高管更愿意提高企业的生产率，他们认为自己应对整个业务部门负责［冯·诺伊曼（Von Neumann），摩根斯特恩（Morgenstern），1953 年］。罗什科夫斯基等人（1993 年）的研究表明，企业里职位较高的职员，要比职位较低的职员，更愿意进行较高风险的投资。研究发现，职位晋升的次数与风险容忍度存在相关关系，敢于冒险的人比不愿意冒险的人更有可能获得晋升［格雷（Grey）和戈登（Gordon），1978 年］。大多数情况下，工作经验会随年龄的增长而不断得到积累。这说明，高级别员工更有可能比低级别员工更年长，因此，他们的风险容忍度更高。马斯特斯（Masters，1989 年）的研究表明，非专业人员的投资态度比专业人员更为保守，前者包括文员、熟练工人和农场主等，后者包括管理人员、医生、律师、企业雇主等。当然，这并不意味着非专业人员没有钱进行投资，只是说明他们的投资模式与专业人员不同。另一项研究表明，从事农场主、企业主和管理人员等职业的人，比低职位的人更愿意进行风险投资［哈利亚索斯、贝尔托，1995 年；李（Lee）和汉纳，1995 年；宋（Sung）和汉纳，1996 年 a，1996 年 b］。人们发现，就业职位和职业类型能够影响人们的风险容忍度，投资者职位越高，职业越高级，其风险容忍度也就越高。

　　7. 企业类型

　　德雷尔和英格拉姆（Dreyer 和 Ingram，2007 年）进行了一项企业风险管理研究。根据这项研究，金融企业会通过交易来转移风险，而非金融企业则会积累风险，原因是它们总是希望能生产更多的产品，或者提供更多的服务。这项研究还表明，金融企业的风险容忍度高于非金融企业。

　　一些学者对影响企业套期保值的因素进行了研究，其中包括：沃尔斯和克莱曼（1998）；南斯、史密斯和史密森（1993 年）；贾利勒万德（Jalilvand，1999 年）；戈德伯格（Goldberg）等人（1998 年）；豪顿（Howton）等人（1998 年）；福克（Fok）等人（1997 年）。根据我们获取的研究结果，大企业比小企业更有可能进行风险性更高的资产管理。弗罗特、沙夫斯坦和斯坦（Froot，Scharfstein 和 Stein，1993 年）认为投资不足可能是企业进行套期保值的一个原因。贾利勒万德、斯威策（Switzer）和唐（2000 年）则认为，股东与管理者之间存在的矛盾，以及风险管理理论之外的其他因素，更会影响企业的投资风险管理。过去几年，金融和非金融企业的贸易增长，以及衍生品使用程度的提高，与企业价值的增长存在着相关关系。

另外，研究人员发现，小型企业对衍生品的使用程度低于大中型企业。就企业的所有权情况来看，非上市企业对衍生品的使用程度低于上市企业。跨国公司对衍生品的使用程度低于跨区域和区域型企业［博德纳尔（Bodnar）和格布哈特（Gebhardt），1999 年；南斯等人，1993 年；普雷沃斯特、罗斯（Rose）和米勒（Miller），2000 年］。

博德纳尔（1995 年）等人研究了美国和德国非金融企业对衍生品的使用程度。这项研究表明，德国企业对三类衍生品的使用程度高于美国企业，这三类衍生品即商品价格类衍生品，外汇类衍生品和利率类衍生品。研究还发现，在决定如何使用衍生品时，德国企业比美国企业更在意自己对市场价格走势的看法。尽管如此，德国企业对待衍生品的态度更为从容。这意味着与美国同行相比，他们不太担心衍生品的使用问题。与美国企业相比，德国企业所进行的交易活动更多地涉及衍生品的国际交易。美国企业有着规模更大的单一货币国内市场。盖齐、门顿和斯兰德（Géczy，Menton 和 Schrand，1997 年）认为，机构、企业或公司的发展前景越好，财务约束力越强，则越有可能使用货币衍生品。他们指出，企业使用外汇的频率越高,规模经济效应越高,则使用货币衍生品的程度就越高。未来更有可能进行投资的企业,在现金有限的情况下,更有可能使用衍生品[盖伊(Gay)和纳姆(Nam),1998年]。

8. 影响投资决策的因素

研究发现,女性比男性更加擅长团队合作。她们具有更强的沟通能力,因此能够更有效地与同事进行合作[伍德(Wood)和艾肯(Aiken),1985年]。根据一些已经完成的心理学研究,面对不正当的经济利益诱惑时,女性具有更强的道德约束力[伯纳迪(Bernardi)和阿诺德(Arnold),1997年;贝茨(Betz)、奥康纳(O'Connell)和谢巴德(Shepard),1989年]。研究发现,在制定和执行财务战略时,她们的态度更为谨慎[鲍威尔(Powell)和安西克(Ansic),1997年]。在决策方面,女性会做出更加保守,更加谨慎的风险规避决定。此外,她们更倾向于遵守既定法律,服从道德标准[鲍德里(Baldry),1987年;伯恩斯(Byrnes)、米勒和舍费尔(Schäfer),1999年;法兰(Fallan),1999年;戈尔德(Gold)、亨顿(Hunton)和戈马(Gomaa),2009年]。这表明,如果企业拥有较多的女性审计员,则企业对衍生品的内部控制力就越强。巴鲁阿(Barua)、戴维森、拉马(Rama)和蒂鲁瓦迪(Thiruvadi)(2010年)研究了性别差异与应计质量的关系。他们发现,女性首席财务官能够提高企业的应计质量。一些学者研究了性别差异与风险偏好程度、合规性以及财务判断能力之间的关系,他们的发现为上述结论奠定了基础。

2.4.2 正确观点和认识误区对衍生品使用的影响

衍生品使用方面存在的许多认识误区,严重影响了人们的投资和风险管理决策。若所有人都接受某个认识误区,那么,人们就必须制定相应的法律法规，对市场参与者以及衍生品业务进行限制。而要想实行一项有效的控制措施，人们必须依靠市场力量预测甚至控制风险投资行为。

一些个人和企业对衍生品的使用持反对态度，他们担心衍生品的使用会带来金融危机，进而破坏全球金融市场，同时还会迫使政府干预金融市场，以维持经济的稳定性，并且迫使政府实施预防措施，防止市场崩溃。前文指出，企业可以利用衍生品，将各种金融风险化整为零，并通过交易转移这些小风险，从而实现企业的风险管理目标。通过衍生品交易，这些小风险被转移出去，市场效率也因此得到了提高。衍生品的使用确保了个人可以寻找更有价值的投资机会［西姆斯（Siems），1995年］。西姆斯（1997 年）列举了人们对衍生品的认识误区和误解，它们包括：

- 衍生品是一种复杂的、专业的新型金融产品。这种观点并不正确，衍生品很早就出现了，其复杂性取决于其结构的不同。

- 衍生品的杠杆率很高，具有很强的投机性。事实上，衍生品是市场波动性升高、新技术创新、政府放松市场管制等因素共同导致的结果，是降低各类风险的一种手段。

- 衍生品对银行资本造成了负面影响，因此是一种无效的金融策略。

- 金融衍生品只适用于大型银行和跨国公司。

- 衍生品是一种新兴的风险管理潮流。

- 衍生品不会带来任何收益。

- 只有喜欢冒险的企业才会使用衍生品。

- 与衍生品相关的风险是一种新型风险，也是一种未知的风险。

- 衍生品会增大市场参与者的关联性，从而增加了系统性风险。

- 由于衍生品使用存在各种风险,因此应禁止联邦存款保险公司所担保的任何机构使用衍生品。

小结

本节介绍了一些探讨衍生品使用者特质和观点的文献,概括了理性选择理论,投资者的性别差异、婚姻状况、年龄、教育程度、个人经验、职位,企业类型对衍生品使用的影响,总结了影响投资决策的因素,以及正确观点和认识误区对衍生品使用的影响。

2.5 保障衍生品安全使用的措施

2.5.1 管理控制

"问题的根源并不是衍生品本身,而是对衍生品缺乏管理控制和保障措施"(纽约一家金融咨询企业的负责人莱斯利·拉尔表示。引自本奇文加,1994 年,第 5 页)。为此,一些私营机构、专业的工作组提出了许多风险管理方案,如《国际 30 小组报告》、《巴塞尔协议》以及《资本要求指令》。它们的目标是为安全和有效使用衍生品提供指导建议,而这些方案均强调管理控制(亚当斯和朗克尔,2000 年)。

专家们发表了很多报告,探讨衍生品的管理控制问题〔费尔南德斯–拉维亚达(Fernández-Laviada)、马丁内斯–加西亚(Martínez-García)和蒙托亚·德尔·科尔特(Montoya Del Corte),2008〕。其中有两份报告格外重要,他们为这一问题设定了基准,并为其他研究奠定了基础。它们分别是:

- 《衍生产品的实践和规则》(*Derivatives:Practices and principles*),这份报告由国际 30 人小组于 1993 年 7 月发表。该报告共包含 20 条建议,其目的是指导交易者和使用者对衍生品进行管理和控制。
- 《衍生品风险管理指引》(*Risk management guidelines for derivatives*),这份报告由巴塞尔银行监管委员会和国际证监会组织于1994年发表,主要针对银行机构〔费尔南德斯–拉维亚达(Fernández-Laviada)等,2008年〕。

2.5.2　企业内部教育

如前文所述,国际 30 人小组于 1993 年发表了一套管理控制建议,目的是指导衍生品场外交易市场。这些建议对企业来说也是非常有帮助的。此外,很多市场参与者也都将这些建议纳入自己的内部规则和规程中。国际 30 人小组为衍生品的安全使用提出了四步内部监督流程。这条建议涉及企业内部教育、规则执行和内部控制。

企业最高管理层必须确保所有参与衍生品相关活动的人都具备衍生品和风险敞口方面的知识〔布兰克(Blanc),1995 年〕。而在石油行业,企业内部教育一直是生产者进入市场的起点。考恩(Cowan,1994 年)认为:

内部教育能够帮助人们打破认识障碍,理解各种需要警惕的问题。但是,企业需要花费一定的时间,才能纠正人们对衍生品的投机心理,帮助他们建立对风险管理的谨慎心态。

尽管如此,企业仍需要努力开展内部教育,把员工培养为具备足够见解和知识的投资者,他们必须能够深刻理解衍生品的使用方式和使用时机,充分理解企业相应的风险敞口。员工在企业内部教育中需要掌握的知识包括:

> 现有衍生品的种类,每种衍生品在特定投资策略中的功能,每种功能的优点和缺点,以及企业对损失和风险的容忍程度(亚当斯和朗克尔,2000年,第658页)。

赖斯金融产品公司(Rice Financial Products Co.)总裁小唐纳德·赖斯(Donald Rice Jr)的经历就能充分说明,企业教育在帮助人们应对复杂衍生品方面,具有十分重要的作用。赖斯获得过凯特林大学工学学士学位,后来又取得了哈佛大学工商管理荣誉硕士学位。在开创自己的企业之前,他的教育经历帮助他成长为一名复杂证券产品的金融工程师。他于1985年加入证券经纪和投资银行巨头——美林集团,也是美林市政债券衍生产品小组的创始成员。他设计了很多复杂的衍生品交易,其中一项是总价值高达2亿美元的浮动利率交换固定利率的掉期交易,这是他为哥伦比亚特区一般债务再融资债券发行而设计的衍生品交易。另一项是总价值高达1.48亿美元的浮动利率交换固定利率的掉期交易,这是1990年他为费城设计的衍生品交易,也是第一次由大型市政府完成的衍生品交易〔辛特龙(Cintron)和西尔斯(Seals),2000年〕。

2.5.3　制定企业的衍生品操作规则

只有在完成第一阶段的企业内部培训后,第二阶段的目标和方针才会具有意义。保障衍生品安全使用的第二阶段任务是制定企业的衍生品操作规则。这套风险管理规则必须是在企业最高管理层和董事会的积极参与下制定的。规则必须简洁明了，能够说明衍生品使用的目的，必须规定企业使用衍生品的程度，即为了实现总体商业目标，企业能在多大程度上使用衍生品（布兰克，1995 年）。这套风险管理规则还必须设定市场和信贷风险敞口限额，从而确定具体和一致的风险管理预期。规则中还应包含降低法律风险和流动性风险的指导方针。最后，这些规则应以书面形式明确传达并分发给相关人员——国际 30 人小组在管控体系中所规定的，涉及衍生品使用的任何一个阶段的人员。

2.5.4 实施稳健的投资战略

当企业制定好衍生品规则后，下一阶段就是执行企业的投资战略。这套战略的宗旨是协助企业满足衍生品规则中所规定的各项目标。战略的总体规则是将衍生品当作转移风险的工具，而不是进行高风险交易的工具。具体来说，国际 30 人（1993 年）小组建议：

- 衍生品的使用应在数量、复杂性和风险方面，与企业的目标相匹配。

- 在投机和杠杆率方面应避免不必要的风险，企业使用衍生品的唯一目的是防范风险。

- 套期保值策略应吸收人们对市场走势的看法。投资者应该调整风险敞口，而不是使用衍生品来增加预期短期利润，而且在大多数情况下，应该避免使用杠杆，因为它会放大交易的风险。

其他的建议还包括：

- 避免使用非常复杂的衍生品。

- 聘请经过充分培训的高素质专业人才，他们必须清楚企业的投资策略、企业对损失的容忍度。
- 必须规定好明确的决策权界限。
- 及时为企业最高管理层提供衍生品活动报告，使其实时了解衍生品投资的状态。

企业高管和董事会应积极参与这类战略的实施。此外，战略的实施必须得到董事会的充分授权。

2.5.5　内部监督

根据国际 30 人小组所提出的管控体系建议，第四阶段是建立和执行一套关键的内部控制措施。在内部控制阶段，任何与衍生品交易有关的人员，必须确保这些交易得到了授权，而且并不违背企业已制定的规则和战略（亚当斯和朗克尔，1997 年）。此外，专家还建议相关人员必须及时上报任何偏离企业战略和规则的活动（亚当斯和朗克尔，1997 年）。

> 为了实现内部监督机制，投资者可以建立一套评估程序，涵盖所有相关风险因素，并通过这一程序建立一个模型，将可能的结果与实际业绩进行比较（努斯鲍姆，1995 年）。

国际 30 人小组（1993 年）还建议：

> 企业必须使用风险幅度和相对概率来量化所有已知的风险

敞口；企业必须分派具备相应素质和知识的专业人士，定期并及时地监控衍生品头寸和风险敞口；衍生品交易必须通过一个内部互相制衡的系统进行收付。

此外，美国总审计局（1994 年，第 2 页）还建议：

与客户有联系的交易员，以及负责会计和运营的行政人员，应互相监督，以确保他们各自的独立性，避免受到不必要的影响。

上述文献均主张，衍生品本质上不是一种不良的金融工具，但它们本身的性质可能非常复杂。这意味着，董事会和最高管理层必须充分了解衍生品的复杂性和企业对衍生品的使用情况以及对衍生品相关风险的监控要求。同样，他们还必须明白，为了妥当处理交易，企业必须拥有一套与衍生品复杂性相匹配的内部监督机制和体系。

在设计内部监督体系时，企业必须充分考虑外因的变化。但这些外因对企业内部控制体系的影响，是一个有待深入理解的问题。证券行业的其中一个重大变化就是，股权结算周期从 5 个工作日缩短为 3 个工作日。"这一变化给现有的体系、程序和内部监督结构带来了压力，并已经给行业内许多公司带来了麻烦"。从好的方面来看，这一调整在初期的进展非常顺利，这表明行业正在适应这些市场条件的变化［马歇尔（Marshall），1995 年］。

马歇尔（1995 年）指出，企业可以借鉴其他行业的内部监督措施，将其用于衍生品活动上。他接着举了巴林银行的案例，他认为，是松懈的监督最终导致了巴林银行的倒闭。他暗示，交易员的监督者并不知晓尼克·李森正在交易的金融产品。企业应该对交易的监督机制进行有效的评估，通过评估回答以下几个问题：

- 是谁在负责管理和监控交易柜台？
- 监督员是否知晓正在进行的交易？
- 监督员是否清楚内部监督体系和风险管理的重要性？
- 监督员的汇报关系是如何规定的？
- 相关人员是否正在编造风险报告？
- 为确保其准确性，风险报告是否得到了妥当的管理？
- 企业是否分派了专人进行风险管理？企业是否设立了风险管理委员会？或者两者皆有？他们是否具有监督职能（马歇尔，1995 年）？

衍生品是一种相对新鲜的事物，不仅具有独特的性质，而且令人捉摸不定，因此它们会造成非常特别的管控问题。所以，企业需要时刻关注衍生品活动，确保使用者和控制者能够充分理解衍生品的复杂性（马歇尔，1995 年）。

在很多情况下，企业的内部监督控制体系是一套防止舞弊和识别错误的措施和规程。而内部审计，作为内部控制系统一部分，是企业必不可少的一个环节，是企业识别财务风险和财务欺诈的重要工具（西尔弗斯通和达维；此外，它还能指导决策者制定决策，保障资产安全（西尔弗斯通和达维亚，2005 年）。但更重要的是，人们应该动态地理解内部控制，将其看作一种过程。利用这一过程，企业的管理人员和员工能将商业风险维持在可接受的范围内。管理层对内部控制及其重要性的看法，能够通过内部监督控制的强度表现出来。人们只有充分理解这些风险，才能有效地管理风险（马歇尔，1995 年）。

1995 年的《巴塞尔银行监管委员会报告》（BCBS Report）进一步强调了这种内部监督规范的存在意义，它还指出了巴林公司内部监督制度存在的缺陷［赫德森（Hudson），2000 年］。具体来说，内部审计控制对风险管理战略的制定来说，是一个必要的补充，因为它能够充分表明，企业重视衍生工具相关的风险［埃弗罗斯（Effros），1998 年］。

为保护公众利益，美国总审计局一直大力倡导企业建立强大而实用的内部监督控制体系。其总会计师唐纳德·H.蔡平认为，没有内部监督报告的财务报告是不完整的［克雷格（Craig），1995 年］。美国和欧洲国家政府发布的金融状况报告均包含内部监督报告。联邦政府必须确保企业具有一套内部监督规程和规则，保障资金得到妥当使用。

> 我认为内部监督报告是财务报告的重要组成部分。一些财务报表的使用者，也许是许多不太熟练的使用者，想当然地认为内部监督，作为财务报表审计的一部分，已经得到了妥善处理。审计师不表态，对某些人来说，意味着内部监督系统运行良好。公众几乎不了解的是，事实上，审计师为核实内部监督是否健全而做的工作越来越少（克雷格，1995 年，第 40 页）。

费尔南德斯–拉维亚达等人（2008）指出，许多监管当局和国际机构撰写了大量的报告，探讨内部控制规则的制定与实施。其中一些报告受到了金融企业的重视，而同样的内部控制体系也可以推广到其他部门。

2002年，美国通过了《萨班斯–奥克斯利法案》（Sarbanes-Oxley Act）；1992年，英国成立了卡特伯里委员会，并于1999年颁布了《公司治理联合准则》（Combined Code）；1995年，《巴塞尔银行监管委员会报告》出台。这些例子反映了监管当局和国际机构对内部控制的高度重视。这些文件均倡导企业建立强有力的内部控制体系来管控风险。人们逐渐重视内控体系的原因是内部控制出现的漏洞是很多企业破产或遭受重大损失的重要因素。费尔南德斯–拉维亚达等人（2008年）认为，通过实施适当的内部控制，企业很大一部分损失是可以避免的。

2.5.6 政府干预

在金融市场上，市场扰动的周期性出现，不断引发人们对市场混乱和系统风险的担忧。面对这些情况，拉姆（Lamm，2001年）认为，政府必须为企业提供一个有利的环境，并帮助企业战胜危机。例如，为了帮助长期资本管理公司摆脱困局，美国政府促成了一项协议。根据这项协议，一些金融公司向长期资本管理公司注资26亿美元，有效地帮助其维持经营［麦克多诺（McDonough），1998年］。政府干预的理由是，长期资本管理公司的失败可能会造成重大的系统性风险（麦克多诺，1998年）。但是，政府的这次干预也引发了人们的争议，同时，针对政府应如何避免类似情况发生的问题，专家们进行了激烈的争论［《金融市场总统工作组报告》（Report of The President's Working Group on Financial Markets），1999年］。

针对这一问题，拉姆（2001年）认为：

- 人们普遍认为，一些特定的市场事件会引发系统性的负面后果，因此政府有必要平息公众的不安情绪，纠正这种悲观观念。
- 政府必须明确在什么情况下采取干预措施，市场参与者必须对此知情。

这一结论是学者在考察了金融市场交易的基本原理后得出的。结论表明，政府根据明确的政策依据实施干预措施，能为各方带来很多好处。

拉姆（2001 年）指出，政府需要努力制定一项可行的政策，界定政府干预的适当条件。格林斯潘（Greenspan，1998 年）认为：

为政府干预制定出明确的政策依据，有助于提升市场信心，使市场参与者能够更好地评估风险，同时也能为监管机构提供指导方针和行动依据。

最后，拉姆（2001 年）建议，在危机期间，监管机构应实施严格的监管，以促进企业开展稳健的风险管理。

2.5.7 企业治理、风险与合规管理

本小节主要探讨企业治理、风险与合规管理（GRC）的作用。人们常把它们看作三个独立的概念，其中企业治理指的是企业最高管理

层制定整体目标，并不断引导企业努力实现目标的过程［普尔普拉（Purpura），2007年］。风险管理是限制或降低风险影响的补偿手段。合规指的是机构对相应法律、法规的遵从性（普尔普拉，2007年）。开展企业治理，风险与合规管理，企业需要实施以下措施：

- 制定规则、程序和控制体系，并强化其约束作用；
- 坚持从基本层面进行监督；
- 坚持分散化管理和责任制；
- 建立一套联系不同层级的沟通网络；
- "审计、监控与上报"；
- 提供标准化的支持、决议和管理手段；
- 不断对上述过程进行强化（普尔普拉，2007年，第261页）。

企业治理，风险与合规管理越来越受到企业的重视和关注，因为它能够保障企业声誉和品牌价值，促进企业满足不同利益相关者在这三个方面的需求、期望，赋予企业应对危机和解决问题的能力，同时确保企业主要管理人员的职责，并保证人们明确企业责任和受托人责任。

2.5.8　培训

前面提到的文献均表明，培训是避免欺诈和市场操纵行为的最有效的方法之一，学者们也都认同这一观点。持续开展的培训能够帮助人们理解市场情况以及他们使用的金融工具，从而使他们在出现异常情况时能及时反馈相应的问题。这就在企业上下建立起了一道道知识铸就的防线。这些防线最好能够贯穿企业的上下管理层级，这样才能起到更有效的作用。以往的案例表明，当内部审计师、外部审计师、监管者、合规官或风险经理发现问题时，往往都为时已晚。造成这种情况的原因是，其他问题分散了员工们的注意力，或者人们没有足够的知识或足够的能力提前发现问题。当然，内部监督者也需要接受训练才能保持警觉。培训也是一种激励手段，可以进一步提高员工的能力。事实上，许多欧洲金融监管当局现在正集中力量，对公众和金融服务对象进行金融服务各方面的教育。但是，衍生品方面的教育仍然非常有限，也非常死板。

2.5.9　保证衍生品安全使用所需的改进或调整措施

人们不能指望利用过时的工具参与金融活动，监管金融市场。而且，对当前的金融体系进行小修小补，也没有太大的作用。人们需要的是一种全新的观念。只有不断创新，才能防止衍生品滥用突破企业的内部监督体系。

相关文献，以及衍生品滥用案例表明，监管当局必须健全金融市场法规，企业的监督部门（安全防线）必须更好地履行监督职能（即内部审计、风险管理和合规管理职能）。市场需要更聪明的监管者和内部监督者，因为尽管他们也要求金融公司报告其活动的潜在影响，并进行现场和场外的管理和审计，但这些工作似乎没有任何效果。企业所实施的改进措施应有助于提高衍生品市场的透明度和效率，使其不易受到扰动和虚假陈述的影响，并鼓励企业将衍生品用作风险管理工具，同时防止企业将其用于非生产性目的。

透明度问题是信息报告和备案注册方面的一个严重问题。这方面的改进应该能为政府和其他监管和监控机构提供有效的工具，帮助它们识别和防止欺诈交易和操纵行为。要做到这一点，监管当局应加强标准和规章的约束力（多德，2002 年 c）。

另一项必要而审慎的监管措施是，要求企业以资本金和抵押品作为衍生品交易的先决条件。资本金能起到缓冲市场风险的作用，能够限制参与者为追求更高的利润链而走险。抵押品也能起到相似的作用，但它适用于交易活动，而不是参与机构。考虑到这一点，在没有资本金要求的情况下，我们应要求非金融企业和公共单位提供抵押品担保。这已经成了一个比较敏感的问题，因为这方面的市场实践非常少。相当多的企业在进行衍生品交易时，没有提供抵押品或"交易资本金"之类的担保，或者在没有抵押品的情况下，进行高风险的衍生品交易（多德，2002年c）。

另一项措施是要求交易方以非流动性资产作为抵押品，并在交易对家信用评级大幅下降的情况下，要求其提供"超额保证金"。这种措施具有一定的风险性，企业本身已经面临资本不足的问题了，再要求衍生品交易对家提供大量的额外抵押品。这种措施加重了企业对新资本的需求，因此，它很有可能引发企业的财务危机（多德，2002年c）。

另一项需要考虑的措施是完善市场规章。即，借鉴全球衍生品和证券市场的经验，制定合理的规范，建设一个流动性强、效率高、更稳定的衍生品市场。人们必须认识到，在所有国家的金融体系中，人们对衍生品市场的担忧都是相似的，因此，所有国家，无论是发展中国家还是发达国家，都应独立制定和执行完善的市场规章，解决人们所担忧的问题。虽然通过国际合作可以帮助国家更有效地制定规章，实施监督措施，但这并不是必要的条件。当然，如果这些规章相同于或相似于已实现金融市场化的经济体的规章，那么国际货币基金组织、私人金融企业或其他自由放任政策倡导者，对这些规章就不会有太多的反对意见（多德，2002年c）。

2.5.10　备案注册与信息报告要求

参照法律对银行、证券和保险公司的规定，衍生品交易商、交易经纪人，也必须依法进行登记备案。这样可以为从业人员制定最基本的准入标准（如获取从业资格，或通过资格考试），并设定最基本的资本准入门槛，进而制定监督和问责程序，以防止欺诈和非法占有。此外，为了提高市场透明度，企业必须及时披露相关信息。只有这样才能提高市场效率，促进价格发现过程。所需披露的信息应包括：成本、数量、未结清权益、认沽–认购量、认沽–认购比、到期时间、工具类型、标的物、其他交易商与最终使用者的交易量以及抵押品的设置（多德，2002年b，c）。

在对衍生品活动进行披露时，上市公司应公布足够多的细节，真实地向外界传递有关商业活动的基本经济属性和商业目的，其中应包括任何有关少数权益或特殊目的实体的信息。相关企业应按照要求披露衍生品的（长期和短期）名义价值、到期时间、工具类型和抵押品设置，使表外活动像表内活动一样透明。这样，投资者就可以评估企业的套期保值水平（即到底是对冲不足还是对冲过度），以及企业究竟是标的物的生产商还是批发商（多德，2002年c）。

衍生品交易商和交易所必须披露大头寸交易商及交易实体（即市场上未平仓头寸超过临界水平的交易商或实体）。美国商品期货交易委员会认为，这一要求有助于提升市场监督水平。监管部门必须对报告中的信息加以管理，以识别和防止市场操纵行为。此外，监管机构必须建立足够的安全措施来保护参与者的战略信息。为提高有关方面的透明度，只要求参与者向市场提供非专有资料，同时这类信息应属于总体性信息。

必须严禁对参与成员个人隐私的侵犯，并保证只有监管机构才有权查看专有信息，而且只能出于鉴别和预防市场操纵的目的（多德，2002 年 c）。因此，为了提高市场效率，监管机构必须建立机制，保证信息的透明性，保证向相关方披露相应的信息。这些信息能够反映出市场的特点。

此外，监管机构还必须保证披露方遵守信息披露规定。要保证这一点，监管者可以规定，不得就未经披露的衍生品交易提起诉讼。所有相关信息可以帮助人们更好地理解市场，有助于预防交易活动的不良后果。总而言之，相关市场参与者必须集中、如实地披露有关衍生品风险敞口和收益的最新信息，保证所有监管机构都可以获取这些信息，而且相关机构必须对信息进行相应的开发和维护（1994 年 5 月美国总审计局的国会报告，引自多德，2002 年 c）。

2.5.11　资本金与抵押品要求

监管机构必须及时调整资本金要求，约束所有的衍生品使用者，特别是那些注册为非金融机构的衍生品交易商。这样就可以保证，企业所持有的资本总额与信用损失风险敞口、未来潜在风险敞口、风险价值相匹配。

"资本金要求的目的是限制货币构成或到期资产与发债（包括表内和表外头寸）之间的不匹配"。它既是一种监管措施，同时也能通过增加外汇数量和利率风险来实现高水平回报。

资本金能起到缓冲和限制的作用。它就像一个减震器，能够减少和吸收负面结果对企业的影响。同时，由于企业所能承担的风险值必须与其缴纳的资本金相匹配，因此，它能够限制企业参与风险过高的投资活动。监管机构必须确保一个交易实体出现的问题，不会波及其他实体。对于那些金融市场的交易者来说，限制问题的规模尤为重要，因为它们的失败会导致市场危机，如导致市场流动性不足（市场冻结）或市场崩盘（多德，2002 年 c）。

因此，所有的衍生品交易必须要以足量适用的抵押品（抵押金）为前提。它的功能与资本金相似，能够防止一个企业出现的问题波及其他企业或其他交易。它有助于防范违约风险和其他信贷风险，降低市场冻结或市场崩溃的可能性。抵押率应足以弥补当前的短期损失，并应以现金或可流通政府证券等流动资产的形式存在。任何缺乏流动性的资产，或者价格极不稳定的资产，都不适合充当抵押品，而且应该予以禁止。另外，其他替代品，如履约保函、信用证或担保债券也都不适合充当抵押品（多德，2002 年 c）。

2.5.12　有序的市场规则

欺诈和市场操纵既违反了民法，也违反了刑法，因此，相关法律都对欺诈和市场操纵加以制裁，市场也必须严格禁止这类行为。只有这样，才能保证市场价格信息的完整性，提高市场的参与度，避免向经济传递错误的信号。

此外，衍生品交易商必须在整个交易日中履行做市商的职责，支持约束性出价和报价。这是市场交易所和场外交易共同遵循的惯例。

开展衍生品交易的机构必须深入理解和贯彻"了解客户"规则。这一监管规定广泛应用于其他证券市场，有助于防止欺诈（如欺骗客户）（多德，2002 年 c）。

市场必须用限制头寸的方法，对企业风险投资活动进行约束。市场监管机构应采取交易政策的形式（对经销商限制、交易限制、头寸限制等规定），通过内部制定规章的方式加以实施。通过这种方法，对"热钱"或者套利交易加以限制，因为它们会导致汇率风险，有时也会造成利率风险。美国总审计局在 1994 年 5 月的国会报告中建议，相关机构每年都需要对风险管理体系进行全面检查。《巴塞尔新资本协议》以及欧洲的《资本要求指令》也做出了类似的建议，同时这些建议也得到了一定程度的贯彻。

此外，这份国会报告还建议，市场参与者和监管者应该就内部监督形式、管理职责、协调的信息披露、资本金、检查和会计标准等详细问题达成一致意见（多德，2002 年 c）。

小结

本节重点介绍了一些探讨衍生品安全使用的研究文献，总结了管理控制、企业内部教育、衍生品企业规则的制定、稳健投资战略的实施，内部监督、政府干预、企业治理、风险与合规管理、企业培训、保证衍生品安全使用所需的改进或调整措施、备案注册与信息报告要求、资本金与抵押品要求以及有序的市场规则等保障手段。

2.6　本章结语

本章介绍了衍生品的相关概念，帮助读者更好地理解衍生品相关术语、使用环境、使用者特质以及使用风险，以期解决第一章讨论的假设和问题。本章建立了衍生品问题的研究背景，从而帮助读者熟悉这一方面的研究文献以及相关要素。在后续的章节中，我们将对这些文献和要素进行分析，并将其与我们的研究结果进行比较。

第 3 章
金融衍生品的滥用案例

3.1　金融企业滥用衍生品案例

有关研究文献表明，在使用衍生品的过程中出现的一些特殊事件，导致了一些金融企业的破产或重大损失［布劳恩（Braun）和克拉克（Clarke），2006 年］。本节的目的是还原这些事件，并对它们进行主题分析。很多研究均指出，在银行崩溃的过程中，这些金融工具扮演了非常重要的作用。因此，我们希望能够研究清楚，衍生品是否造成或加速了企业的崩溃，以及它们是如何造成或加速企业崩溃的。

附录部分列举了学者们研究过的案例，我们从中选取了一部分作为本章的研究对象。当然，出于种种原因，有些案例被人们遗漏掉，或者未经发表，这也就意味着，人们无法从这些案例中吸取教训。所以，我们很难获取足够的信息，判断到底有多少案例被归结为衍生品造成的问题。此外，前文曾指出，尽管这些案例所涉及的规模和金额巨大，而且案例本身都得到了广泛报道，但它们只代表了很小一部分衍生品的使用者和管理者。

我们选择的案例涉及三家银行，即巴林银行、爱弗斯特银行（爱尔兰联合银行子公司）和法国兴业银行，而且这些案例表面看来是非常相似的。我们希望能够通过分析，判断影响衍生品安全使用的因素，即第一章提到的命题，是否适用于巴林银行。接下来，我们使用同样的研究方法，分析其他两家银行，即爱弗斯特银行（爱尔兰联合银行子公司）和法国兴业银行。根据媒体报道和相关文献的论述，这两家银行重蹈了巴林银行的"覆辙"。这有助于我们分析，巴林银行破产后，银行所采取的一些调整是否有效，以及这些调整是否满足了衍生品安全使用因素的要求。

我们采用了描述性和叙述性相结合的方法，探讨衍生品在这些案例中所扮演的角色。然后，我们将具体的命题或主题与标记为"其他"的命题或主题放到同一个表格里。最后，我们将具体引述、讨论有关人士的观点、解决办法、证据、相关论文和报告，附在相应因素的后面。

3.1.1　巴林银行案例以及衍生品在其中所起的作用

1.案例背景

巴林银行是在 1762 年由第二代德国移民创办的，它曾是英国最古老的商业银行，一度也是英国最大的一家商业银行。但 19 世纪以后，巴林银行江河日下，失去了其在银行业的主导地位。银行的股东权益总额仅为 4.4 亿英镑；即使如此，它仍将自己定位为英国顶级银行。它的客户包括英国女王和其他王室成员［库普里亚诺夫（Kuprianov），1995 年］。

这家享誉甚久的银行最终还是在 1995 年 2 月宣布破产（库普里亚诺夫，1995 年）。1995 年 2 月，时任银行主席彼得·巴林向英格兰银行（Bank of England）披露了一则消息，称银行在日经 225 股指期货和期权交易中遭受了巨额亏损，负责这些交易的是其新加坡期货子公司的一名交易员（尼克·李森）。这家有着 234 年的盛名（作为传统银行），也与英国王室有着密切关系的银行还是在事件发生后不久便宣告破产（库普里亚诺夫，1995 年）。

然而，这并不是巴林银行所遭遇的第一个，也不是唯一的严重危机。1890 年，这家银行由于向阿根廷提供贷款，损失了数百万英镑，并差点因此破产。在英格兰银行的领导下，很多银行向巴林银行伸出了援手，帮助它走出了危机。1995 年 2 月，英格兰银行也曾尝试再次对巴林银行施以援手，但由于没有找到直接买家，这场努力最终没有成功。最后英格兰银行拒绝对巴林银行的损失承担责任。1995 年 2 月 26 日晚，英格兰银行采取了必要的行动，对巴林银行进行监管，这项合法程序类似于《美国破产法》第 11 章规定的程序"。不过，几天后，一家来自荷兰的大型金融企业——荷兰国际集团（ING）接管了这家商业银行的所有资产和负债，最终化解了这场危机（库普里亚诺夫，1995 年）。让大多数观察家和观众感到惊讶的是，这样一个"备受推崇的机构竟然成为这种命运的牺牲品"（库普里亚诺夫，1995 年）。

导致巴林银行破产的交易员，尼克·李森，于 20 世纪 90 年代加入巴林银行，担任银行职员。1992 年，他被派往巴林银行在新加坡的期货子公司，其具体工作是管理和处理后台部门的会计和清算业务（库普里亚诺夫，1995 年）。他曾就读于沃特福德附近加斯顿的帕拉米特学校。他出身于一个城市工人阶级家庭，父亲是名石膏工人。他只获得了中学毕业文凭，而他的老师认为他在数学方面的能力很差。他没有任何金融从业经历，但在 20 世纪 80 年代初，他设法以职员的身份加入了王室御用银行——顾资银行（Coutts），在加入巴林银行之前，他还曾在多家银行任职过。

为了能够在新加坡国际金融交易所（SIMEX）进行交易，巴林银行设立了巴林新加坡期货公司（BFS）。巴林银行希望借此成为全球首批活跃于该地区的银行之一，其利润将主要来自客户与其他巴林子公司进行交易的经纪佣金。1983 年 12 月，新加坡国际金融交易所成立，1984 年，新交所开始涉足金融期货交易。新交所学习了芝加哥商品交易所（Chicago Mercantile Exchange，CME）的经验，采用了类似的公开喊价交易模式、记账方式、毛利率指导值、市场监控体系和共同的相互冲销结算系统（库普里亚诺夫，1995 年）。

1992 年,李森来到新加坡后,参加了新交所的资格考试。考试通过后,他就能够在交易所场内开展交易。1992 年末至 1993 年初,27 岁的李森被提拔为巴林新加坡期货公司的总经理兼首席交易员〔索珀(Soper),1997 年〕。为了更好地实施内部监督,银行通常需要在内部建立一系列预防措施和规章制度,将前台(交易)、中台和后台部门(结算和会计)隔离开,从而确保对交易活动记录进行独立和专门的核实。尽管李森的职责包含了交易环节,但李森仍负责该子公司的后台业务(库普里亚诺夫,1995 年)。

库普里亚诺夫(1995 年)认为,巴林银行没有调整李森职责的原因是,他所从事的是自营交易(为公司自有账户进行交易)。不过,巴林银行管理层认为,由他经手的交易仅仅限于日经 225 股票指数期货和日本 10 年期国债期货的套利交易。这些合约既可以在新交所交易,也可以在大阪证券交易所(Osaka Securities Exchange,OSE)进行交易。由于存在信息滞后,不同交易所的类似合约之间存在价格差异或不一致。套利者通过在一家交易所低价买入合约,同时在另一家交易所高价卖出合约,来赚取利润。理论上,这种特殊类型的套利包括完全对冲的头寸,因此通常被视为是一种低风险或无风险的投机活动。但库普里亚诺夫(1995 年)认为,李森采取了更具风险性的交易策略,"押注东京证券交易所(Tokyo Stock Exchange,TSE)的市场走势",而巴林银行的管理层对此毫不知情。恰好,新交所和大阪证券交易所有一个共同的监管机构,因此,巴林银行在这两个市场的期货活动,适用于单因素分析。

李森一开始的几笔交易便创造了巨额的交易利润,占了巴林银行总利润的很大部分。库普里亚诺夫(1995 年)认为,李森很快便成为银行高级管理层眼中的"明星职员"。但,(巴林银行破产案的)调查人员在调查后发现，这些所谓的利润都是"虚假的"。前文指出，由于巴林集团没有隔离开李森的前台、中层和后台职责，因此，他能够伪造交易活动信息，进行虚假陈述。1992 年 7 月，李森创建了一个编号为"88888"的特殊账户，用以记录他所经手的交易损失。库普里亚诺夫（1995 年）认为，他之所以能够在发送给伦敦总部的报告中隐藏交易损失，是因为他授意职员忽略掉关于这个账户的信息。这样他就能够在报告中，伪造巨额的交易利润（库普里亚诺夫，1995 年）。

库普里亚诺夫（1995 年）指出，巴林集团授权李森代表其他子公司在远东地区的交易所进行自营交易和客户账户交易。这些子公司包括巴林证券有限公司（伦敦）、巴林证券新加坡有限公司、巴林证券日本有限公司、日本巴黎国家银行和巴林证券香港有限公司。

他经手了六种主要的金融期货和相关期权的合约，分别是：

- 在新交所进行的日经 225 股指合约；
- 在大阪证券交易所进行的日经 225 股指合约；
- 在新交所进行的 10 年期日本国债合约；
- 在东京证券交易所进行的 10 年期日本国债合约；
- 在新交所进行的 3 月期欧洲日元合约；
- 在东京国际金融期货交易所进行的 3 月期欧洲日元合约（库普里亚诺夫，1995 年）。

此外，有些情况下，李森在两家不同的交易所，分别进行不同类型或不同数额的衍生品合约交易。他实施了一种"跨式交易策略"，通过卖出日经 225 股指的看跌期权和看涨期权，来赚取利润。当市场稳定时，跨式交易通常会带来正收益，但如果市场起伏不定，它就会导致巨额亏损（库普里亚诺夫，1995 年）。

库普里亚诺夫（1995 年）列举了巴林银行从 1992 年到 1995 年 2 月 28 日这段时间内被掩盖的交易损失。在 1992 财年末，也就是李森开始交易的几个月后，他掩盖的交易亏损已经累积达到约 200 万英镑。这个数字一直没有发生多大变化，直到 1993 年 10 月，交易损失开始急剧增加。1993 财年总共损失了 2 100 万英镑，1994 年的全财年损失约为 1.85 亿英镑。巴林银行 1994 年底的累计损失增加到 2.08 亿英镑。这个数字比巴林集团公布的 2.05 亿英镑的税前利润和 1.02 亿英镑的奖金还要多（库普里亚诺夫，1995 年）。

在遭受交易损失前，巴林证券新加坡有限公司是新交所的一家非常活跃的证券公司。它的主要业务是股票交易，在 1995 年 1 月至 2 月期间，它的期货交易量已经上升到新交所的首位（其交易量占新交所期货交易总量的 8% ~ 12%）。事实上，1993 年 12 月，它仅持有新交所 2% 的日经 225 股指期货的未偿付合约，而到了 1995 年 1 月，这个数字上升到 34%。1993 年 1 月，它仅持有新交所 1% 的日经 225 股指期权的未偿付合约，到了 1995 年 1 月，这个数字上升为 35%。

尽管李森不断要求巴林集团汇入巨款填补数百万美元的亏损，但很多因素促使他的亏损没有暴露出来。其中一个原因是巴林集团的两个子公司正在进行合并。这两家子公司分别是以银行业务为主的巴林兄弟有限公司，以及以证券业务为主的巴林证券有限公司，两家公司于 1993 年 11 月完成合并。巴林集团还打算以此为基础，成立巴林投资银行（BIB）。因为这两家公司有着明显不同的企业文化，这场合并是一项非常艰巨的任务。而事实证明，合并对当时的巴林证券有限公司造成了严重的干扰。

2. 企业结构与环境

汉密尔顿和米克尔思韦特（2006 年，第 19—20 页）认为，巴林证券采用了"矩阵式管理结构"。举个例子，交易员既需要向负责利润的产品经理汇报，也需要向负责业务和管理的部门经理汇报。后台部门员工的直属上级是部门经理，但他们需要向伦敦的职能主管进行"虚线汇报"。高级管理层的管理控制是通过一系列总部委员会进行的，如资产和负债委员会。其中一些委员会每天开一次会议。尽管巴林证券的财务和风险管理功能得到了升级，但他们的企业结构更侧重于处理代理业务（代表客户），而不是自营业务（巴林集团各子公司间的业务）。此外，会计职务仍然缺乏某些必要的权限，无法完成对资产负债表构成的分析，也无法将资金成本划分给不同的业务。此外，巴林证券的内部审计部门仅由三名成员组成，而他们要负责整个国际业务的审计工作。为了维持低成本，巴林银行投入的资金和资源太少，无法完善监督职能和相应的基础设施。例如：

> 新加坡子公司使用的信息技术应用软件与伦敦母公司使用的不兼容。因此，该系统完全依赖于从新加坡生成并传输来的信息，而伦敦的银行既不能复制也不能检查这些信息。（汉密尔顿和米克尔思韦特，2006 年，第 19—20 页）

3. 事件始末

李森的一项主要交易策略是卖出日经 225 股指期货合约的期权。我们分别用图 3-1 中的前两图，来说明看涨期权或看跌期权卖方在到期日的收益。期权是指持有者以预定的执行价格买卖标的物的权利，期权费是期权卖方卖出期权的收益。若期权到期时，预定价格较现值不利，卖方将获得期权溢价。但期权卖方的损失可能几乎是无限的（库普里亚诺夫，1995 年）。"空头跨式期权交易"指的是：

> 持有具有相同执行价格和到期日的看涨期权和看跌期权空
> 头头寸的一种期权策略。其最大利润是卖出期权所得到的期权
> 费。［投资百科网站（Investopedia），2009 年］

李森（2005 年，第 83 页）表示，他从 1993 年起就开始卖出这些期权，希望能够赚得利润，以此支付他在新交所持有头寸所需的追加保证金。他承认他执行这一交易策略的目的，是从出售期权的期权费中获利。1994 年，李森开始大量卖出跨式期权，即同时卖出具有非常相似的执行价格和到期日的看跌期权和看涨期权。李森在 14 个月的时间里，卖出了超过 3.7 万份跨式期权，并获得了不菲的期权费。如果在到期日以期权执行价格交易日经 225 股指，那么其利润会异常丰厚，因为看涨和看跌期权的标的物价格在到期日不会发生太大变化。而卖方会从出售期权所获得的期权费中获益（库普里亚诺夫，1995 年）。

> 如果交易员以 25 美元的行权价卖出跨式期权，而该股票的
> 实际价格跃升至 50 美元，那么交易员有义务以 25 美元的价格
> 出售该股票。但如果投资者没有持有标的股票，他将不得不在
> 市场上以 50 美元的价格买进股票，然后再以 25 美元的价格将
> 其卖出。（丘，日期不明）

事实上，如图 3-2 所示，前文所提到的期权费是跨式期权交易的最

高利润。图 3–1 的第三图显示了在到期日卖出跨式期权的收益情况。

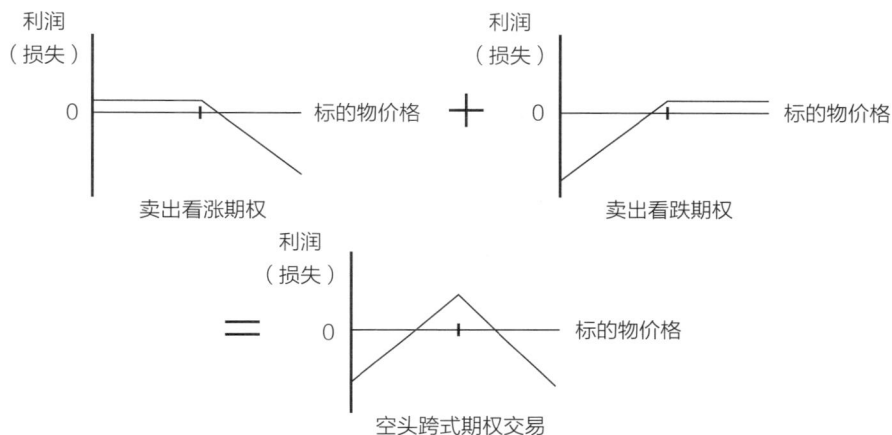

利润
（损失）

0 ——————————————— 标的物价格

卖出看涨期权

+

利润
（损失）

0 ——————————————— 标的物价格

卖出看跌期权

=

利润
（损失）

0 ——————————————— 标的物价格

空头跨式期权交易

图 3-1　特定期权交易策略的收益情况

资料来源：改编自库普里亚诺夫（1995 年）

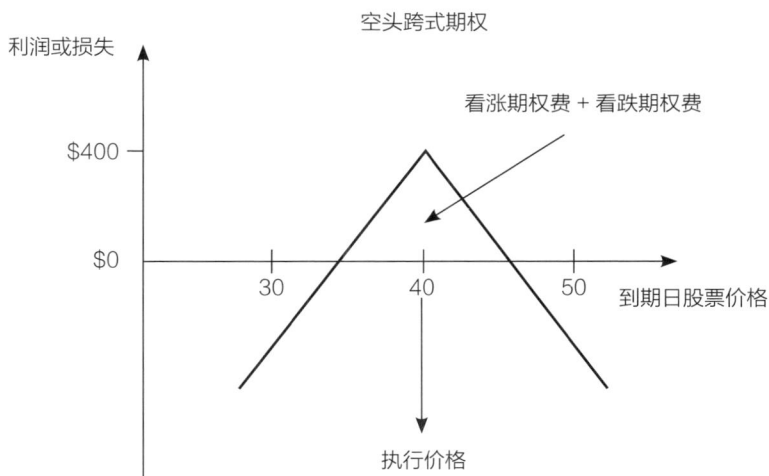

空头跨式期权

利润或损失

看涨期权费 + 看跌期权费

$400 —

$0 —|————|————|————→ 到期日股票价格
　　　　30　　　40　　　50

执行价格

图 3-2　跨式期权收益特点

资料来源：改编自丘（日期不明）

这些期权的价格取决于市场对标的物价格变化的预期。因此，在这种情况下，期权卖方只有在市场波动小于期权价格预期的情况下才会获利（库普里亚诺夫，1995）。

因此，库普里亚诺夫（1995 年）认为，总体来说，根据图 3-1 的第三图，李森所使用的策略是一场赌博式投机，他认为日本股市价格不会有显著变化，并押注这个判断。实际上，他采取的是一种"裸头寸"策略，或者叫作无对冲保护策略，也就是说，他将赌注压在了自己对市场方向和走势的判断上［费伊（Fay），1997 年，第 97—101 页］。基础资产价格的任何较大变化都会导致投机损失。库普里亚诺夫（1995 年）指出，1995 年 1 月，李森持有 32 967 份日经股指看跌期权的空头头寸，37 925 份日经股指看涨期权的空头头寸，以及 1 000 多份日经股指期货的多头头寸（若股票价格走高，则这些合约价值也会随之升高）（库普里亚诺夫，1995 年）。

阿罗拉（Arora）（2004）在其案例研究中指出，1995 年 1 月 17 日，日本神户发生地震，"沉重打击了"李森的交易活动，"完全粉碎了"他的预期。如果日经指数只在一个既定的区间内波动，两个期权在到期日将一文不值，李森就能够获得期权费收益。但是，如果市场向两个不同方向剧烈地波动，就会带来严重问题。而这正是神户地震后所发生的情况［布朗（Brown）和施迪恩比克（Steenbeek），2001 年，第 8 页］。空头跨式期权持有者会要求以执行价格进行日经 225 股指交易。这样，期权持有者就会在到期日前行权。根据阿罗拉（2004）的研究，李森持有的空头跨式股指期权的非行权价格区间在 18 500 点到 20 000 点之间。抛售压力推动日经 225 指数从地震当天的 19 350 点下跌至当周收盘时的 18 950 点，使得李森卖出的看涨期权一文不值。然而，他卖出的看跌期权对买家来说是有价值的，因为日经 225 指数在不断下跌（阿罗拉，

2004 年）。

在接下来的几天里，日经指数下跌超过了 1 500 点，李森所持头寸造成的损失迅速增加到 6 800 万英镑。当股价下跌时，李森开始大举买入日经股指期货。李森在相对较短的时间内建立了头寸。神户地震后，他开始增加自己在新交所和大阪交易所的净多头期货头寸。当日经指数开始下跌时，尽管标的价值在到期日大幅下跌，而他不得不以固定价格购买以日经 225 指数为标的的合约。合约到期前，他的损失会随着市场的下跌或上涨而不断增加（丘，日期不明）。

此外，他还通过出售日本国债期货，押注日本利率的上涨。事实上，日经股指数期货的裸多头寸，以及日本国债期货的裸空头寸是李森的其他投资工具。期货合约等高杠杆率的大量未对冲头寸可能会造成毁灭性损失。

然而，这些措施似乎在短期内起了作用。到了 2 月 6 日，日本股票市场出现了反弹，涨幅超过了 1 000 点。李森挽回了大部分由市场对地震的反应所造成的损失（丘，日期不明）。截至 2 月 6 日，累计亏损达 2.53 亿英镑，较年初增长了 20%。

然而，在接下来的几天里，市场价格再次开始下跌，李森的损失开始增加。在市场持续下跌的情况下，他继续实施增加银行敞口的策略，将日经期货合约的购买量提高到 2 月 23 日的 6.1 万份以上（库普里亚诺夫，1995）。他分别持有了 1995 年 3 月和 6 月到期的，未平仓量分别为 49% 和 24% 的日经股指期货（布朗和施迪恩比克，2001，第 7 页）。李森持有的头寸还包括 26 000 份日本国债期货合约（1995 年 6 月到期，88% 的未平仓量）；6 月到期的，未平仓量相当于 5% 的欧洲日元期货合约；以及 9 月和 12 月到期的，未平仓量均为 1% 的欧洲日元期货合约（库普里亚诺夫，1995 年）。欧洲日元使用日本货币当局认可控制范围之外的交易工具进行计价，可以在新交所以及东京国际金融期货交易所进行交易。到 1994 年 11 月，通过"88888"账户进行的交易，占到了新交所日本国债期货交易量的 24%。事实上，在巴林银行倒闭时，李森持有了超过28 000 份未对冲的空头合约（布朗和施迪恩比克，2001 年，第 7 页）。

库普里亚诺夫（1995 年）解释说，随着李森造成的损失继续增加，巴林银行需要追加缴纳巨额的保证金。尽管随着保证金数量的不断升高，巴林集团伦敦总部和东京分部也表现出了一些担忧，但令人意外的是，巴林集团并未对李森的活动进行任何调查。资产与负债委员会并不担心，因为他们认为大量头寸已被完全对冲掉。在巴林集团执行委员会召开的会议上，彼得·诺里斯（Peter Norris，巴林集团投资银行首席执行官）强调，考虑到公共关系问题，他已指示东京部分削减头寸。他认为，公司的头寸规模不会造成任何风险。伦敦方面此刻仍不了解实情，原因是没有人花时间去核查真相（费伊，1997 年，第 158 页）。直到 1995 年 2 月 6 日，巴林集团伦敦总部的两名代表，集团财务主管托尼·霍斯（Tony Hawes）以及核算员托尼·雷尔顿（Tony Railton），前往新加坡进行调查，终于发现了巴林新加坡期货公司账簿中的违规事实（库普里亚诺夫，1995 年）。

托尼·霍斯在前往新加坡调查期间，与新交所官员进行了会面，他保证，巴林集团已经知晓了集团所持有的巨额头寸，并准备履行对新交所的责任。然而，霍斯之所以做出这些保证，是因为他相信大阪交易所的平衡头寸正在对冲掉新交所的风险敞口。霍斯后来意识到，他的这种想法是错误的（库普里亚诺夫，1995 年）。

1995 年 2 月，李森继续要求伦敦方面提供更多的财务支持，而后者满足了他的要求。为了满足巴林新加坡期货公司的追加保证金要求，巴林已经投入了约 7.42 亿英镑。与此同时，托尼·雷尔顿发现新加坡公司的账目中存在严重的问题，并在公司的一个账目中发现了高达 1.9 亿美元的资金缺口（库普里亚诺夫，1995 年）。为了查清楚这些问题，他想找李森进行面谈，但一周下来，始终没有找到机会。直到 1995 年 2 月 23 日，他在新交所的大厅里把李森逼到了墙角，并安排在当天晚上与他会面。两人见面后，雷尔顿问了他一连串的问题，但李森始终避而不谈这些问题，并辩称自己很快就能挽回损失。事实上，当天晚上，他就和妻子离开了新加坡。第二天，李森从吉隆坡的一家酒店，通过传真向巴林集团伦敦总部提交了辞呈。在这份传真中，他认为是自己让公司陷入这种境地，他为此表达了自己的歉意。他还表示，他既非有意也不希望令银行陷入这种境地［斯普林格特（Springett），1995 年，引自库普里亚诺夫，1995 年］。

雷尔顿和新加坡部门的其他职员对李森的私人记录进行了调查，很快便发现了巨额的亏损。意识到问题的严重性后，巴林银行主席彼得·巴林马上联系了英格兰银行寻求支持。就在当天，巴林集团打算通知员工各自能获得的奖金，李森将得到大约 45 万英镑的奖金，而银行主席本人将得到大约 100 万英镑。这真是个莫大的讽刺（库普里亚诺夫，1995 年）。

后来，英格兰银行的银行监管委员会（1995 年）对这一问题进行了调查。委员会的报告指出，包括清算费用在内，李森的交易活动所造成的全部损失为 9.27 亿英镑（约 14 亿美元）。这已经大大超过了巴林银行账面上约 4.4 亿英镑的总股本，而收购巴林银行的荷兰国际集团及其股东，最后承担了这些亏损。［萨拉（Szala）、努斯鲍姆和雷林克（Reerink），1995 年，引自库普里亚诺夫，1995 年］。

因为误导上司和管理层从事危险交易，且交易活动导致了严重后果，李森被指控犯有欺诈罪。他的罪名只有这一个，原因是他在 1995 年 1 月 15 日进行的空头跨式期权交易得到了巴林银行管理层的批准和授权［马克（Mark），1995 年，引自库普里亚诺夫，1995 年］。

　　一些观察人士将大部分责任归咎于巴林银行自身，他们认为是缺乏内部审计和风险管理经验导致了巴林银行的悲剧。事实上，新加坡监管当局在报告中对巴林银行的管理层进行了极其严厉的批评，称巴林银行的管理层对"88888"账户的情况视而不见。据推测，第一次记入"88888"账户的是一项错误交易。这项错误交易是李森的一名经验不足的交易员犯下的，李森这样做的目的是帮助他掩盖错误。这名交易员误将买入操作执行成了卖出操作，他总共卖出了 20 手日经 225 股指期货。这个错误操作共导致了 2 万英镑左右的亏损（费伊，1997 年，第 95—98 页）。但是，新加坡部门核查员的报告表明，是李森本人在买卖 2051 个日经股指期货的过程中损失了 2 万英镑。事实上，报告指出，1992 年 7 月 8 日，他给出了明确的指示，以确保他们所使用的电脑软件不会记录 88888 账户的任何市场活动，而且他还要求这份报告只能用来估计公司在新交所的利润情况，不得外传（布朗和施迪恩比克，2001 年，第 5 页）。

　　李森先后逃到文莱、马来西亚，最后逃到德国。1995 年 3 月 2 日，他在德国被捕，后被移送到新加坡。他被判处 6 年 6 个月有期徒刑，然后被送往新加坡樟宜监狱服刑。在被诊断出患有结肠癌后，他于 1999 年获释。虽然病情比较严重，但他还是挺了过来。1996 年，在狱中服刑的李森出版了他的自传——《我如何搞垮巴林银行》（*How I Brought Down Barings Bank and Shook the Financial World*）。在书中，他详细描述了自己的所作所为。

李森通过套购套售交易伪造虚假的利润，并隐藏真实的头寸。所谓套购套售交易是指，在交易厅开展交易活动的交易员，利用同一金融工具的匹配关联（即买盘价与卖盘相匹配），使用两个不同的账户同时进行买入和卖出交易。根据新交所的规则，

> 交易者在场内对买入价和卖出价进行三次喊价且交易所的其他成员无意进行交易，此时交易者才能以现行市场价格进行套购套售交易（丘，日期不明）。

李森在不同的账户之间进行了大量的套购套售交易，这些账户包括：巴林银行伦敦总部进行日本国债套利交易的"98007"账户；巴林银行伦敦总部进行欧洲日元套利交易的"98008"账户；巴林证券日本公司进行日经指数和日本国债套利交易的"92000"账户；他自己设立的"88888"账户。李森利用巴林银行所使用的 CONTAC 系统，修改账目信息，从而伪造利润、隐藏亏损，掩盖未对冲的巨额头寸。

巴林银行倒闭事件表明，即使最复杂的金融市场，也需要健全监督控制措施，制定能够保障投资者财产的程序，并确保那些管理投资者资产的机构能够按照这些程序开展业务。巴林银行的失败，直接原因是李森所采取的投机策略。但是，无论是李森本人还是巴林银行，都对巨额损失负有重要责任。李森向管理层和上级隐瞒了事实，而巴林银行的责任在于它没有制定适当的监督控制机制和措施来防止这类活动。美国商品期货交易委员会（CFTC）主席玛丽·夏皮罗（Mary Schapiro）认为，

巴林银行的内部控制机制几乎完全失效。企业没有制定合理的监督、管理机制，允许交易者控制自己交易的结算和会计环节，这些问题后患无穷。（亚当斯和朗克尔，2000 年，第 627 页）

针对巴林银行倒闭事件，银行监管委员会起草了一份报告。这份报告明确指出了操作风险所能带来的严重问题。报告还指出，正是由于缺乏运营控制，巴林银行才没有发现自己所遭受的巨额损失。在巴林银行遭遇财务危机期间，虽然新加坡和日本的损失不断增加，但这两个国家的交易所之间没有进行任何沟通。在回顾这一事件时，很多观察家认为，这是最令他们感到迷惑不解的地方。交易所和巴林银行之间也缺乏联系，直到巴林银行在伦敦接受托管的前几天，沟通情况才有所好转。

交易所控制了巴林银行的所有未平仓头寸，并启动了清算程序。这一消息对日经指数产生了负面影响，导致日经指数大幅下跌。当时人们仍不清楚巴林银行存入交易所的保证金是否能弥补并补偿其平仓过程中产生的损失。随后，新交所宣布，将日经股指期货合约的保证金提高一倍。这一规定使得情况进一步恶化。新交所的一些美国清算会员担心，他们的保证金可能用来支付巴林银行的损失，于是便集体威胁新交所，要求它做出保证，确保他们缴纳的保证金仅能用来担保自己的账户，否则他们就抵制这一规定。如果这些清算会员拒绝缴纳保证金，受影响的交易商将不得不丧失他们的头寸，进而导致新交所出现大量违约。库普里亚诺夫（1995 年）引用了美国商品期货交易委员会主席夏皮罗的观点，称一旦出现这种情况，它将会"严重损害新交所掌控局势的能力"。事实上，库普里亚诺夫（1995 年）指出，报告显示，许多市场参与者担心新交所结算所的偿付能力。新加坡和日本的监管机构原打算采取行动确保交易所结算的稳定运转，后来却不得不推迟公布这一信息。这引发了市场参与者的恐慌，进一步加剧了局势的恶化［法伦（Falloon），1995 年；欧文（Irving），1995 年；萨拉等，1995 年，引自库普里亚诺夫，1995 年］。后来，新交所在开盘交易前向结算会员保证，他们所缴纳的保证金不会用于弥补巴林银行的自营损失，这才避免了危机的发生。

但最大的问题是，巴林证券新加坡有限公司是新交所最大的结算会员之一，它管理着美国 16 家企业的清算和结算工作。这意味着在巴林银行破产之际，它代表美国的这些企业持有 4.8 亿美元的保证金。此外，巴林证券新加坡有限公司的大多数客户账户都是通过伦敦巴林证券登记的。因此，新交所没有个别客户头寸的全面信息，它只掌握从巴林证券单方面传来的账户记录。最后，由于交易所和巴林银行其他部门从李森那里收到的信息大部分都是虚假信息，因此他们不得不花费大量精力判断和区分每个客户的头寸情况（库普里亚诺夫，1995 年）。

因此，美国的客户不得不匆忙整理他们的交易文件。但是，伦敦的巴林银行破产管理官员冻结了客户的保证金存款，而美国的客户则对此提出了异议，质疑英国法律在客户账户隔离方面的适用性（萨拉等，1995 年，引自库普里亚诺夫，1995 年）。

最后，巴林银行的破产管理人达成了一项协议，协议规定由荷兰国际集团收购巴林银行的所有银行业务、证券业务以及未清偿股票。至此，巴林银行的客户终于恢复了对这些资金的控制权。即便如此，一些客户还是没有立即拿回自己的资金，有些客户直到一个月后才拿回自己的资金（欧文，1995 年，引自库普里亚诺夫，1995 年）。

布加卢(Bhugaloo,日期不明)认为,这一事件以及所暴露出来的问题,促使巴塞尔委员会采取行动,在 1995 年 4 月发布了一项全新的监管方法,建议银行根据新方法计算基本保证金。委员会还建议,监管机构不应对银行的活动施加或执行严格的、类似的定额限制,应赋予银行权力,允许它们使用其内部的风险模型,如风险价值模型。而这一模型一直用于银行的风险管理[赖尼克(Reinicke),1998 年]。委员会认为,在某些标准和保障措施的约束下,银行的内部控制措施和风险管理机制远远优于监管机构强制执行的那些机制。赖尼克进一步指出,

> 在一定的置信水平下,风险价值能够用来估计特定时期内投资组合或金融头寸的最大可能损失。国际 30 人小组曾建议银行采用这种方法。

普伦蒂斯(Prentice,2002 年)指出,巴林银行倒闭事件发生时,交易员的一种常见做法是操纵消费者的风险偏好或风险容忍度。通过这种方式,交易员可以欺骗内部监督者和投资者。

投资者,甚至连聪明的、受过教育的投资者都被巴林银行的谎言蒙骗,相信他们正在失去赚钱的好机会。依靠这种把戏,金融行业的专业人士可以诱使投资者承担过度的风险。事后看来,与其他特征相比,贪婪只不过是人类避免损失的天生倾向;容易受骗是人类的天性,它反映了人类对信任的强烈需求(普伦蒂斯,2002 年)。

为此,帕特诺伊(Partnoy,1999 年)在他的著作《大惨败》(*FIASCO*)的开篇部分,写下了这样一句话:"令人感到不解的是,客户

在他人的误导下，竟然相信这些复杂的对冲工具是一种安全的投资工具 [沃思（Worth），日期不明]。"普伦蒂斯（2002 年）继续指出，李森说服投资者将资金投到新的风险项目上，以挽回在原来风险项目上的损失。事实上，帕特诺伊（1999 年）也认同这一观点。他指出，在宝洁、戴尔电脑、米德公司等企业公布了衍生品交易所造成的巨大损失后不久，其他公司就开始说服这些陷入困境的公司和投资者进行新的投资，以弥补损失。

巴林银行倒闭后，为了防范结算风险，新交所开始审查并加强其会员的内部监督、清算措施，并开始完善整个交易所系统。新交所成立了一个国际顾问小组，向客户提供以下方面的建议：客户保障、结算流程、促进交易所之间的信息共享、高级官员注册、加强新交所市场监督部门职能、交易上报系统 [布加卢，日期不明；拉尔（Lall）和刘，1997 年]。

3.1.2　对巴林银行事件的总结

巴林银行倒闭事件表明，其内部的监督控制措施没有起到任何作用。布加卢（日期不明）认为，事实上，李森搞垮了整个从事日元投机的银行，而管理层一直不清楚究竟发生了什么。

但是，我们不能把李森一个人的行为和活动列为巴林银行倒闭的唯一原因。其他因素也起到了推波助澜的作用，比如控制不力；内部缺乏沟通；问责渠道不健全；监管不力；日本、英国和新加坡监管机构之间缺乏沟通（赖尼克，1998 年）。

令人惊讶的是，尽管人人都知道巴林银行正在期货市场上快速增加敞口，但其高层管理人员却对此毫不知情 [盖普（Gapper）、丹顿（Denton）和马什（Marsh），1995 年]。事实上，布加卢（日期不明）在文章中引述了一位美国基金经理的原话,后者称,"整个期货行业都知道巴林银行这三个月来累计的巨额头寸"(赖尼克,1998年)。此外,纽约一家大型对冲基金的经理指出,"两周以来,人们一直都在就巴林银行买入金融合约的话题,进行激烈的讨论"(盖普等人,1995年)。

前文指出,内部监督控制和问责渠道的缺失,导致巴林银行的管理层无力避免银行的倒闭。"李森同时负责新加坡业务的交易和结算环节,这就使他很容易向上级隐瞒他的交易"(赖尼克,1998年)。早在1992年3月,巴林证券新加坡业务主管就向巴林银行伦敦总部的高层管理人员提交了书面报告,指出了这一管理漏洞。事实上,此前他曾写信给证券部门的主管,

> 我担心的是,我们所建立的这种管理结构,有可能给我们带来灾难性后果,我们可能会因此失去大量资金或客户信誉,或者两者兼而有之(赖尼克,1998年)。

此外,由于没有对自营交易操作设置持仓限制,因此,问题后来变得更加严重〔泰特(Tait),1995年〕。布加卢(日期不明)指出,这一问题并没有报告给外部审计师,按照英国银行监管部门的要求,外部审计师必须在管理体系和内部监督控制的年度报告中,说明这一情况。

此外,布加卢认为,对巴林银行的高级主管来说,衍生品是一种深奥难懂的金融工具,他们并没有真正了解衍生品业务。因此,他们无法给李森提供相关的战略性指导。事实上,他们仅仅提出了数量上的要求,他们只要求李森创造更多的利润。因此,尽管李森可能做错了,但这种战略指导并没有起到什么作用,或者李森实际上并没有得到战略指导

[科斯塔（Costa），1998 年]。

> 　　英格兰银行的银行监管委员会经过调查，得出结论：巴林银行的倒闭是由个人未经授权的灾难性交易活动造成的，而这些活动之所以没有被发现，是因为巴林银行缺乏基本的管理和内部控制措施（银行监管委员会，1995 年，第 14.1 节）。

　　事实上，银行监管委员会（1995 年）调查发现，危机前的一些预警信号原本可以警示管理层，使其注意新加坡期货子公司遇到的问题。此外，尽管前文指出，李森是"黑幕交易"的幕后主谋，但也有一些其他因素，对银行的倒闭起到了促进作用（布加卢，日期不明）。作者对这些因素进行了总结，并把这些影响衍生品安全使用的因素，列入下文的表格中。

　　在浏览完所有这些问题和预警信号后，我们很难理解巴林银行的管理层为何没有对李森的交易活动提出任何质疑。而现场核查进行得太晚了，没有及时挽救银行。但是，银行监管委员会（1995 年）的报告，"并没有将巴林银行的倒闭归咎于衍生品使用"。相反，它将此次灾难归咎于巴林银行糟糕的运营控制。

　　巴林银行的失败，主要原因并不是衍生品业务太过复杂，而是许多人未能正确履行自己的职责……虽然期货和期权合约确实使李森（通过加杠杆）承担了比其他市场大得多的风险，但导致巴林银行破产的真正原因是，李森在没有得到授权的情况下就贸然采取行动（银行监管委员会报告，1995 年，第 14.35 节）。

3.1.3　人们吸取到以及忽略掉的教训

记忆有时是短暂的，随着信心的恢复和市场的复苏，人们可能会遗忘不久前的教训。因此，我们需要提醒人们，缺乏战略判断、贪婪的人性和公司治理的失败，会导致灾难性后果（汉密尔顿和米克尔思韦特，2006 年）。

尽管人们采取了一些措施，来避免类似情况的发生，但衍生品滥用的案例还是层出不穷。本书的第一章和第二章中也提到了其中的大部分案例。2002 年的爱尔兰联合银行分行爱弗斯特银行巨额亏损案，以及 2008 年的法国兴业银行巨额亏损案，都被视为巴林银行倒闭事件的历史重演。事实上，克里顿和奥克利里（Creaton 和 O'Clery，2002 年）在《银行恐慌》（*Panic at the Bank*）一书中（第 9 页）称，"看起来就像尼克·李森（Leeson）的故事又重演了一遍"。此外，高希（Ghosh，2002 年）引用了李森本人在 BBC 上的发言，"它们之间的相似之处⋯⋯太明显了"。银行监管和监督机构都认为，鲁斯纳克使用了与李森相同的方法来挽回损失。人们发现，他也伪造了一些交易信息，使人们相信自己在盈利，并掩盖资金损失。但是，巴林银行倒闭事件发生后，内部监管控制人员已经将前台和后台部门隔离开来，方便他们采用四眼原则监督与第三方的交易，通常几个小时就能发现问题。那么这种情况怎么会再次发生呢？（高希，2002 年）。

皮埃龙（Pierron，2008 年）在每日电讯网上发表了一篇题为《兴业银行的内部敌人》的文章。他认为，法国兴业银行事件似乎是"历史的重演"。他指出，这场事件与巴林银行倒闭事件非常相似，这令人痛心；但法国兴业银行的情况更为复杂，因为在过去 13 年里，金融行业发生了很多变化，而且为了避免类似事件的发生，风险管理方面的监管措施也比以前更加严格。因此，他提出了一个问题：法国兴业银行是如何陷入这种境地的？（高希，2002 年）。

金融创新研究中心是一家非营利智库，它每年都要对银行面临的风险因素进行调查，并把结果发表在智库的年度刊物上。在巴林银行倒闭后的 1996 年和 1997 年，"流氓交易员"，分别被当年的刊物评为排名第四和第三的风险因素。而在 2002 年的调查中，它只排在第 24 位上。这可能表明，人们又开始自满起来了 [《风险调查报告》（Banana Skins），金融创新研究中心，2002 年，第 4 页，引自汉密尔顿和米克尔思韦特，2006 年]。

3.1.4　爱尔兰联合银行案例以及衍生品在其中所起的作用

1. 案例背景

爱尔兰联合银行集团由爱尔兰的三家银行于 1966 年合并而成，它是爱尔兰首屈一指的银行和金融服务机构。其中的普洛文谢尔银行（Provincial Bank）是这三家银行中最古老的。它成立于 1825 年，是爱尔兰实施分行概念的先驱。另外两家是皇家银行（Royal Bank）以及明斯特和伦斯特银行（Minster & Leinster Bank）。前者成立于 1836 年，以其商业网络而闻名；后者成立于 1885 年，是三家银行中最大的也是拥有最广泛分支网络的银行。1977 年，爱尔兰联合银行进入美国，在纽约设立了办事处。1983 年，爱联行开始收购马里兰第一银行（First Maryland Bancorp），最初只持有其少数股份，1988 年收购了剩余股份，1999 年将其更名为爱弗斯特银行。爱弗斯特的战略是向毗邻的各州扩张，收购华盛顿特区、宾夕法尼亚和马里兰的一些银行，并在弗吉尼亚北部开设分行。在美国最大的 10 家外国银行子公司或分支机构中，爱弗斯特银行的母公司——爱尔兰联合银行集团规模最小。2000年，爱弗斯特平均持有爱联行集团总资产的25%，是所有母公司中份额最大的［奇赫格尔（Tschoegl），2002年］。

2. 企业结构与环境

根据海岬金融集团的报告（2002年），爱联行在1989年决定，"轻巧型"管理体系将是其管理美国子公司的最佳方式。这是因为他们相信爱弗斯特银行的管理能力。他们认为，大多数进入美国的外国公司都没有成功，主要是因为它们的美国子公司缺乏独立性。因此，都柏林方面很少插手爱弗斯特。爱弗斯特有自己的管理机构和董事会。不过，爱联行认为自己更擅长和精通资金业务，于是他们对资金部门的运作保持了较强的控制力。这也使他们能够监控自己在美国的投资情况。基于这种考虑，爱联行（1989年）指派了经验丰富的戴维·克罗宁（David Cronin）来管理资金部门。克罗宁向首席执行官汇报，有时也向首席财务官汇报。起初，资金部门主管的办公室和爱弗斯特银行大多数高管的办公室都在同一楼层，而资金部门位于下面的楼层，与资金主管办公室分隔开来。克罗宁同时也代表爱弗斯特出任爱尔兰联合银行集团资产负债委员会成员、爱弗斯特银行资产负债委员会主席，同时也是爱联行集团市场战略委员会成员，该委员会是集团资产负债委员会的分属委员会。但是，爱弗斯特的首席执行官（后担任董事会主席）弗兰克·布兰布尔（Frank Bramble），以及接替他担任首席执行官的苏珊·基廷（Susan Keating），对克罗宁的工作热情和投入程度提出了质疑，并对他不切实际的分析问题方式提出了批评。此外，也有人对他的资金业务部门的工作氛围提出了质疑，认为资金管理部门负责人鲍勃·雷在工作中存在职场霸凌行为。

爱弗斯特的财务职能由三个主要的"部门"负责：资金管理部门、

资产负债管理和风险控制部门、资金业务部门。高级副总裁领导这些部门并直接向财务主管报告。资金管理部门，即"前台部门"，负责人为鲍勃·雷。该部门的职能进一步细化为：财务融资、利率风险管理、投资组合管理和全球交易。负责全球交易的是两位常务董事，他们直属于鲍勃·雷，其中之一是负责外汇交易的鲁斯纳克。鲁斯纳克与他的下属——另一名外汇交易员，在一所非常小的交易厅开展工作，而且两人的合作关系密切。

海岬金融集团的报告（2002 年）表明，在一些同事眼里，鲁斯纳克是一名坚强、自信、勤奋的顾家好男人，而且经常去教堂做礼拜。他的绩效评估、团队合作和人际交往能力也受到了上级的肯定。不过，也有很多人（主要是后台部门的员工）认为他不仅傲慢无礼，而且喜欢营私舞弊。事实上，他曾多次因营私舞弊和违反规章而受到资金经理的指责。

资产负债管理和风险控制部门，即"中台部门"，有两名副总裁和一名副总裁助理负责资产负债管理。一名副总裁负责财务分析，一名风险控制官。后者的职责是向上级汇报交易员遵守风险价值（VAR）限值、交易损失限额和对家信用限值的情况。资金业务部门，即"后台办公室"，是负责交易的处理、确认、结算和簿记的部门。该部门还有一名负责系统和技术支持以及投资组合运营的副总裁（海岬金融集团，2002 年）。

3. 事件始末

2002 年 2 月 5 日，距离巴林银行倒闭过去了差不多七年，媒体对安然公司破产事件的热度刚刚散去。就在此时，爱联行宣布，其美国子公司遭受了约 6.91 亿美元的重大损失，造成损失的原因是，巴尔的摩分行的外汇交易员约翰·鲁斯纳克未经授权便擅自进行交易。尽管巴林银行的倒闭引起了全世界的关注，监管机构和监督机构亡羊补牢，对自身职能进行了强化，但还是没有阻止历史的重演。不过，幸运的是，对爱联行来说，这次损失虽然对资产负债表造成了很大的冲击，但还没有大到足以令银行倒闭的程度（汉密尔顿和米克尔思韦特，2006年，第26页）。

这场损失的直接责任人约翰·鲁斯纳克，是银行的一名交易员。主要负责开展套利交易，利用货币期权和货币远期之间的价格差异赚取利润。其交易原理是，在期权相对于现金更便宜时购买期权头寸，在价格较高时卖出期权头寸，并在现金市场对冲头寸。但是，他进行的是定向交易，即押注市场的某个特定走势。他通过交易高 Delta 值的货币远期合约和外汇期权（期权费很高的深度价内期权），建立头寸。为了掩盖损失和头寸大小，他通过伪造期权合约，抵消真实期权的损失，并篡改所有的银行记录和文件，向银行上报伪造的利润信息。[高塔姆（Gautam），日期不明]。

他偶尔也会使用复杂的期权（海岬金融集团，2002），并投入大量资金，单向押注日元对美元的升值。他主要通过远期合约购买了大量未来交割的日元。后来，随着日元贬值，鲁斯纳克无法撤回这些远期合约，不得不蒙受巨额损失。另外，他也没有用期权合约对冲这些交易。1990年至1995年，日元不断升值，而从1995年中期到1997年，日元开始对美元贬值。1997年4月，美元兑日元汇率落入125左右范围内。随后，亚洲金融危机爆发，进一步加重了日元的问题[所罗门（Soloman），1999年]。从1993年到1997年，鲁斯纳克在爱弗斯特的工作表现似乎还算不错。但是，由于缺少他在1997年之前的交易资料。所以人们只能推测，鲁斯纳克凭借着自己对市场的判断，有着不错的工作表现。不过，随着日元的贬值，鲁斯纳克的单向押注交易开始面临巨大问题。

鲁斯纳克利用了爱弗斯特银行监督机制的弱点，同时在银行的交易系统中输入了两笔虚假的期权交易，使人们误以为这是两笔完全对冲头寸的交易。也就是说，他向东京或新加坡的交易对家出售日元的深度价内期权，同时向这个所谓的交易对家购买相应的期权，以抵消头寸。这两笔期权交易的标的资产是同一种货币，而且执行价格相同，因此从现金流的角度来看，它们能够互相抵消。这两笔交易的期权费相同，只不过一个是支出，另一个则是收入，而且两者的到期日不同。为银行带来期权费收益的期权，其到期日为交易当天，另一期权的到期日为大约一个月以后。由于爱弗斯特银行从不审查到期日仅剩一天的期权交易报告，因此，鲁斯纳克得以逃脱监督者的审查。而如果这些期权持有者不去行权，系统就不会向监督者发出警报。为了使人相信自己进行的交易，鲁斯纳克向他们出示了伪造的经纪人确认书。鲁斯纳克还说服了后台部门职员，使其相信这两笔交易的现金净转移为零。因此，后台部门职员便不再要求他提供两笔对冲期权交易的第三方确认书。通过这一操作，账目上只能显示出他的交易利润，而不会显示出他的交易损失。一旦这些期权到期，他就会重新执行相同的操作，以维持账目上的虚假资产［高塔姆（Gautam）］。

伪造的期权交易解决了其中一个问题，即掩盖了巨额损失，但同时也制造了另一个问题。与大型银行相比，爱弗斯特银行的外汇业务规模很小。通常情况下，要开展外汇业务，银行必须拥有复杂的计算机系统和应用程序、交易室以及研究部门，对交易进行自动确认和验证（后台部门的职责）等。爱弗斯特银行唯一能够执行和确认交易的系统，是一个由电话和传真网络组成的系统。后台部门的职责是对交易进行审核，为了应付后台部门，鲁斯纳克伪造了交易确认文件。后来人们在他的电脑上发现了一个名为"假文档"的文件夹，文件夹里存有新加坡和东京一些银行的信纸背景和标志。他说服后台部门接受他伪造的确认文件,不再要求他提供第三方确认文件(克里顿和奥克利里,2002年)。此外,他还以这些交易的净收益为零为理由,成功说服后台部门不去核实这些交易。另外,由于必须通过夜间电话沟通的方式才能确认与亚洲的交易,因此,后台部门只能将这一环节省掉。还有证据表明,鲁斯纳克的强势使其他人噤若寒蝉。不过,也有一些职员表示,是银行高管决定了不必向亚洲的交易对家核实净收益为零的交易,但《路德维希报告》(*Ludwig report*)并不支持这种看法(海岬金融集团,2002年)。

此外,1999年,鲁斯纳克开始使用花旗银行(Citibank)和美国银行(Bank of America)的大宗经纪业务账户。而根据大宗经纪业务协议,爱弗斯特银行及其交易对家之间的即期外汇交易,需通过该经纪商进行,并需将其合并成一笔远期净交易,在未来某个日期与经纪商结算。这种做法(将所有的每日现货交易合并为一个净结算)使后台部门难以有效跟踪鲁斯纳克的每日交易。

通过这些账户进行的交易,没有得到爱弗斯特银行后台业务的核实,因此,鲁斯纳克能够大幅扩大实际交易的规模和范围。这些账户使爱弗斯特银行(鲁斯纳克)以大宗经纪商的名义进行交易,并使大宗经纪商成为交易的后台部门。这些账户在银行中并不常见,而且爱联行的外汇交易对家也不使用这类账户。鲁斯纳克让他的上司相信,使用大宗经纪账户,将后台部门的职能外包出去,能够降低成本,提高效益。

海岬金融集团的报告表明,通过这些手段,鲁斯纳克将交易的规模和范围扩大到"大额高价货币交易"。这样做的目的是弥补他所遭受的巨额损失。他还使克罗宁相信了大宗经纪账户的重要性,并极力推荐他使用这种账户促进银行的外汇业务。他还指出,大宗经纪账户能够减少后台部门确认或核实交易活动所需的额外工作量。考虑到他曾多次与后台部门就交易活动发生过争执，他对后台部门的这种虚情假意，非常耐人寻味。不过，他的理由是，这样做能够减少他对后台部门的依赖，从而增加自己的奖金，这套说辞还是很有说服力的。鲁斯纳克利用大宗经纪账户伪造交易信息，篡改和控制银行的相应记录（他将这些信息录入"德文"系统里，而这个系统的作用就是用来记录大宗经纪交易）。然后，在每月的月底，他会在月度结算前撤销这些交易（克里顿和奥克利里，2002 年）。

通过大宗经纪账户，约翰·鲁斯纳克能够使用一种叫作"历史汇率展期"的外汇合约。这种金融合约用来帮助人们处理外国公司延迟交付的问题。当合约的现期结算会使合约持有人蒙受损失时，可以采用这种方案延长货币合约。对于货物买主来说，当货物延迟交付时，适当的做法是延长合约，并等到需要付款时，再去用外汇交易。

对交易员来说，这类合约会延迟巨额损失。不过，如果交易员的合约到期，且此时结算对他不利，他可以推迟结算，并保持原来的合约汇率（克里顿和奥克利里，2002 年）。《纽约时报》（*The New York Times*）的报道称，

> 有些交易员预计未来汇率会朝着有利于自己的方向变化，而展期合约为他们赢得了时间。当然，损失也可能会进一步扩大……［菲尔布林格（Fuerbringer），2002 年］

鲁斯纳克刚好赶上了较坏的情况。交易者需要根据标准的方式，将历史汇率展期合约告知纽约的联邦储备银行。外汇管理委员会（2002 年）

规定:

> 　　应严格限制客户对历史汇率展期要求或场外交易要求的调整，此类调整必须经过严格筛选且文件记录完备。严禁将其用于掩盖损失、扩大盈利或亏损头寸。交易对家还应保证其所要求的历史汇率展期合约符合真实的商业流程。

　　菲尔布林格（2002）指出，美联储自 1991 年以来就一直在提醒人们慎用历史汇率展期。鲁斯纳克使用历史利率展期的做法，本应让他的同事们感到不安，使他们有所怀疑。但是，并没有人举报他，也没人质疑他。

　　后来，审计和内部财务部门对他开展了调查，资金经理也要求他减少使用资产负债表。此后，鲁斯纳克便改变了策略，（2001 年 2 月）开始出售一年期的深度价内期权。得到的资金用于结算每月的外汇远期交易。这些期权交易（卖出日元对美元的看跌期权）也增大了鲁斯纳克日元的现汇多头头寸和远期多头头寸。由于这些期权在爱弗斯特银行的账簿上属于负债项目，鲁斯纳克伪造了期权交易信息，给人一种原始期权已被回购的假象。因此，他在爱弗斯特银行的账簿上没有留下大额负债信息（高塔姆，日期不明）。

3.1.5　法国兴业银行案例以及衍生品在其中所起的作用

1. 案例背景

　　法国兴业银行原名"法国促进工商业发展总公司"，是法国最古老的银行之一。它是拿破仑三世（Napoleon Ⅲ）亲自批准，于 1864 年 5 月 4

日成立的。

法国兴业银行在法国国内设有多处分部，其总部位于法国巴黎西部拉德芳斯商业区。它不仅是欧洲重要的金融服务集团，而且在全世界许多地方设有办事机构。它有三个主要的业务部门：对私业务与专业金融服务部门；对公业务与投资银行部门（衍生品业务、结构融资业务与欧洲资本市场业务）；全球投资管理与服务部门（法国兴业银行，2008 年）。

2. 企业结构与环境

导致法国兴业银行巨额损失事件的原因有很多。马特拉克（Matlac，2008 年）引述了一些分析家的观点，认为尽管当时出现了很多预警信号，提醒公司注意可能存在的交易欺诈问题，但相关人员仍然对此置之不理，没有对热罗姆·凯维埃的工作进行适当的监督。其他分析家则认为，法国兴业银行的企业文化和氛围"鼓励交易员冒险"，是巨额亏损的主要原因。但是，机构风险分析咨询公司负责人克里斯·惠伦（Chris Whalen）认为，银行正在从"传统的银行业务转向风险更高的交易活动，因此，法国兴业银行问题的是流氓商业模式，而不是流氓交易员"（马特拉克，2008 年）。

施瓦茨和本霍尔德（Schwartz 和 Bennhold，2008 年）认为法国兴业银行巨额亏损的根源在于法国兴业银行内部的氛围、企业文化和企业传统。他们研究了法国兴业银行在 20 世纪 80 年代创设金融衍生品团队的过程。通过分析，他们认为"法国兴业银行的衍生品团队由一小组出身于名校的工程师和数学家组成，他们不仅训练有素，而且颇具声望"，这群人后来被称作"修道军"。他们在银行中的重要性与日俱增，因此也变得越来越自负、傲慢。

在很多人眼里，

> 他们是一群无比虔诚而又纪律严明的战士，就像他们的绰号（"修道军"原指参与十字军东征的修道士战士）一样。法国兴业银行的这群"修道军"以鼓舞人们的斗志为荣。同时，他们相信，他们既能通过内部控制措施激发普通交易员的热情，也可以通过复杂的运算模型管理市场风险。但是，在这两个方面上，他们过于自信，甚至有些狂妄（施瓦茨和本霍尔德，2008年）。

此外，施瓦茨和本霍尔德还指出，"他们立志要把法国兴业银行打造成衍生品领域的行业巨头，就像古代的骑士一样，他们异常好胜，无论是对待衍生品交易还是其他事务"。两位学者认为，这群"修道军"将自己的工作当作一种使命。

不过，施瓦茨和本霍尔德认为，

> 在大家眼里，凯维埃从来就不是"修道军"的一员。他出身于偏远地方的中产家庭，母亲是一名理发师，父亲则是一所金属车间的匠师。但是他有一个优点，是出身更好的上司所不具备的。

2005年他得到晋升，进入Delta One业务部门工作。此前，他在后台部门工作了5年，并成长为了一名专家，熟悉专有系统（艾略特系统）的程序和规则，以及这一系统在法国兴业银行的运作方式，这使他有条件掩盖越权交易活动。

图 3-3 显示了 2007 年 12 月 18 日前凯维埃的岗位汇报关系。

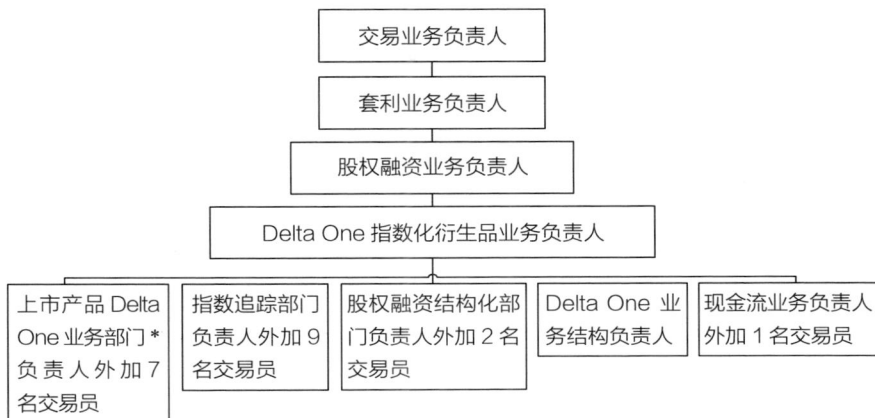

```
┌─────────────────────────┐
│     交易业务负责人          │
└─────────────────────────┘
┌─────────────────────────┐
│     套利业务负责人          │
└─────────────────────────┘
┌─────────────────────────┐
│    股权融资业务负责人        │
└─────────────────────────┘
┌──────────────────────────────────┐
│ Delta One 指数化衍生品业务负责人      │
└──────────────────────────────────┘
```

| 上市产品 Delta One 业务部门 * 负责人外加 7 名交易员 | 指数追踪部门负责人外加 9 名交易员 | 股权融资结构化部门负责人外加 2 名交易员 | Delta One 业务结构负责人 | 现金流业务负责人外加 1 名交易员 |

图 3-3　2007 年 12 月 18 日前热罗姆·凯维埃的岗位汇报关系图

资料来源：改编自《绿色使命报告》（*The Mission Green Report*）（2008 年）

注：此后交易业务负责人开始担任前台部门主管，其职位由原套利业务负责人兼任。* 凯维埃就是上市产品 Delta One 业务部门的一名交易员。

3. 事件始末

整个事件的起点是 2005 年，这一年，凯维埃进入法国兴业银行的"Delta One"交易部门。此前他曾在后台和中台部门工作了五年之久。凯维埃在 Delta One 交易部门担任交易员，专门进行欧洲股票市场的套利交易，主要从事 Turbo 权证交易。《绿色使命报告》将"权证"定义为一种特殊的可交易证券，

　　它的持有者通过交付一定量的权利金，就可以享有权利而非义务，能够以特定价格买入或卖出特定数量标的资产（通常是股票），这一价格被称为执行价格。若标的股票价格上升，认

购权证的投资者就可能从中获利；相反，若标的股票价格下降，认沽权证的投资者就会从中获利。权证都有相应的到期日，在美国，持有者可以在到期日前的任何时间行权，而在欧洲，持有者只能在到期日行权。

这份报告将"Turbo 权证"（即向下敲出权证）定义为一种含有"敲出障碍"的权证。给法国兴业银行带来巨额亏损的，正是这种权证。它的特点是，标的资产的价格达到特定障碍水平时，该权证失效，持有者不再享有行权权利。Turbo 权证可分为认购 Turbo 和认沽 Turbo。前者的执行价格低于市场价格，而后者的执行价格高于市场价格。这类权证既有不限执行期的（即没有到期日限制），也有限制执行期的（即有固定的到期日的）。

法国兴业银行的策略是向客户出售 Turbo，然后通过购买相应的标的资产进行对冲。而客户通过持有 Turbo 的多头（认购 Turbo）以及 Turbo 的空头（认沽 Turbo），押注标的资产价格的升高或降低。由于法国兴业银行购买了标的资产，因此现货价格与执行价格之间的差额由客户承担。法国兴业银行所使用的标的资产包括单一股票、一篮子股票、欧洲股市指数（如欧洲斯托克 507 指数、德国达克斯 8 指数和富时 1009 指数）、德国国债、场内交易基金和货币。法国兴业银行还通过买入竞争对手的认购 Turbo，并卖出期货合约进行对冲，以此进行套利交易。如果第二天市场开盘时标的资产价格下跌到一定程度，Turbo 权证就此作废，法国兴业银行将会获利（《绿色使命报告》，2008 年）。

凯维埃的其中一个工作重点是处理期货市场的自营交易。也就是说，他需要买入股指期货组合，然后卖出价格略有变化的类似期货组合。根据法国兴业银行投资银行主管让-皮埃尔·穆斯迪艾（Jean-Pierre Mustier）的说法，凯维埃应该尝试从微小的价格差异中获利，同时持有对冲头寸，而不是进行单向押注。但他未经授权便进行了单向押注交易，不过，他最初的押注金额很小（瓦伦蒂尼，2008 年）。凯维埃按照规定必须在任何时候都持有对冲头寸，并始终在法国兴业设定的风险限额内交易。按照规定，他的投资组合的净值为 50 万欧元，敞口头寸不得超过 1.25 亿欧元的上限。他所进行的交易必须满足清算所保证金追缴通知的要求，并由中台和后台部门进行检查和结算。一般而言，与单向押注交易相比，套利交易风险较小，缺少刺激性。但是，即使人们处理得当，套利交易也可能是相当危险的。这种交易的原理是利用投资组合之间出现的微小价差赚取利润（麦卡特尼，2007 年）。

凯维埃通过伪造反向投资组合，使人们误以为他已经对原有的投资组合进行了对冲，从而掩盖自己的单向押注交易。他不断采取这一策略，进行单向押注交易。到 2007 年 12 月，通过持有这些头寸，他获得的利润迅速增长到 14 亿欧元以上。不过，2008 年 1 月中旬，法国兴业银行的合规官员报告称，他们对凯维埃进行的交易感到担忧。

凯维埃承认自己越权进行了交易，并伪造了交易信息。银行的首席执行官、董事会和法国央行很快获悉了这一问题后，法国兴业银行决定平仓凯维埃建立的交易头寸。但由于当时市场急剧下跌，在对这些头寸全部平仓后，法国兴业银行发现自己的损失高达 63 亿欧元（《绿色使命报告》，2008 年）。

凯维埃表示，整个事情始于 2005 年的一次事件，那次事件让他迷上了单向押注交易。事情发生于 2005 年 7 月，当时伦敦遭遇了炸弹袭击［塞奇（Sage），2009 年］。凯维埃认为，"伦敦爆炸案"后市场将会下跌，于是做空安联（Allianz）股票，并为此押注了 50 万欧元。他伪造了交易信息，使人误以为这些股票已经得到了对冲［卡塞莱（Casale）、塞尼塞罗斯（Ceniceros）和沃伊奇克（Wojcik），2008 年］。凯维埃指出，第一次得手后，他继续对安联、太阳能世界（Solarworld）和 Q–Cells（德国太阳能电池制造商）等公司股票进行 500 万欧元以上的无对冲单向押注交易（这样就形成了滚雪球效应）［拉戈斯（Lagorce），2008 年］。2006 年，这些欺诈性交易的价值已经增加到 1 500 万欧元［琼斯（Jones），2008 年］。

在《我想为我的银行赚钱》（*I wanted to earn money for my bank*）一文中，拉戈斯（2008 年）写道，凯维埃认为，"赚钱真的太容易了，而且上司好像也注意不到问题"，于是决定继续进行风险性高的单向押注交易，并继续伪造交易信息，掩盖这种高风险交易。他接着提到了凯维埃所说的第二笔获利交易：

> 2007 年 1 月，我做空（德国）达克斯股指，因为我认为亚洲市场有过热的迹象。我的判断如果没错的话，市场上涨将填平我的头寸……2 月，亚洲市场出现了一次小崩盘，我减少了头寸，到 2 月底我不仅没有了空头头寸，而且还进账 2 800 万欧元，我感到非常自豪和满意（拉戈斯，2008 年）。

尽管美国次贷危机正在逐渐演化为全球性危机，但 2007 年年中，凯维埃并不认同其他一些分析师的观点，他认为，这场危机将对所有市场产生负面影响。因此，他开始在股指期货上押注，而市场的持续上涨使他蒙受了巨额损失。截至 2007 年 7 月中旬，他已经卖出了价值 300 亿欧元的达克斯股指期货。由于人们担心次贷危机会波及全球，当月末股市开始下跌。最后，凯维埃平仓了自己的空头头寸，并赚取了 5 亿欧元的巨额利润（拉戈斯，2008 年）。

> 凯维埃说："我填平了头寸。总利润达到了 5 亿欧元。我发现自己和之前一样，为银行赚到了钱。我没有公布交易盈利情况，没有在账簿里把它记录下来。我用一个伪造的业务把盈利情况掩盖了起来。事实上，当时我被 5 亿美元的利润进账吓坏了，甚至不知道该怎么公布这件事。"（拉戈斯，2008 年）

此后，同年 9 月，凯维埃故技重施，再次建立达克斯股指期货的空头头寸。接下来的一个月，这些空头头寸增加到 300 亿欧元，2007 年 11 月这些头寸最终被填平。由于金融市场波动很大，而他通过达克斯股指期货交易，一天就能赚取 60 万欧元的利润。然而，为了进行这类交易，他不仅使用了自己的交易设备，还违规使用了同事的交易设备。此外，他也不断对安联公司、诺基亚（Nokia）公司、大陆集团（Continental）、德意志银行、富腾公司（Fortum）、康能公司（Conergy）、商业对象（Business Object）公司和 HRX 公司的股票进行投机交易，交易总额超过 500 万欧元（拉戈斯，2008 年）。

2007 年 11 月 7 日，欧洲期货交易所（Eurex，提供欧洲基准衍生品的期货和期权交易所）发出了警告，提醒法国兴业银行警惕凯维埃持有的大量未平仓头寸。欧洲期货交易所向银行的合规官发送了一封电子邮件，向其询问凯维埃在 7 个月内所进行的交易。问题的焦点在于凯维埃在两小时内进行了两笔交易：他首先买入 6 000 份达克斯股指期货以轧平空头头寸，然后又买入 1 700 份欧洲斯托克 50 股指期货。交易所还询问了有关他的交易策略的问题，以及交易是手动还是自动进行的，并询问为什么他经常通过 FIAMAT（法国兴业银行的伦敦子公司）而不是巴黎分行来处理他的交易。2007 年 12 月 10 日，在进行完内部核对，并对凯维埃进行询问后，他的上司、FIAMAT 的合规部门以及法国兴业银行的合规官回复了欧洲期货交易所，称法国兴业银行未发现任何违规行为，并表示，"最近美国和欧洲股市的不稳定，是进行盘后交易的原因"。不过，在收到回复信件后，欧洲期货交易所又通过电话继续向合规官询问了法国兴业银行的交易策略和程序问题。合规官后来承认，银行在过去一年中收到了许多不同交易所发来的询问邮件，特别是来自欧洲期货交易所的邮件（施瓦茨和本霍尔德，2008 年）。

如上所述，2007 年年底，这些通过越权交易获得的头寸，为银行带来了 14 亿欧元的利润。凯维埃随后意识到，这超出了他的权限范围，因此，他不确定该如何向银行上报这一未入账的利润。他后来写道："所以我决定不向银行上报，为了掩盖这笔金额，我编造了一个虚假的交易来抵消这些利润。"凯维埃伪造了 8 份内部交易对家的远期合约（因为这些内部交易不会出现在每日报告中），来抵消掉部分利润，最终账面显示利润为 5 500 万欧元。不过，在那之前，他对股指期货的单向押注金额已经高达 280 亿欧元（凯维埃，2008 年）。

2008 年年初，他注意到市场情绪发生了变化，并相信市场将"在未来几个月后恢复过来"，于是，他改变了自己的"多头"策略。他接着写道：

> 直到（2008 年 1 月）18 日的调查会结束时，我（凯维埃先生）才开始觉得情况不妙。然后我想，等我周一回来时，市场会发生变化，并指望着周二市场行情能够上涨。

但令他始料未及的是，还没等到下周一，他就被"法国兴业银行开除了"（凯维埃，2008 年）。

《绿色使命报告》（2008）指出，在 2008 年的头几天，单向押注交易的金额增加了超过 210 亿欧元；1 月 2 日，凯维埃将 8 个虚假交易的内部交易对家改为了外部交易对家。随后，法国兴业银行的合规官员发现，条款清单（特定交易条款）上的数据与艾略特系统（法国兴业银行的专有交易簿记系统）上的数据存在着差异。凯维埃解释称，这是由于交易对家 ClickOptions 公司（法国兴业银行的全资子公司）的数据处理延迟所致。

不久，还是在当月，风险管理部门发现，凯维埃的 8 笔虚假交易中所涉及的外部交易对手存在巨大的差异，并对此提出质疑。凯维埃回答说："这是因为交易对家取消了看跌期权交易；我还没有向对家付款。我会尽快将它记录在案。"（《绿色使命报告》，2008 年）。

在接受完另一个合规官的质询后，为了使人相信这个问题已经得到了解决，凯维埃要求他的交易助理使用"预提流动"准备金（这一准备金的目的是消除会计方面的小错误），取消了自己伪造的交易。但实际上这一问题并没有得到解决，因为会计和监管报告团队通过计算发现，在纳入这些虚假交易后，以库克比例加权的资产值，以及风险加权资产值都非常高。他们没有删除这 8 笔交易，并坚持要其解释他是如何取消以及为什么取消这些交易的。凯维埃解释说，"它们应该当作不当收入支付"。

凯维埃随后终于明白，调查人员之所以揪着他不放，是因为他提到的外部交易对家［一家名为巴德尔（Baader）的券商］是一家中等规模的银行，这家银行是不太可能处理这 8 笔大型交易的。于是他改口称交易对家是德意志银行，并提供了自己伪造的邮件作为证明文件。但这仍然没有阻止凯维埃继续进行交易，到 2008 年 1 月 15 日，他的名义损失达到了 20 亿欧元。他再次将伪造的交易输入艾略特系统应用程序中，并打算在检查进行前取消掉这些交易。然而，他的虚假文件并没有骗过调查人员。法国兴业银行联系到了德意志银行纽约分行，后者表示从未与凯维埃进行过这些交易。面对这一回复，凯维埃终于承认了自己越权交易和伪造交易信息的事实，并试图使让-皮埃尔·穆斯迪艾（法国兴业银行投资银行主管）相信，他使用了一种新的交易策略，这种策略能给银行带来巨额利润［阿诺德（Arnold）、塔尔拉森（Thal Larsen）、霍林格（Hollinger）、奥多尔蒂（O'Doherty）和米尔恩（Milne），2008 年］。

3.1.6 影响衍生品安全使用因素的比较

表 3-1 比较了影响衍生品安全使用的相似因素。

表 3-1 影响衍生品安全使用的相似因素

因素	巴林银行	爱尔兰联合银行	法国兴业银行
前台、中台和后台部门职责不明	银行没有对李森的工作进行核查，也没有执行"四眼原则"。尽管巴林银行行在 1994 年对巴林新加坡期货公司开展了内部审计，并在内部审计报告中指明了这一薄弱环节，但巴林银行的领导层并未采取报告中所建议的措施，来解决这些问题。因此，虽然相关机构建议银行明确不同部门的职权划分，并向公司传达这一理念。但这一条内部监督控制的基本原则没有得到执行。	"强有力而且可执行的后台控制措施是必不可少的"。与巴林银行新加坡子公司不同的是，爱联行的后台职员能够独立地监督鲁斯纳的交易活动。但《路德维希报告》指出，在鲁斯纳克的劝说下，后台职员没有按照常规的程序实施内部控制。后台人员应具有足够的权威性，在发现交易活动疑点时，能够坚持自己的原则 [麦克尼 (McNee)，2002 年]。事实上，海岬金融集团的报告指出，在爱尔兰联合银行事件中，后台部门在风险控制上严重失职，他们没有对每一笔交易进行确认。鲁斯纳克以交易的净支付为零，且深夜（时差导致）很难对交易进行确认为由，说服了后台控制人员，后者不再对交易进行确认。克里顿和奥克利里（2002 年，第 7 页）在书中指出，爱尔兰联合银行刻意将负责监管职能的部门与前台部门隔离开，两者通常单位于不同的楼层。众所周知，后台职员处理银行的信息将数据输入银行的信息处理系统，以便与交易员家进行核实，这一程序在都柏林通常仅需要几分钟就能通过电子方式完成。	法国兴业银行首席执行官丹尼尔·布通表示过，一位分析师曾说过，"交易员赚了这么多钱，没人敢得罪他们，他们享有特权"（施瓦次和本霍德，2008 年）。这对职责分离造成了不利影响。内部监督控制者"没有得到足够的权威和权力"[因杜 (Indu)，日期不明]。这就在前台、中台和后台部门之间建立了一种联系，从而削弱了银行对职责分离的控制力。

因素	巴林银行	爱尔兰联合银行	法国兴业银行
		他们接着指出，如果事实并非如此，如果是鲁斯纳克本人在核实自己的交易，这就说明内部控制出现了问题。同时，银行的所有高管都应承担责任。 事实上，鲁斯纳克能够从计算机记录中修改他的未偿付交易。此外，一些交易没有得到第三方确认，价格和汇率也是从鲁斯纳克的电脑硬盘上下载来的。也就是说，交易的所有环节都是由一个人完成的，这完全违背了"职责分离"的原则。整个系统竟然允许鲁斯纳克下载这些数据并修改路透系统的终端利率。他将这些数据从路透系统的终端下载到个人电脑的硬盘库中，然后将其输入共享网络的数据库中，并允许前台、后台和中台部门访问这些信息（高塔姆，日期不明）。 企业应将交易员与内部监督控制职能隔离开。尽管爱弗斯特银行的高管都认识到并理解这样做的重要性，但他们竟然允许对交易盈利做的高管，同时也负责对交易进行有效的监督控制。事实上，海岬金融集团的报告（2002年）指出，考虑到资金管理部	

续表

因素	巴林银行	爱尔兰联合银行	法国兴业银行
		负责人鲍勃·雷对资产负债管理职能的影响，2001 年 3 月，负责风险评估的执行副总裁希望与银行总裁讨论一下，这一职能部门的主管是否应直接向负责风险评估的执行副总裁汇报。当时，前台、中台和后台都需要向克多宁汇报。这种岗位汇报关系违背了职责分离的原则。 海峡金融集团的报告（2002 年）表明，爱弗斯特银行建立起来的岗位汇报结构，没有依靠独立的信息来源，而是仅仅依赖鲁斯提供的信息。此外，报告还指出，银行没有将每日日止损益表与总账进行核对，也没有将月末损益表每月外汇收入报告进行核对。	凯维埃说： 我在 2007 年没有休假（只休息了 4 天）。这一事实就足以给管理层敲响警钟。这是内部控制的基本原则之一。交易员不休假的原因是，他不愿意其他人看到自己的账簿（拉艾斯，2008 年）。 "凯维埃表示自己曾使用过同事的
缺乏适当的内部控制措施、缺乏适当的会计标准和规则	整个事件中，存在很多预警信号，例如： （1）李森要求的资金过高； （2）李森声称要为客户账户提供资金，以满足追加保证金的要求，但从未按照惯例提供这些账户的详细信息。此外，这也违反了新交所所规定的资金账户彼此一致，即会员不	很明显，这家伙研究透了监督控制系统的每一个控制节点，找到了绕过监督控制的一套方法，并找到了一套非常复杂的掩盖手法。 ［迈克尔·巴克利（Michael Buckley），爱尔兰联合银行首席执行官，引自高塔姆，日期不明］ 高希（2002 年）首先引述了巴尔	

因素	巴林银行	爱尔兰联合银行	法国兴业银行
	得为客户的账户提供资金； （3）交易利润过高同时风险过低（竟然没人对此提出过质疑）； （4）外部审计师库珀（Coopers）和莱布兰德（Lybrand）发现，1995年2月1日及以前，巴林新加坡期货公司的账目中有大约5 000万英镑的缺口，他们将这一问题报告给管理层（尽管巴林银行的财务主管随后便前往新加坡调查李森的账目，但巴林银行的反应过于缓慢）； （5）新交所针对巴林银行在1995年1月迅速建仓的问题，向巴林银行提出质询，并担心新加坡期货公司没有能力满足追加资本金的要求，但伦敦总部的管理层回复得过于草率。 （6）1995年1月和2月，大阪证交所里流传着巴林银行持有大量日经股指期货的传闻。 所有商业活动都应处于独立有效的内、外部监督控制之下。监督控制人员应该具备这一职能所必需的经验和知识。此外，董事会审计委员会也应具备必要的经验和知识，以确保控制者发现的重大问题能够得到迅速理解	的摩分行总裁苏珊·墨廷的原话："很明显，监督控制体系完全失灵，我们完全没人对此是怎么么失灵的。"然后又引述了她的上司、都柏林总部的首席执行官迈克尔·巴克利的原话："如果一个交易员决定蓄意造假，任何控制措施都没法阻拦他。" 克里顿和奥克利里（2002年，第8页）指出，爱尔兰联合银行允许许多国子公司独立运营。这说明，巴尔的摩分行财务部门——一个不是由总部的审计团队，而是由其内部审计团队执行审计职能的地方。 巴林银行和爱尔兰联合银行的舞弊行为都发生在远离总部的部门中。与巴林银行类似，爱尔兰银行和爱弗斯特银行也都采用了矩阵式管理结构。这意味着爱弗斯特银行持续的财务主管无法实施连续而可靠的监督［海恩金融集团与沃切尔·利普顿、罗森·卡茨律师事务所（Wachtell, Lipton, Rosen, &Katz）联合报告，第28—31页］。原因是这种结构的岗位汇报关系不够清晰。	电脑，而同事们对此毫不在意"（拉戈斯，2008年）。 企业治理专家、注册舞弊审查师协会法国分会主席弗朗西斯·亨农甘吉（Francis Hounnongandji）指出：凯维埃竟然能够超过交易限制并长时间逃避检查；另外，法国兴业银行如此敷衍地对欧洲期货交易所11月提出的警告。鉴于上述事实，我们可以很容易得出结论，法国兴业银行的内部控制机制要么设计不当，要么就从来没有有效或高效地运作过（引自施瓦茨和本霍尔德，2008年）。 法国财政部长克里斯蒂娜·拉加德（Christine Lagarde）认为，"很明显，法国兴业银行的某些内部控制机制没有发挥作用；有些机制发挥了作用，但银行没有对其进行适当的调整"（引自施瓦茨和本霍尔德，2008年）。 法国兴业银行的首席执行官丹尼尔·布通（Daniel Bouton）承认，银行的内部控制系统没有跟上衍生品业务不断增长的步伐。他打了个比喻说，衍生品业务的时速达到了130英里，但风险控制的时速只有80英里

续表

因素	巴林银行	爱尔兰联合银行	法国兴业银行
	决，即在《企业章程》规定的时间内解决（前提是企业有相应的章程）。	汉密尔顿和米克尔思韦特（2006年，第28—31页）指出，内部审计部门提出的建议或发现往往不被重视，后续工作很难开展下去。此外，爱弗斯特银行的内部审计部门人员不足，缺乏经验，对交易所涉及的风险也知之甚少。 尽管与华尔街的工资标准相比，鲁斯纳克的薪簿并不算高，但他的收入与交易账簿上的利润直接挂钩。他可以赢得一大笔奖金。当时的英格兰银行指出了这种薪酬设计存在的风险，它认为，"如果薪酬必须非常严格"，内部控制环境必须到位（戴维斯，1997，引自汉密尔顿和米克尔思韦特，2006年，第28—31页）。 尽管银行对资金业务进行了内部审计、风险评估和监督检查，并发现了问题，提出了一些有关资金业务监督控制的建议，这些建议也引起了审计委员会的注意，但海岬金融集团的报告（2002年，第25页）指出，只有部分建议得到了彻底的执行。另外，银行没有制定任何程序来确保这些措	（引自施瓦茨和本霍尔德，2008年）。 银行的每日汇报中并不包含与内部交易对手达成的远期合约。这使得凯维埃能够绕开内部控制机制（凯维埃，2008年）。 凯维埃认为，他所使用的技术根本不复杂，只要正确地进行检查，任何人都能发现这些业务的疑点……（凯维埃，2008年）。 因杜（日期不明）指出，很多分析师曾反映过法国兴业银行内部控制不力的问题。这些分析师的银行认为（只通过程序应用的机制），仅采用单因素身份验证的机制，至少对于像法国兴业这样的银行来说，是远远不够的。保护信息处理系统来说，至少需要双因素认证机制，而对今天的信息处理系统来说，人们正在考虑三因素或四因素认证机制（因杜，日期不明）。 法国兴业银行监控总的交易头寸，只监控净头寸。这为利用虚假交易信息提供了便利，方便他利用虚假的对冲合约，来隐藏被授权能够发挥作用的后额头寸。如果控制机制一定能够发现这些违规行为的话，银行是一定能够发现这些违规行为的

金融衍生品
灵药还是毒药?

因素	巴林银行	爱尔兰联合银行	法国兴业银行
		施得到了贯彻。 内部控制机制在这场事件中的漏洞包括: • 后台部门决定不对亚洲交易对家的期权交易进行确认,原因是这些交易收支相抵消。 • 中间和后台部门没有通过独立的第三方来源获取汇率信息(高塔姆,日期不明)。 • 大宗经纪账户的使用使鲁斯纳克能够在每天结束前进行净交易结算。这使得资金业务风险控制部门无法查明当天是否存在场外交易。此外,后台部门没有每天对当天结束时的结算头寸进行确认,并认为每天这一过程只是一种形式(高塔姆,日期不明)。 • 风险管理部门仅依据风险价值模型、没有最佳风险价值序和程序与业内惯例相对照。而鲁斯纳克篡改了风险验证风险价值的个人电脑来获取鲁斯纳克信息的个人电脑来获取缓置交易信息的电子表格。 • 1991年,鲁斯纳克进行了超越限额的外汇交易,这件事并没有引	(因杜,日期不明)。 每当内部监督人员向凯维埃指出交易中的疑点时,他总会以失误为由,将交易取消。"他会利用计算机系统轧平那些可疑的头寸,主管们则会感到如释重负,问题也就不了了之。"这种事情本应引起人们的警觉,但人们对此毫不在意。 在向FIAMAT支付巨额佣金后,法国兴业银行通过核实或检查总头寸就能发现其中的问题,但他们没有进行任何检查或核实(因杜,日期不明)。 凯维埃的交易助理往往金流向一栏中的大量月度记录没有引起任何人的警觉。这一资金本来是用来消除一栏中的小额差异的,但在2007年和2008年,它的总额超过了5 000万欧元(因杜,日期不明)。 因杜(日期不明)指出,"预警信号出现时,合规人员没有进行深入的调查"。 负责监督交易员工作和贯彻交易限额规定的管理人员或主管没有适当地履行其职责(因杜,日期不明)。 因杜(日期不明)指出,尽管法

续表

因素	巴林银行	爱尔兰联合银行	法国兴业银行
		起任何人的警惕（这密尔顿和米克尔米克尔思韦特 2006 年，第 29—31 页）。 ● 根据海岬金融集团的报告（2002 年），银行的内部审计存在很多缺陷。事实上，1999 年，资金业务的内部审计并没有对鲁斯纳克的交易进行任何抽样检查，没有核实这些交易是否得到了确认。银行于次年 8 月对资金业务又进行了内部审计，他们从 25 笔交易中抽选出一笔交易进行检查。而抽中的这笔外汇期权交易恰好是 25 笔交易中唯一一笔真实的交易。如果审计师在抽本总体中多抽选几个样本，那么发现虚假交易的可能性就会大大增加，因为当时账簿上的 63 个外汇期权交易中约有 50% 是虚假假交易。 鲁斯纳克的交易超出了爱尔兰联合银行和爱弗斯特银行为外汇交易设定的交易对象信用限额，尽管中台部门和信用风险审查部门也知道这一违规行为，但他们没有对交易进行调查。这些超越信用限额的违规行为被简单地视为"交易员失误"。没有人将其视为危险信号。这些突破信用额度的违规行为之所以没有引起关注，其中一个原因是，交	国的监管机构早在 2007 年 3 月就知道法国兴业银行存在内部监督控制不到位的问题，但法国兴业银行并没有采取适当的措施来解决这一问题。 因杜（日期不明）还表示，凯维埃尔上司和风险管理部门的合规官员都忽略了在每周六结算的交易，以及交易对象"待定"或"未具名"的交易。

续表

因素	巴林银行	爱尔兰联合银行	法国兴业银行
		易都已结算完毕，当人们发现它们的时候，风险敞口已被消除掉了。此外，海岬金融集团的报告（2002年）继续指出，当鲁斯纳克的盈亏超出止损限额时，公司并没有采取任何行动（海岬金融集团，2002年）。	根据凯维埃本人的叙述，令他不解的是，银行为什么不早点制止他的这种行为，他认为同事和上级清楚他的所作所为，只要他赚钱，他们就会睁一只眼闭一只眼。"2007年7月，我建议押注市场下跌，但他（我的上司）拒绝押注市场下跌，而我已经提前轧清了头寸，当时他没有登记了。后来他证明我判断是对的，而我已经提前轧清了头寸，眼睁睁看着我完成了交易登记止我，眼睁睁看着我平衡头寸了。他们要求我赚了钱，但当我做的法为银行赚了钱后，他们就不再过问了，甚至连领导层都鼓励我继续做下去。于是我每天都轧进头寸了。甚至在我休假的时候，我的经理都打电话问我做空还是做多，他们本应监督我平衡头寸，而这就是他们对我最大限度的监督（拉戈斯，2008年）。"有人问凯维埃（2008年），如果银行发现了他的巨额期货头寸，他会
缺乏适当的监督和监控	银行没有对李森的后台职能进行监控，而且新加坡子公司后台部门的员工没有太多经验，因此，他们只能服从李森的指示。负责巴林银行新加坡业务的琼斯，也是巴林银行新加坡期货公司的一名董事，但很少关注期货公司的业务。企业上下应明确岗位责任，并有效履行自己的职责。银行应制定内部监管委员会（1995年）建议，银行应制定内部指导方针，协助其监督人员的活动，并保证健全的保障措施能够落实到位。此外，汉密尔顿和米克尔思韦特（2006年）强调，虽然眼界不见，但要心相念。远离总部的业务部门无法享受总部近距离管理带来的便利，因此，企业必须设计出合理的替代方案来加强管理如进行不事先通知的常规检查。	由于相应的报告没有提及这些衍生工具，因此没有人对此提出疑问。比如，两个不到期日不同的期权怎么会有相同的期权费？为什么"深度价内期权"已到期而交易对家却没行权？另外，银行没有对鲁斯纳克的每日盈亏数据进行核实，也没有对结合总分类账数据进行对账（高塔姆，日期不明）。此外，鲁斯纳克的直接上司（交易经理）1999年辞职后，银行就不再设立这一职位，因此，鲁斯纳克的直接上司成了资金管理部门的主管鲍勃·雷。后者对外汇知识了解甚少，也很少关注鲁斯纳克的交易活动（高塔姆，日期不明）。与巴林银行类似，爱尔兰联合银行和爱尔弗斯特银行也采用矩阵式管理结构（这种结构的替代的岗位汇报关系不够	

续表

因素	巴林银行	爱尔联合银行	法国兴业银行
		清晰）。因此，鲁斯纳的直接上级辞职后，银行并没有马上寻找替代人选，他的另一位直接上司也并不了解他进行过的交易，无法对他实施监督，这导致了上行沟通问题（汉密尔顿和米克尔思韦特，2006年）。 由于爱弗斯弗特银行的财务主管在财务职能方面经验丰富，尤其是在外汇交易方面，因此无论是爱弗斯特银行，还是爱尔兰联合银行的高级管理层都非常信赖他。前文也曾提到，没有人调查鲁斯纳克突破限额的行为（海岬金融集团，2002年）。 海岬金融集团的报告（2002年）指出，风险分析师负责审查和监督的工作，计算每日的风险价值和止损，但是他们并没有履行好自己的职责。此外，报告还指出，银行没有对"交易过度依赖交易员，银行对决定交易过程"实施监督，依靠他们决定交易对家的重要性和交易的限额（他们的决定不一定正确）。	有什么反应。他再次指出，他的上司收到了大量预警信息，因此他认为他的头寸规模并不是个秘密。 2007年1月，凯维埃的直接上司离开了法国兴业银行。而这些巨额头寸在凯维埃没有直接上司的那段时间内，通过越权交易建立的。事实上，直到2007年3月，凯维埃的头寸都经过了"最高级交易员"的确认，随后银行要求凯维埃确认他自己交易部门的收入（因杜，日期不明）。 克拉克（2009年）指出，凯维埃坚信，管理层知道他在做什么，因为所有事情都是公开的。他解释说，他当着所有员工和经理的面，建立了头寸。事实上，他表示，他"想为银行赚钱，他的所有交易都是公开和控制的"。此外，他还提出了反问："一项150亿欧元的交易，银行怎么可能不闻不问呢？"（克拉克，2009年）。 因杜（日期不明）在他的案例研究中指出，凯维埃本应进行小额的套利交易，是不可能赚取巨额利润的，凯维埃的监

续表

因素	巴林银行	爱尔兰联合银行	法国兴业银行
监管松懈	英国银行业监管政策规定，如果银行将进行的交易能使其25%以上资本面临损失风险，那么银行在交易前必须通知英格兰银行。 英格兰银行的一位管理人员，以非正式方式允许了巴林银行超过这一敞口上限。这使巴林银行可以在没有向英格兰银行高级管理层汇报的情况下，拥有新交所和大阪交易所所允许的大量敞口头寸。 布加卢（日期不明）指出，巴林银行在1993财年末公布的库克比例超过了《巴塞尔协议》规定的要求（8%），甚至直到1995年1月，人们都相信它是一所比较安全的银行，但仅仅两个月后，巴林银行就宣告倒闭。这引发了人们的质疑，人们担心监管当局制定的资本规定可能并不足以保障银行安全。	前文指出，鲁斯纳克违反了爱弗斯特银行的一些限制规定，但银行并未对此展开调查，也没有人向银行上报此事。此外，银行为保障监督控制，制定了一系列规则和程序。但人们并没有遵守这些规则和程序。由于种种原因，银行没有针对这些违规行为采取任何措施（海峡金融集团，2002年）。 海峡金融集团的报告（2002年）指出，面对行业或者资产负债管理及风控部门、外汇控制部门开展的审查及风险管理审查，爱弗斯特银行对"最佳惯例"或程序审查，也没有执行外汇委员会的方针。 根据海峡金融集团的报告（2002年），爱弗斯特银行没有准确理解监管机构的意图。事实上，1998年以前，负责监管爱弗斯特银行的美国货币市场监	管者却忽视了这一事实。因杜还举了一个例子：仅2007年的某一天，凯维埃赚取的利润就高达60万欧元。因杜（日期不明）继续指出，银行没有对已取消的交易进行检查。 出，银行的监督控制人员没有阻止他，因为一旦发现任何违规情况，整个团队（从上到下）都会被解雇，因此这种不闻不问的做法符合法国兴业银行的利益。 凯维埃在访谈（2008年）中指出，银行非但没有阻止大额单向押注交易，反而奖励那些敢于进行高风险投资的交易员。虽然银行建立了内部控制机制，防止这些违规行为的发生，但仍有不少交易员偏尔敢超过交易限额（施瓦茨和本雷尔德，2008年）。当员工违反规则时，银行没有采取任何措施来处罚他们（因杜，日期不明）。 企业没有严肃对待对内部规则和程序，员工也毫不在意这些规则和程序。此外，银行没有进行相应的检查，确保程序和规则得到了贯彻和遵守。

续表

因素	巴林银行	爱尔兰联合银行	法国兴业银行
	监管机构与被监管机构之间，交易所与成员之间应加强交流。在巴林银行案例中，问题不是监管制度本身，而是监管制度没有得到严格执行，或者说，是监管人员没有履行好自己的职责（原因也可能是监管机构效率低下和缺乏经验，或盲目以为巴林银行“体量庞大，不可能倒闭”）。 银行监管委员会（1995 年）建议，银行应与国内外的证券监管机构密切合作。	理署，就对外汇交易领域的风险管理提出了担忧。他们担忧的问题包括：交易员超出了 vega 限值；交易员向资产负债委员会提供的信息不充分；没有人对外汇交易的场外价格进行审查，也没有人对阻碍职责分离的岗位汇报关系（鲁斯纳克直接向鲍勃·雷汇报）进行审查。但是，他们指出，银行对交易和衍生品活动的风险管理是有效的，他们并没有在意爱弗斯特银行似乎并不太关注这些问题。 鲁斯纳克仍然可以在休假期间，远程访问银行计算机，继续工作，开展交易。众所周知，人们可以利用员工不在岗的时间，发现他们的欺诈行为，因此企业通常强制要求员工休假，或强制进行人员轮换（戴维斯，1997 年，引自汉密尔顿和米克尔思韦特，2006 年，第 28—31 页）。	这些规则包括：银行必须确保“净头寸不得超过 1.25 亿欧元，必须通过艾略特系统对交易员的盈亏进行核对”（因杜，日期不明）。 马特拉克（2008 年）指出，2007 年全年，凯维埃只休息了 4 天。内部控制的一个基本规则是，交易员应该休长假（通常是连续休假 14 天），并让其他交易员接替休假者的工作，确保程序和规则得到正确执行，且没有任何违规行为。 马特拉克（2008 年）指出，凯维埃定期收到风险信息，这些信息提醒他，他已经大大超过了规定的风险上限。几分钟后（在此期间，他会伪造一笔交易来掩盖风险），他会收到另一条信息，告诉他风险已经得到了控制。警告频繁出现，但监督者并不在意，因为凯维埃在给银行创造利润。
管理者（使用者和内部监督者）缺乏相应的知识	管理层对衍生品业务缺乏理解。 管理层本应接受充分的培训，掌握足够的经验，理解他们或员工所参与的衍生品业务。 银行监管委员会的报告（1995	克里顿和奥克利里（2002 年，第 9 页）指出，舞弊行为发生的部门，正是爱弗斯特银行财务总裁兼首席执行官苏珊·基廷最不熟悉的银行部门。 自 1999 年起担任鲁斯纳克直接	凯维埃在 2007 年 4 月至 2008 年 1 月，一直向他的上司埃里克·科戴尔（Eric Cordelle）汇报他的工作。 但后者不是交易员，经验也不够

金融衍生品
灵药还是毒药？

因素	巴林银行	爱尔兰联合银行	法国兴业银行
	年，第14.35节）指出，巴林银行本应熟悉其所从事的非银行业务，但它并没有做到这一点。	上司的鲍勃·雷，在利率产品方面有着丰富的经验，但对外汇却知之甚少（高塔姆，日期不明）。此外，他对外汇交易领域没有必要掌握的专业技能（海岬金融集团，2002年）。 两种期权的到期日不同，但期权知识竟然相似。任何真正了解期权知识的人都会对这一不合逻辑的事实有所怀疑。此外，鲁斯纳克所交易的看跌费竟成一种深度价内期权。也就是说，期权是一种通过行权会获得利润、期权的持有者竟然并不了解这一事实。此外，未被行权的期权在1天内退出账面。这一不常见且不合常理的事实也没有引起管理者的重视（海岬金融集团，2002年）。 高塔姆（日期不明）指出，无论是爱尔兰联合银行、爱弗斯特银行，还是资产负债委员会，或者风险管理师、高级管理人员，以及爱弗鲁斯纳克的内部审计师，都不了解鲁斯纳克涉及的风险。 鲁斯纳克型外汇交易，仅仅从规模的交易者就活动范围和相关寸规模来看，管理者就	丰富，无法发现和意识到交易存在的问题。事实上，科戴尔承认，发现热罗姆的舞弊行为，不是交易员。我有管理经验，但没有交易经验。我不了解过这方面的培训，日期不明（因杜，日期不明）。 我认为热罗姆的舞弊很可能是全融工程师，但没有接受相关培训，也没有策略，也不掌握相关信息，日期不明。 因杜（日期不明）继续指出，尽管Delta One部门的主管戴尔缺乏必要的防舞弊培训，也没有使他进行必要的防舞弊培训，也没有使他明白自己的优先事项和职责。此外，科戴尔受到他人的监督，也没有受到得到任何书面指示，银行只是在2007年的年度风险评估报告中，对他提出了加强风险管理技能的建议。

续表

因素	巴林银行	爱尔兰联合银行	法国兴业银行
		应该对其相关交易活动进行一场更为彻底的风险管理审查。这也是《路德维希希克尔报告》的观点。（《路德维希希克尔报告》第2页，引自汉密尔顿和米克尔思韦特，2006年，第29—31页）。事实上，一些第三方机构通过质询，对海岬金融集团的报告（2002年）指出，鲁斯纳克的多次交易表达了担忧。其中包括爱尔兰中央银行、花旗银行和美国证券交易委员会。 资产负债委员会，管理层和董事会从来没有要求相关人员提交详细的风险评估报告。这一报告本来可以帮助他们理解衍生品业务和相应风险（海角金融集团，2002年）。 海岬金融集团的报告（2002年）指出，资产负债管理和风险控制部门缺乏对金融产品和所实施策略的理解。他们也不会撰写相应的风险管理报告。	尽管最高管理层知道，并以书面形式（在2007年的评估报告中）指出，凯维埃尔的直接上级在衍生品交易领域缺乏经验，也不清楚影响衍生品
缺乏沟通	每个业务的负责人之间没有进行清晰的沟通。他们本应该建立起畅通的沟通渠道，进行清晰无误的交流。此外，由于交易所之间存在竞争	如前文所述，汉密尔顿和米克尔思韦特（2006年）指出，矩阵式管理结构（其岗位汇报关系不明确），如果本身设计不合理，同时又得不到适当	

155

续表

因素	巴林银行	爱尔兰联合银行	法国兴业银行
	关系，它们之间也缺乏沟通。 不同国家监管机构之间的沟通也没有起到作用，造成了信息不对称的问题（布加卢，日期不明）。 汉密尔顿和米克尔思韦特（2006年）指出，矩阵式管理结构，如果本身设计不合理，同时又得不到适当信息系统的支持，将会造成巨大的业务漏洞。企业的岗位的汇报关系应该绝对清晰。巴林银行并没有做到这一点，它的管理层中没有人直接负责季森的业务活动 [《The Board of Banking Supervision》，1995年，第7.9节，第120页]。此外，巴林银行并不明确哪些人该负责哪些事情（《银行监管委员会报告》，1995年，第2.28节，第23页）。 银行必须有相应的政策，确保内部沟通清晰无误，确保责任人能够掌握相应的信息。此外，这些责任人应该知道如何利用这些信息。交易业务应该既包含默认运作程序，也包括例外运作程序，其运作模式应该像时钟一样有条不紊。各交易所应应	信息系统的支持，将会造成巨大的业务漏洞，并造成沟通障碍。 相关访谈表明，无论是中台部门还是信贷部门都认为自己没有责任调查信贷额度的过量风险敞口。双方都认为，交易是否突破信贷上限，是对方应该分析的。双方都认为对问题进行上报的职责仅仅是对问题进行上报（海岬金融集团，2002年）。 事实上，是爱尔兰联合银行将克罗宁派到爱弗斯特银行的。这一任命使爱弗斯特银行无法明确到底由哪一方负责对交易的正常运行进行监督（是由都柏林总部还是巴尔的摩分部？）。实际上，财务主管恰恰是"内部控制过程中最关键也最薄弱的环节"。他直接向爱弗斯特银行不同的高管汇报。而他们中的大多数几乎没有或完全没有监督复杂财务业务的直接经验（海岬金融集团，2002年）。	滥用的因素，但银行仍然没有对他进行任何培训，也没有向他提供任何帮助。这给内部沟通带来了障碍。 此外，监管机构对某些违规行为视而不见。这表明银行的规则和程序并没有明确地传达下去。虽然银行也有书面政策和程序，但人们并没有完全遵守。 《绿色使命报告》（2008年）指出，在两年的时间里，合规员发出了大约75个危险信号（包括风险管理部门）对此视而不见。

续表

因素	巴林银行	爱尔兰联合银行	法国兴业银行
	制定规则和制度，在不削弱竞争的情况下，尽可能加强它们之间的沟通。此外，责任范围应该得到明确界定，确保各方都能明确各自的责任范围。		
衍生品使用的复杂性和认识误区	这一因素取决于"管理者的知识"，即衍生品使用者和内控人员掌握的知识。巴林新加坡子公司的大多数员工都是资历较浅的新手。李森采取了"跨式"交易策略，进行日经股指期货交易。这一策略虽然有效，但并非所有人都清楚这一策略。 巴林银行显然需要对员工进行培训，雇用较有经验的工作人员，并对其所使用的证券或交易策略加以限制，或用相应的参数加以约束。	鲁斯纳克的职责是实施套利交易策略，利用外汇期权和外汇远期之间的价差赚取利润。但是，他却进行了单向押注交易，没有进行对冲操作，持有高delta值的外汇远期和外汇期权头寸。此外，鲁斯纳克在1999年使用了大宗经纪账户，这使他能够通过大宗经纪商在爱弗斯特银行及其交易账户之间进行现货外汇交易，并将交易合并成一笔净远期交易，以便在未来某一天与该经纪商结算。这一操作太过复杂，使人们无法透过表面理解交易的实际情况。	考虑到衍生品的设计方式，法国兴业银行前首席经济学家、经验丰富的巴黎银行衍生行家伊夫·玛丽·罗兰（Yves-Marie Laulan）甚至认为，这是不可避免的。衍生品实在太复杂，大难控制了，因此人们应该提高警惕（施瓦茨和本霍尔德，2008年）。
贪婪、傲慢，以及权力欲	大多数从事投资业务的人都怀揣着一些不良的动机，这一行业并不提倡辛勤工作，也不鼓励人们理智地决策，只有那些没有其他才能的人，才会选择从事这一行业，把它当成赚钱的手段［理查德·奈伊（Richard Ney），	克里顿和奥莫克利里（2002年，第9页）引用了帕特·瑞安（Pat Ryan）对鲁斯纳克的行为的解释。他指出，有些人这样做是为了利润，有些人则是为了荣耀，但他们都是从小错误开始的，然后不得不掩盖这些错误，	前文引述了凯维埃本人的观点。他说，他在单向投注交易中获取的利润越多，他就越想要赚取更多利润（就像滚雪球一样）。 "为了给人留下深刻印象，凯维埃从入职开始，就敢进行风险性很高的

金融衍生品
灵药还是毒药?

因素	巴林银行	爱尔兰联合银行	法国兴业银行
	《华尔街丛林》(Wall Street Jungle),帕特诺伊,1999]。 尼克·李森渴望获得成功,而不是金钱。他越陷越深,时间越长,挫败感就越强烈。但是,驱使他舞弊的另一个因素,是造成他纵容了他的傲慢[莱西(Lacey),2009年]。 巴林新加坡期货公司规定,税前利润一部分用于资本支出费,剩下的一半作为奖金发放。这一慷慨至极的奖金机制,驱使员工们努力为公司赚钱。董事会级别员工的奖金与基本工资的比例通常在3∶1左右。管理层获得了高额的奖金,但他们显然没有听从内控人员的建议(汉密尔顿,米克尔思韦特,2006年,第18页)。 如前文所述,普伦蒂斯的观点,他说: 提出了一个值得深思的观点,事后看来,与其他任何相比,贪婪只不过是人类免遭失败的天生倾向;容易受骗灵是人类的天性,它反映了人类对信任的强烈需求。 企业应该实施适当、有效的监督和内部控制,密切关注日常的交易活	问题就像滚雪球一样越滚越大。 爱弗斯特银行的内控人员所依赖的信息,都是从鲁斯纳克电脑硬盘上获取的,而且他是唯一一个拥有路透系统终端权限的人。这使得内部控制无从开展,而这样做的目的仅仅是节省成本(节省了大约2万美元)。作者指出,这种做法不合逻辑,是贪婪的一种表现(汉密尔顿,米克尔思韦特,2006年,第29—31页)。 汉密尔顿和米克尔思韦特(2006年,第29—31页)认为,"明星"交易员的风险—收益不对等,是造成员工舞弊的另一个因素。与巴林银行类似,爱尔兰联合银行一直要求交易员和基金经理保持高水平的业绩。这种做法会造成"非对称风险",鼓励员工的越权行为。为了确保实现业绩目标,员工可能会铤而走险。	交易"(拉戈斯,2008年)。 我不相信我的上级不知道我的交易额,小仓位不可能产生这样的利润。所以我觉得,只要我对我的交易活动,不可能产生那么多现金利润(拉戈斯,2008年)。 凯维埃在访谈(2008年)中表示,因为他"正在给银行赚取现金,因此即使有人总在预警信号,人们也并不会太担心。只要我们净得多,当然,也不能太多,只要利润适当,没人会说什么。" 凯维埃并没有为自己追求高额回报。他希望成为人们眼里的优秀交易员。造成巴林银行倒闭的尼克·李森认为: 你熬过了一天,熬过了一个月。最终你会开始相信,事情并没有那么糟糕。你有一定的时间去尝试,你希望施展自己。我在巴林银行就是这样做的,这也是为了给自己动力。他做这一切,不是为了给自己赚钱,或者让自己马上富起来(BBC

续表

因素	巴林银行	爱尔兰联合银行	法国兴业银行
	动。这些措施必须具备足够的权威性（能够对可疑的交易活动提出质疑）（莱西，2009年）。 银行必须招募有经验的交易员，也就是说，为了吸引最优秀的合规监控人才，银行必须支付他们跟交易员一样多的薪酬。这种做法是十分必要的。但可惜的是，跟生活中很多可望而不可即的美好事物一样，这一做法很难实现（莱西，2009年）。 企业应该投入足够的精力来确保资源充足，而不是把内部控制视为一种负担。相反，它是一种保障措施，能够确保企业利润稳定，保证企业按既定方式开展业务。		新闻，2008年）。 因为凯维埃想要证明自己是一名优秀的交易员，为此，他甘愿冒险。李森在BBC新闻节目上对凯维埃进行了评论。他认为， 成功是推动他继续冒险的动力，也是驱动生品市场和市场参与者的基本因素。李森指出，凯维埃可能和他一样，最大的恐惧是对失败的恐惧（BBC新闻，2008年）。 因杜（日期不明）认为，凯维埃的上级给他施加了的不小压力： 凯维埃透露，2005年，他的利润目标是300万欧元。而他赚了500万欧元。第二年，他的利润目标增加到500万欧元，而他实现了1 200万欧元的利润。于是1 200万元成了他2007年的目标。到2007年底，他将利润提高到了5 500万欧元。凯维埃表示，为了获得如此巨大的利润，他需要冒很大的风险，而他的上司也心知肚明。

金融衍生品
灵药还是毒药？

因素	巴林银行	爱尔兰联合银行	法国兴业银行
经验与教育经历	李森当时非常年轻，也没有相关经验和教育背景。1992年，25岁的李森在第一次婚姻结束后，被任命为业务部门的总经理，在新加坡国际金融交易所从事期货市场。 他只拿到了中学相关文凭。他的老师认为他的数学能力很差。而且，他只在顾资银行做过几年职员。1987年，他跳槽到摩根士丹利，在那里工作了2年后，最终于1989年入职巴林银行。 银行需要适当的监督和内部控制。巴林银行本应招募更有经验的人才，比如从事过衍生品交易的人才，给他们更高的薪酬，确保实现高质量的内部控制（莱西，2009年）。受过足够多充分训练的人才，是有效的内部审计和监管制度的必要条件。	时年37岁的鲁斯纳克（CNN，2002年）于1993年加入爱弗斯特银行，此前他曾长期（1988—1993年）任职于化学银行（Chemical Bank，现在是摩根大通的一部分），从事外汇期权交易。他曾在1986年至1988年任职于富达银行（Fidelity Bank），一直担任外汇期权交易员（高斯，2002年）。 时年56岁的帕特·瑞安负责银行风险管理、审计和合规管理。他在职业生涯中享有"爱尔兰货币市场领袖"的美誉。但是，他只负责爱弗斯特银行制定交易限额（克里顿和奥克利里，2002年，第8页）。他是精算师协会的会员，持有商学学士和经济学硕士学位，是银行家协会的成员。他的职业生涯始于爱尔兰中央银行，1972年加入爱尔兰联合银行，任职于投资部门。1995年以来，他一直是集团执行委员会的一员，还曾担任过欧洲以及英国业务的财务负责人［奥尼尔（O'Neill），2002年］。 克里顿和奥克利里（2002年，第2页）在他们的书中指出，戴维斯·克罗宁是财务部门负责人，并担任主管	凯维埃23岁时毕业于法国里昂第二大学（Lumière University Lyon 2）金融专业，随后便加入法国兴业银行。2005年，他被调到Delta One交易部门担任股指套利交易员。此前他曾先后在后台和中台部门工作，并在2004年担任交易员助理，从事风险分析和监督交易进行的交易（因杜指出，日期不明）。 此外，因杜指出，在2007年4月至2008年11月担任凯维埃上司的科戴尔，缺乏必要的经验来监督凯维埃进行的交易活动。

续表

因素	巴林银行	爱尔兰联合银行	法国兴业银行
		财务的执行副总裁，他在巴尔的摩银行的地位无人可以撼动。克罗宁拥有丰富的经验，曾在爱尔兰中央银行和爱联行的都柏林财务部门担任外汇交易员（奥尼尔，2002 年）。 苏珊·基廷，自 1999 年 1 月起担任爱弗斯特银行财务官兼首席执行官。负责银行的对公、对私、信托、营销、运营、信息技术和投资管理业务。在此之前，她曾担任多芬储蓄银行（Dauphin Deposit Bank）和约克银行（York Bank）的总裁和首席执行官，1996 年，她离开国民银行（Nations Bank）及其前身马里兰 MNC 金融公司（MNC Financial），加入马里兰第一银行，后担任该行的执行副总裁（奥尼尔，2002 年）。 由于员工缺乏经验，而且人员不足，因此内部审计部门几乎没有精力关注外汇交易。另外他们也并不清楚如何在中台部门和信贷部门履行监督职责。因此，即使鲁斯纳克的交易超越了交易对家的信贷限额，他们也没有对他进行调查（高塔姆，日期不明）。事实上，海峡金融集团的报告	

续表

因素	巴林银行	爱尔兰联合银行	法国兴业银行
		指出，爱弗斯特银行内部审计部门人员配置不足，缺乏经验，对风险制约高的外汇交易缺乏关注。这些问题制约了这一部门的监督职能。部门里最多有两名专职审计员对银行财务进行审计。而这两位财务"专家"近期都没有交易方面的经验，也没有接受过相关培训，更不了解外汇交易。 高层管理人员缺乏相关知识，粗心大意，在外汇交易方面经验不足，最终导致了一场财务灾难。汉密尔顿与迈克尔思韦特（2006年，第28—31页）指出，虽然内部审计部门提出了一些建议，也发现了一些问题，但相应的整改措施绵软无力。此外，爱弗斯特银行的内部审计部门人员配置不足，缺乏经验，对交易所涉及风险知之甚少。 整个风险评估部门最初只有两个人负责评估全银行的风险。此外，财政部风险控制部门也只指派了一名全职员工，负责评估外汇投资组合中的风险。她是个"新手"，缺乏经验，几乎没有得到其他内控人员的支持或监	

续表

因素	巴林银行	爱尔兰联合银行	法国兴业银行
		督（海岬金融集团，2002年）。海岬金融集团的报告（2002年）指出，鲁斯纳克利用了财务控制部门缺乏影响力和经验的弱点。这些员工缺乏经验、没有接受过相关培训、缺乏监督，有时甚至有些懒惰，客观上帮助他避开了内部控制。 海岬金融集团的报告（2002年）列举了内部控制人员和管理人员缺乏经验的表现： ● 期权持有者通过行权就能赚取利润，但却没有这样做。没人对此提出疑问。 ● 没有人提出质疑，为什么不同到期日的相同期权有着相同的期权费。 ● 高管层从来没有对大额外汇交易活动（或者净额相对较小的交易活动）提出过质疑。 ● 没有人对巨大的每日盈亏波动进行过核对，这些波动后来反映在总分类账上，而这些每日波动到月末会变成月净波动。 ● 交易员不对某些特定交易进行确认，很长一段时间都没有任何人质疑这一行为。	

续表

因素	巴林银行	爱尔兰联合银行	法国兴业银行
其他因素		企业文化和内部环境因素（管理层偏见）：后台部门员工能够感受到管理层的偏见。管理层常常认为交易员是为银行赚取利润的功臣。后台员工对交易员提出质疑后，使他们感觉到了打压。海岬金融集团的报告列举了一些例子，从这些例子中可以发现，财务主管都非常傲慢，往往会欺凌后台部门，甚至威胁将一些后台人员开除。另外，鲁斯纳克和他的上司经常威胁后台人员说，如果鲁斯纳克取消交易，就赚不到足够的利润，影响他们正常地履职尽责。因此，银行必须保证职责分离，杜绝职责不明（海岬金融集团，2002）。 最后指出，除了克罗宁，没有人员具备处理自营外汇交易的经验或专业知识。	企业文化和内部环境因素：虽然在法国兴业银行的管理层的眼里，31岁的凯维埃是一名不合群、不易受人摆布的交易员。但法国兴业银行的在岗员工和离职员工在采访中表示，企业的内部环境鼓励人们冒险，只要能为银行赚钱就行，凯维埃是这种环境的牺牲品（施瓦茨和本霍尔德，2008年）。 前文曾提到，由于交易员为企业赚了那么多钱，"没人敢得罪他们"，他们享有特权"（施瓦茨和本霍尔德，2008年）。 因杜（日期不明）指出，法国社会非常看重个人的出身背景。马特拉克（2008年）也指出，凯维埃认为自己的专业背景，个人背景和学术背景不如其他人，因此没有受到银行的重视。这可能导致他急于证明自己的价值，促使他滥用行生品（马特拉克，2008年）。上文引述了马特拉克（2008年）的观点，他提到的流氓交易员商业模式的流行，纵容了衍生品行生品的不安全使用。

3.1.7　爱尔兰联合银行和法国兴业银行案例总结

海岬金融集团的报告（2002 年）以及《绿色使命报告》（2008 年）
指出，造成衍生品滥用的主要因素包括：

- 资金业务人员（以及管理层和监督者）没有得到充分的培训和监督。银行成文的程序和规则不够健全，员工很少遵循，或不完全遵循。此外，他们有时会随意修改这些程序或规则。因此，管理层无法掌控员工所遵循的程序，他们认为已经消除掉的风险，可能依旧存在。

- 交易员有时会违反这些操作程序，破坏职责分离的原则。管理层会偏向那些能够创造利润的员工（或者那些看似会创造利润的人），在这种企业文化下，违规操作经常发生。

- 银行必须对交易进行确认，这是一条基本程序和基本规则，也是最重要的一条内部控制和业务控制原则，但人们没有坚持遵守这些原则，有时甚至可能突破这些原则所设定的限度或参数。

- 为了重估未平仓外汇合约的价值，银行需要启动定价程序。但爱尔兰联合银行并没有根据从独立信息源获取的信息，来完成这一过程。

- 法国兴业银行的每日报告没有记录与内部交易对方完成的远期合约，银行也没有对总交易头寸和准备金流向进行监控。

- 管理人员每日撰写的报告没有得到独立核实，法国兴业银行的主管没有交易方面的知识和经验，没有完全履行其职责。

- 爱尔兰联合银行没有对银行信息系统的远程访问进行控制，银行仅有的少量监控操作也没有得到核实。法国兴业银行的信息系统没有得到适当的控制，计算机系统仅仅依靠"单一因素认证"来保护，而交易员也会使用彼此的电脑进行交易。

- 经纪人票据的对账和结算是由前台（鲁斯纳克本人）而不是后台部门完成的。在法国兴业银行，凯维埃之所以能对中台和后台部门施加影响，主要是因为他曾在那里工作过，知道其所有的漏洞。

- 在选择交易对家过程中，交易员拥有很大的决定权，而银行没有对交易对家进行详细验证，或者进行得很敷衍。

- 银行的资金金融功能（后台部门）并不独立，交易员能够对其施加不当的压力和影响。

- 银行以物理（如不正当的影响和压力）方式和逻辑方式（例如，共享密码）违反职责分离的原则。

- 对风险的监管不够充分，例如，交易员一再违反交易对家信用风险限制、头寸限制和止损限制，而且责任人也没有提供相关报告（因此也没有后续的追查），法国兴业银行没有对已取消的交易进行核查。

- 交易员必须按规定休长假，这一条基本的内部控制原则没有得到遵守。

- 负责监督交易员工作和执行规定限额的管理者或主管没有合格地履行其职责。

小结

尽管很多人将衍生品视作众多企业巨额亏损的元凶，但这些案例表明，滥用衍生品，或者说对衍生品交易缺乏控制，使用者和内控人员缺乏相应的知识，这些因素才是企业巨额亏损主要原因。此外，衍生品的使用者虽然能够掌握全世界衍生品信息，但他们与内控人员、交易所等各方之间的交流并不畅通。这些案例对衍生品使用者和内控人员有一定的警示作用。1996 年 3 月，巴林银行倒闭后，大约 50 家国际交易所和清算所都达成一致，如果共同成员的持仓敞口太大或风险过大，它们就可以互相交换相关信息。此外，14 家监管机构签署了一份后备协议，确保即使因法律限制或其他因素而无法充分合作，交易所也可以彼此交换信息。

但是，银行监管委员会（1995 年）指出，即使实施更严格的监管制度，似乎也无法避免巴林银行的悲剧。李森隐瞒了交易活动的真实情况，以及由此造成的损失，违反了当时的监管方针和监管规章。这些规章原本可以阻止，或至少可以帮助人们及时识别出那些违规交易，从而避免巨额损失。所有参与者（巴林银行、新交所，英格兰银行、爱尔兰联合银行和法国兴业银行）本应提前发现违规交易活动，并做出相应处理，但是他们却没有认真执行这些规则，也没有认真及时地向相关方通报这些违规活动（比如，审计师与管理层之间的沟通不畅）。此外，银行没有实施基本的业务控制，这违反了相关规定和公认的风险管理的市场标准。同样，新交所没有经过慎重考虑，就破例解除了对巴林新加坡期货公司的头寸限制，使得人们无法轻易发现李森的违规活动。

库普里亚诺夫（1995 年）指出，李森的上司本来可以发现李森的违规活动。类似地，在另外两个案例中，也出现了各种令人警惕的"危险信号"。此外，其他交易员也进行过类似的交易活动，而在巴林银行倒闭前，大多数金融机构都鼓励交易员进行这类交易或采用类似的方法。这些案例说明，过多的权力集中在一个人手中，是非常危险的。每次危机过后，人们总会采取一些矫正措施，但这些措施能否（在技术更先进的未来）避免这类事件的重复发生呢？让我们拭目以待。

李森在 BBC 的新闻节目（2008 年）中指出：

他们还没有完全堵住漏洞。银行……的主要任务是赚钱，对省钱不太感兴趣。他们乐于把钱投入到能够赚钱的前端业务上，投到交易员身上，投到他们使用的交易系统上。银行对风险管理、合规、结算的关注度远远不够，而这些领域最终可以帮助他们省掉很多钱。

3.2　衍生品影响因素相关研究的总结

格里马（2012 年）针对上一场金融危机（2007/2008 年）和衍生品滥用问题撰写了一篇文章。他在文中指出：

许多因素共同导致了市场的迅速恶化和巨额的损失。但很多人认为，只有一个主要因素将整个全球金融系统推到崩溃的边缘。而这个因素就是，大额掉期合约交易者之间通过场外衍生品交易，形成了一个巨大的交联网络。在危机期间，世界上许多金融机构破产，或者遭受巨额损失，但搞垮整个金融体系的，并不单单是这一个因素。此外，一些人认为，场外衍生品交易市场是一个完全不受监管、缺乏透明度的复杂市场，如果不是因为它，任何危险效应都不会出现。

格里马认为，衍生品的滥用主要受到以下因素的影响：对衍生品的错误认知和认识误区；内部控制不当、标准不规范、激励措施低效；企业的内部政治；贪欲、傲慢、权力欲；缺乏衍生品相关经验；缺乏透明度；不当的风险管理文化；缺乏相应的培训和专门知识；管理层对衍生品交易决策的参与度不高；缺乏适当的技术和模式；企业的互联程度和规模；衍生品的复杂性。

此外，他认为，如果对衍生品进行适当监管，人们可以及时发现问题、处理问题。但是，除非监管规章通过新的基础设施合理纳入衍生品市场中，否则这项新规章几乎没有任何效果（格里马，2012 年）。

贝齐纳和格里马（2012 年）；格里马等人（2012 年）；贝齐纳、格里马与法尔宗（2013 年）研究了影响衍生品使用的因素，他们提出了五个支撑衍生品安全使用的假设维度，分别是："风险管理控制""助长衍生品滥用的因素""专业知识""态度"和"衍生品的积极作用"。本研究的受访者均同意以下观点：企业应对风险管理控制给予足够的关注；贪婪、企业内部政治、规则不适当、内部控制不充分等因素助长了衍生品的滥用；即使面对复杂的环境，他们也有能力处理衍生品业务；衍生工具是非常有价值的金融工具；如果处理得当，衍生品会给公司带来好处。但是，少数受访者的观点截然不同，同时，受访者的教育、对衍生品持有的态度，以及相关经验对因子得分产生了显著影响。

此外，作者还分析了导致衍生品滥用的其他因素：会计准则和规章不适当;培训不充分或者缺乏相应培训;衍生品的复杂性;缺少专职的内部控制人员(审计人员、风险管理人员、合规管理人员);担心出丑的心理;内部环境和企业文化;没有在前台、中台和后台之间进行职责隔离;衍生工具本身的性质;衍生品使用者和内控人员的特点和特质。

3.3 非金融企业案例

在前面的章节,作者分析了影响衍生品安全使用的若干因素。本节的目的是探讨、分析这些因素是否适用于非金融企业。我们采用与前面相似的分析步骤,首先再现德国金属公司巨额亏损事件和安然公司倒闭事件的经过,然后使用布劳恩和克拉克(2005 年)提出的主题分析方法,来确定衍生工具在事件中所起到的作用。

3.3.1 德国金属公司

1.案例背景、企业结构与环境

德国金属公司(简称 MG)是德国金属股份有限公司的子公司,现在是德国基伊埃集团(GEA Group)的一部分。基伊埃是一家拥有 15 家重要子公司的大型工业集团,其主要股东有德意志银行、德累斯顿银行(Dresdner Bank AG)、科威特投资局(Kuwait Investment Authority)、戴姆勒–奔驰(Daimler–Benz)和安联公司。

德国金属公司业务主要涉及化工、采矿、国际贸易、工程服务和金融服务等领域。它原本是一家金属公司,后来发展成为风险管理服务提供商。它的"能源事业部"拥有几个子公司,其中一个是德国金属精炼和销售公司(MGRM,以下简称德金精销)。该公司是一家美国公司,从事石油精炼和石油产品的销售［卡尔普（Culp）和米勒，1994 年］。

德国金属公司拥有超过 500 名员工，并采用公司治理结构，这一特征与其他德国上市公司非常相似。公司采用双董事会制度，决策机构由监管董事会和管理董事会组成，它们每季度举行一次会议［凯斯特（Kester）和莱特福特（Lightfoot），1992 年］。监管董事会人员结构体现了各利益相关者的金融和商业关系（其成员代表其他利益相关者的利益），是由银行代表（8 名），持股人代表（11 名）和管理层代表（8 名）组成。而管理董事会由 7 个董事组成，负责企业的日常运营。公司不允许任何人同时兼任这两个机构的成员。不过，常见的情况是，某一个董事会刚退休的主席，可以到另一个董事会任职。尽管公司是通过所有董事的集体决策进行治理的，但是，"首席执行官兼管理董事长主席海因茨·席梅尔布施，对公司治理的影响力，远远高于其他监管董事会成员"［加雅拉曼（Jayaraman）和什里坎德（Shrikhande），日期不明］。

此外，由于担任监管董事会主席的罗纳尔多·施密茨（Ronaldo Schmitz）博士，同时也是德意志银行董事会成员，因此德意志银行和德累斯顿银行等银行对公司有着相当大的控制力。施密茨还控制着公司的管理层［艾伦（Allen）和盖尔（Gale），1994 年］。这些银行就是德国人口中的 "hausbank（大型银行）"。像德国金属公司这样的企业，往往会与它们建立牢固的关系，同时也会受到它们的控制。在公司危机前后，尤其是危机之后，这些银行在德国金属公司中发挥了重要作用。它们是德国金属公司的主要贷款人，持有公司的大量股份。前文也提到，这些银行在监管董事会中派驻了代表（监管董事会中共有三名代表来自德意志银行和德累斯顿银行）（加雅拉曼和什里坎德，日期不明）。表 3-2 显示了每年 9 月 30 日前，公司的所有权和股权结构。这是在公司融资 2.8 亿

表 3-2　德国金属公司股权结构（未证实）

年份（年）	德意志银行	德累斯顿银行	科威特政府	戴姆勒-奔驰	安联	西门子（Siemens）	澳大利亚共同基金（Australia Mutual Fund）	瓦伦贝格集团（Wallen Berg Group）
1985	12.50%	16.50%	20.00%	—	11.00%	11.00%	—	—
1986	12.50%	16.50%	20.00%	—	11.00%	11.00%	—	—
1987	11.00%	25.00%	20.00%	—	9.00%	9.00%	6.00%	8.30%
1988	11.00%	23.00%	20.00%	—	9.00%	9.00%	6.00%	9.00%
1989	9.30%	23.10%	20.00%	—	7.50%	7.50%	6.00%	9.00%
1990	7.00%	23.30%	20.00%	—	6.00%	—	6.00%	9.00%
1991	7.00%	13.00%	20.00%	10.00%	6.00%	—	9.00%	9.00%
1992	7.00%	13.00%	20.00%	10.00%	6.00%	—	9.50%	—
1993	7.00%	12.60%	20.00%	10.00%	6.00%	—	9.50%	—
1994	10.60%	12.60%	20.00%	10.00%	13.60%	—	6.00%	—

数据来源：改编自加雅拉曼和什里坎德（日期不明）

马克之前的股权结构。由于有些小股东只持有一小部分股权，所以表中的总股本加起来并不等于100%。

亚瑟·班本森（Arthur Benson，1994年）在他的证词中指出，为了推行公司战略，在美国创建一个完全整合的石油业务，德金精销在1989年收购了城堡能源（Castle Energy，一家美国石油勘探公司）49%的股份。由此，该公司成为一家炼油商，保证了未来能源产品的供应。"德金精销同意在保证利润的前提下，在未来10年内收购城堡能源的全部精炼产品（约为12.6万桶/天）"[鲍尔（Power），1994年]。此外，德金精销的另一项战略是建设基础设施，满足公司对不同石油产品的储存和运输需求。

1993年12月，德国金属公司公开宣布，公司的能源事业部给公司造成了15亿美元的巨额损失。1991年，本森（Benson）从路易达孚能源公司（Louis Dreyfus Energy）离职，加盟德金精销，负责该公司日益增多的衍生品业务。这一战略导致德国金属公司出现了巨大的现金流危机，其石油业务子公司德金精销于1993年12月，在美国公布了衍生品业务的巨额亏损。

后来经估计，损失规模高达15亿美元。这是当时所有参与衍生品业务的公司所公布的最大规模的损失之一。作为德国第14大工业公司的德国金属公司，也因此濒临破产。公司解雇了执行主席海因茨·席梅尔布施在内的所有高管，监管董事会不得不从120家债权人银行（包括德国国内银行，也包括跨国银行）那里寻求19亿美元的救助资金[罗斯（Roth），1994年]。最终德国金属公司得以维持运营而没有破产，"这一事件无疑会对德国金属公司的债权人、供应商和大约5.8万名员工产生深远的影响"（米勒，1994年）。

这次事件是继克劳克纳公司（Klöckner）之后，德国公司在石油业务上遭受的规模第二大的损失。德国金属公司的管理董事会将公司的问题归咎于高管对运营疏于控制，管理董事会则认为是投机性石油交易使德国金属公司陷入了困境［爱德华兹（Edwards）和坎特（Canter），1995年］。不过，库普里亚诺夫（1995年）指出，虽然很多媒体也持类似观点，但相关研究对这一说辞提出了质疑。库普里亚诺夫（1995年）认为，能源衍生品的使用，是德金精销进行市场营销和套期保值的重要手段，公司可以通过它保证长期维持石油产品（如汽油和取暖油）的交付价格。库普里亚诺夫（1995年）继续指出，对于该公司是如何在套期保值方面损失了超过15亿美元的，许多分析家和观察家仍然感到困惑。事实上，德国金属公司的灾难引发了一场辩论，人们就该公司对冲策略的缺点、对冲策略的实施方式、合同项目的稳固性、迅速斩仓的合理性以及从中能够吸取的教训等问题，进行了激烈的争论［扎鲁帕特（Charupat）和迪弗斯（Deaves），2002年］。

2. 事件始末

过去10年，许多观察家和媒体都将注意力集中在衍生品市场的重大灾难上。前文也曾指出，其中一个最令人震惊的事件是，德国金属公司在1993年遭受了超过十亿美元的损失。笔者认为，这场巨额损失案例的经过是：德国金属公司的美国子公司德金精销，与需求方签署了巨额的长期能源产品供应合约，并使用短期衍生品进行套期保值，而最后母公司进行了强制斩仓（扎鲁帕特和迪弗斯，2002年）。

《会计师特别报告》（*The Special Accountants Report*，1995）指出，德金精销从1991年开始与客户签订长期场外交易石油销售合约。根据这些合约，德金精销在5～10年内以预定的价格，每月向需求方提供各种石油产品。合约约定价格等于当时的12个月期货价格加上价差，价差相当于2.1美元/桶或4.2美元/桶。但是，库普里亚诺夫（1995年）指出，在1993年夏季，每桶油的约定价格比当时的石油现货价格高出3～5美

元。德金精销提供了几个不同的原始合约方案，它们的取消权（主要是
"取消选择权"和"变现条款"，即客户提前终止合约的权利）和交付时
间选择上有所不同（库普里亚诺夫，1995年）。其中一项合约方案叫作
"企业固定方案"，即客户同意德金精销每月以预定价格交付定量的石油
产品。《会计师特别报告》（1995年）指出，以这类方式交付的石油产品
占总业务量的三分之二["截止到1993年9月，按照这一方案交付的石油
产品共计1.02亿桶"，谢蒂（Shetty）和曼利（Manley），日期不明]。根
据这一方案，当"近月期货价格"（离到期日最近的期货合约的市场价
格）大于合约价格时，客户有权撤销当月交易，并根据设定的条件获得
补偿款，补偿款约为价格差额的一半与未交付数量的乘积。1993年秋，
德金精销客户进行了重新谈判，对一半的合约进行了修订。新合约规定，
当近月期货价格达到某一特定水平时，客户就会"自动"行使看跌期权
权利。例如，某个零售商同意在未来10年以每桶25美元的固定远期价
格，每月购买10万桶石油产品。如果在合约签署的第一个月，纽约商业
交易所期货价格上升到每桶30美元，这时候，客户会自动行使权利。

德金精销的合约能够吸引许多客户的一个原因是，它使客户能够在
合约规定的10年内，在某个时间点选择变现它们的远期交易，获得可观
的现金收益。下图描述的收益情况显示了德金精销在这项期权上的风险
敞口。德金精销把远期合约空头与看跌期权空头结合起来，就产生了一
个混合衍生品：看涨期权空头（图3-4）。事实上，德金精销真正出售的是
经过定制的看涨期权，这一衍生品使得它很容易受到油价上涨的影响。

另一种合约方案是"企业弹性方案"。除了规定了固定的价格，合约还
允许客户有权选择标的产品的交货时间，但一次交货量不得超过当年购油量
（合约规定的数量）的20%，并需提前45天通知。该方案还允许客户提前终

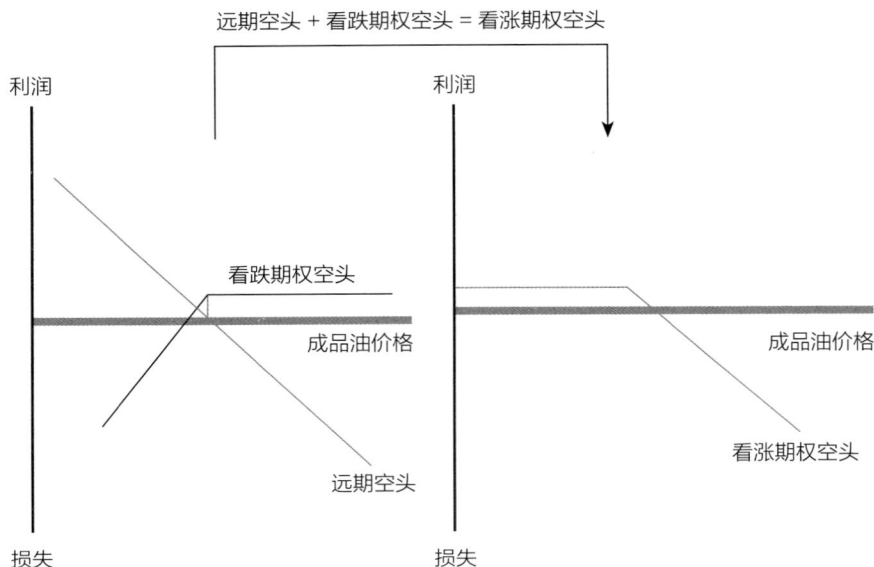

图 3-4　远期空头 + 看跌期权空头

资料来源：改编自库普里亚诺夫（1995 年）

止当月合约，但前提是次月期货价格超过合约价格。并根据合约，客户将有权获得补偿款，其数额等于差价与未交付的原油数量的乘积（瓦伦伯格，日期不明）（"截止到 1993 年 9 月，按照这一方案交付的石油产品共计 5 200 万桶"，谢蒂和曼利，日期不明）。第三种合约方案叫作"差价保证合约"。根据这一方案，德金精销向独立经营商做出保证，其交货价格与某一标准价格存在固定的差价（这一标准价格为其区域内竞争对手提供的零售价格）。德金精销每年有权（并非义务）决定合约是否可以在商定的期限内延期［瓦伦伯格（Wahrenburg），日期不明］（"截止到 1993 年 9 月，按照这一方案交付的石油产品共计 5 400 万桶"）。前两个方案决定了德金精销成品油衍生品的空头头寸（谢蒂和曼利，日期不明）。客户获得了相当大的灵活性，其代价是较高的合约价格（根据前文所述）（瓦伦伯格，日期不明）。

由于公司内部控制规则禁止投机交易，因此德金精销不能仅持有多头或空头头寸。因此，当市场上的长期套期保值合约不足时，德金精销就必须寻找其他的对冲手段。这促使德金精销决定通过购买短期期货合约和短期场外石油掉期合约，来对冲掉其风险敞口。当短期合约到期时，德金精销就会对合约进行滚动展期。德金精销创造了一种被称为"堆栈式套期保值"或"堆栈滚动式套期保值"的策略（《会计师特别报告》，1995年）。库普里亚诺夫（1995年，第6页）用最简单的方式对此做出了解释：

> 这种策略是指企业频繁地买入一组或"一堆"短期期货或远期合约，目的是对冲长期风险敞口。在到期日到来前，企业售出现有的合约，同时买入下一堆合约，这样就在到期日前对每一堆合约进行了展期。这就是"堆栈滚动式套期"这一术语的含义。

德金精销在不同的月份持有长期合约头寸，然后在不同的石油产品合约之间转换，减少展期头寸的成本，从而实施这种套期保值策略。如果成品油价格上涨，德金精销的套期保值策略将产生正向现金流，帮助它们抵消以低于市场价格交付石油产品所造成的损失。

但是，在1993财年年底，石油价格进一步下跌，现货和近月石油期货和远期价格的下跌，大大超过了长期远期价格的下跌幅度。因此，套期保值衍生品的实际损失，似乎超过了德金精销的长期远期合约所带来的任何可能收益（库普里亚诺夫，1995年，第6页）。

德金精销用远期合约多头对自己定制的看涨期权空头进行套期保值，

这种做法将其风险敞口从看涨期权空头，变为看跌期权空头（图 3-5）。它限制了德金精销成品油衍生品的上行潜力（因为它最多只能赚取期权费），而且油价下跌时，它的损失会非常大。石油和天然气价格从 1990 年开始下跌，并一直下跌到 1994 年，石油市场从现货升水转为现货贴水。因此，在这种情况下，德金精销产生的未对冲损失越来越大。

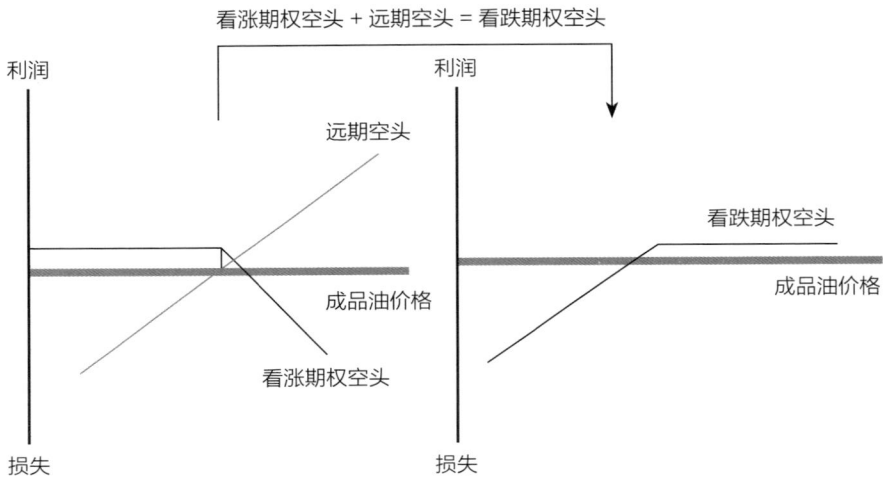

图 3-5　看涨期权空头 + 远期空头

资料来源：改编自库普里亚诺夫（1995 年）。

油价的急剧下跌，使德金精销难以为其经营提供资金。这是因为（期货市场上的）期货合约遵循逐日盯市的规则，因此，盈亏情况能立即显示出来，当企业到达亏损限值时，企业就需要追加保证金。但是，远期合约的一个优点是允许套期保值者延期确认其长期持仓的损失。德金精销使用的堆栈滚动式对冲策略"将短期远期合约（以 1993 年年末到期的短期能源掉期合约的形式）转换为长期远期合约"，而一旦这些合约到期，就会给现金流带来更大的压力，德金精销必须向其交易对家付款。但是，德金精销却不能立即得到通过远期交货合约积累的收益（库普里亚诺夫，1995 年，第 7 页）。

纽约商业交易所在得知德金精销存在的问题后，为预防其违约风险，提高了保证金要求，这导致德金精销的融资问题进一步恶化。随后，许多场外交易对家终止了合约，其他一些交易对家则要求德金精销缴纳抵押品作为合约履行的担保。

根据库普里亚诺夫（1995 年）的叙述，当德国金属公司的监管董事会得知此事后，随即解雇了该公司的首席执行官，组建了一个新的管理团队，要求新的管理团队对套期保值合约进行斩仓，并与客户就取消长期合约进行谈判。但是，在德金精销宣布将对套期保值合约进行斩仓后，纽约商业交易所中止了它的对冲豁免权，这令德金精销的处境雪上加霜。"对冲豁免权"允许公司在场内期货交易中，持有比未对冲投机性头寸大得多的头寸。卡尔普和米勒（1994 年）认为，失去了"对冲豁免权"，迫使德金精销不得不减少其能源期货头寸。

在任何时候，未清偿期货的标的物（即石油产品）数量（以桶为单位）和未交付的石油产品数量都是相等的。《会计师特别报告》（1995 年）指出，德金精销允许石油交易员选择"汽油、取暖油或原油期货作为适当的套期保值合约"，这样的套期保值方案是不正常的。报告继续指出：

在 1993 年秋季，实际的套期保值比率暂时超过了 1：1，这是因为德金精销在合约报价时就开始了套期计划，但当时客户并没有确认价值 780 万美元的合约。

大多数远期交货合约是在 1993 年夏季签署的，当时能源价格很低，而且还在下降。能源最终用户显然认为这是锁定未来低价格能源的诱人机会，德金精销显然也认为自己同样可以利用这个机会，来发展能为公司带来长期利润的客户关系，帮助它在美国实施全面整合石油业务的长期战略（本森，1994 年）。

德金精销远期供货合约的交易对家是零售汽油供应商、大型制造公司和一些政府机构。虽然许多最终用户都是小公司，但也有一些大公司，如克莱斯勒公司（Chrysler Corporation）、布朗宁–费里斯工业公司（Browning-Ferris Industries Corporation）以及康嘉工业公司（Comcar Industries，其每年使用的柴油量约为 6 000 万加仑）[《德国商报》（Handelsblatt），1994 年]。

从 1993 年 1 月开始，德金精销的石油产品业务量迅速增长，到 1993 年 9 月，通过履行长期交付合约所交付的产品量增加了 8 600 万桶，但在年底进行清理时，交付量仍保持在同一水平（瓦伦伯格，日期不明）。因为场外交易的对家不希望延长掉期交易，因此 1993 年年底，德金精销不得不减少其衍生品头寸。此外，由于纽约商业交易所已中止了它的对冲豁免权，因此德金精销不得不减少其持有的头寸。

以符合条件的股票组合进行套期保值的上市会员，交易所可免除其头寸限制（国际金融风险研究所，日期不明）。

瓦伦伯格（日期不明）指出，人们对如何进行清算仍有一些疑问。他表示，根据德国金属公司的说法，截止到 1994 年 2 月，交付合约和套期保值合约涉及的油量已降低到 1.09 亿桶（德国金属公司，1995 年，第 6 页）。但卡尔普和米勒（1995 年，第 6 页）认为，德国金属公司在协商取消长期交付合约前，就清算了所有套期保值衍生品，因此持有了大量未平仓头寸。

此外，瓦伦伯格（日期不明）还指出，清算完成后，德国金属公司没有继续采用套期保值比为 1 ∶ 1 的策略。在董事会做出决定后，很多人对这一决定提出了质疑和批评。库普里亚诺夫（1995 年，第 8 页）指出，一些分析师同意董事会采用的措施，但包括诺贝尔经济学奖得主默顿·米勒在内的其他人，均认为德国金属公司原来的套期保值策略是合理的，董事会的决策过于鲁莽，只会加剧问题的严重性。表 3-3 展示了在此期间公司所持固定合约和弹性合约所涉及的油品数量。

表 3-3　企业固定合约和弹性合约所涉及的油品数量

时间	油品数量（单位：百万桶）
1992 年 12 月	43
1993 年 7 月	84
1993 年 9 月	154
1993 年 12 月	150

资料来源：改编自《会计师特别报告》（1995 年）。

在 1993 年 5 月至 12 月，原油期货价格稳步缓慢下降。1993 年夏天，能源价格相对较低并不断下降，德金精销就清算了公司的大部分合约。如果能源价格上升到高于合约规定的固定价格，客户就可以选择套现。如上所述，其当时的合约交付价格较现行和一般的原油现货价格每桶溢价 3 美元至 5 美元。按照 1985 年至 1995 年历史标准，当时的能源价格相对较低，并继续下降。只要油价继续下跌，或者没有明显的上涨，德金精销就可以从这个交付方案或交付安排中获得可观的利润。然而，一旦能源价格大幅上涨,将会使德国金属公司遭受巨大损失,除非它们能对这一风险进行适当地对冲(库普里亚诺夫,1995 年,第 6 页)。

另一个原因是,20 世纪 80 年代至 21 世纪头 10 年,原油现货价格异常不稳定。石油衍生品市场应运而生,市场上存在各种类型的衍生工具,主要包括不同期限的远期、期货和期权合约。石油期货是全球交易最活跃的期货之一。

> 纽约商业交易所是原油、2# 燃料油、无铅汽油和天然气等期货的主要交易市场,伦敦国际石油交易所则是布伦特原油和天然气等期货的主要市场 [梅多娃(Medova)和瑟姆波斯(Sembos),1995 年]。

有人可能会问,是否存在其他的套期保值替代方案。企业使用的套期保值策略往往比较复杂,在实践中,企业很难设计或实施完美的套期保值策略。即使存在这样的策略,这种策略往往也不会有多少盈利空间。爱德华兹和坎特(1995 年)指出,德金精销本可以选择增加实物库存、买入长期远期合约,采用类似于"堆栈滚动式"策略作为套期保值手段。增加实物库存意味着公司需要买入大量的石油产品,并在交付给客户前,妥善储存好这些库存。德金精销必须支付由此带来的存货成本和储存成本(即持有成本),因此这种做法的代价太高 [梅略(Mello)和帕森斯(Parsons),1995 年]。

然而,如前文所述,德金精销可以选择几种衍生品组合,实施自己的套期保值策略。这意味着它必须购买到期日与约定交货日期相符的衍生品(即石油期货或远期合约)。需要注意的是,石油期货的期限最长不超过 3 年，而且期限超过 18 个月的期货，其流动性通常较差。因此，德金精销对冲长期能源价格风险的最佳选择是，从场外衍生品交易市场购买一揽子长期远期合约。与前面那种替代方案相比，这种做法的成本同样很高。因为购买远期或期货合约类似于增加库存。两种方案都能保证公司能在未来以预先设定的价格向客户交付产品。事实上，有时这类衍生品也叫作"合成存货"。因此，零套利原则应该保证"理论远期价格 = 现货价格 + 持有成本"（库普里亚诺夫，1995 年，第 9 页）。

库普里亚诺夫（1995 年，第 9 页）继续指出，这些衍生品合约的买家应该为延期交付支付相应的溢价，即所谓的"期货溢价"。

但是，库普里亚诺夫（1995 年，第 9 页）认为，尽管理论上，期货价格应该高于现货价格，但事实并非总是如此。零套利原则只能保证商品的远期价格永远不会超过理论基准价格，但它显然不能阻止远期和期货价格跌破理论基准价格。

库普里亚诺夫进一步指出，如果期货价格高于远期基准价格，就存在套利机会。套利者通过购买和储存相关商品，同时以高于购买价格加上"持有成本"的价格出售远期商品，以期获得无风险利润。此外，企业有时会对能够当即获取的商品设置溢价，这部分溢价被称为"便利收益"。企业在大宗商品供应有限时，也会采取类似的做法。

便利收益 = 现货价格 + 持有成本 − 实际远期价格'。

有时这种"便利收益"可能大于持有成本，这意味着远期价格低于现货价格（这种趋势被称为"现货升水"）。这一点在短期期货和远期合约的价格上表现得非常明显，而长期远期或期货合约通常呈现出期货溢价的趋势（因为套利成本随着交割时间的延长而增加）。短期合约出现现货升水，就是前面那种情况。不过，有时期货价格会在短期内开始上涨。期货价格只在交割期限的前四个月出现现货升水，然后开始上升（库普里亚诺夫，1995 年，第 9—11 页）。

梅多娃和瑟姆波斯（1995 年，第 5 页）指出，市场情况是由现货和期货价格之间的关系定义的。

> 现货升水是指期货价格低于现货价格的市场情况，而现货贴水是期货价格高于现货价格的市场情况。

像石油这样的大宗商品，"在正常的市场条件下，其长期的实物储存成本相当高，这就导致了现货升水"。

当石油公司签订远期交付合约后，他们就有义务在约定时间点，以预定的价格向最终用户供应或购买产品。如果石油价格下降到低于远期供应合约所确定的价格，那么客户将不得不以高于现货价格的价格购买商品。类似的，如果情况相反，公司将不得不以低于现货价格的价格出售相关商品（即无法获得以现货价格出售商品所带来的利润）。

然而，如果价格向相反的方向变动，那么公司就会盈利。要完美地对冲掉风险，就需要找到与供应合约完全匹配的衍生品（期货合约）。此外，这还取决于远期合约的期限、可获得性和交易对家的信誉可靠度。梅多娃和瑟姆波斯（1995 年，第 6 页）继续指出，市场上并不存在期限超过 3 年的期货合约，如果只使用场外交易的长期衍生品合约进行对冲，公司将会面临巨大的信用风险。

> 考虑到长期场外衍生品的流动性不足，找到合适的交易对家更是难上加难。实际上，选择合适的套期保值策略来降低价格风险，是一个非常复杂的现实问题，也是一个值得企业认真思考的问题（梅多娃和瑟姆波斯，1995 年，第 6 页）。

因此，从以上分析可以看出，基于长期远期合约的套期保值策略，实际上与增加库存一样，代价非常昂贵。当短期期货和短期远期合约呈现出现货升水状态时，情况也是如此。而且，如果德金精销通过购买场外长期远期合约来对冲风险敞口，这将减少或抹掉本公司从其长期交货合约中可能获得的任何利润。此外，任何出售此类合约的交易商，都会面临这样的套期保值问题。

堆栈滚动式策略似乎提供了一种避免持有成本的方法，这因为：

> 从历史上看，短期石油产品期货市场往往呈现出现货升水的特点。在持续表现出现货升水的市场，每月对一堆到期合约进行展期的策略，是可以产生利润的。

因此，德金精销的管理层可能认为，"堆栈滚动式套期保值策略，能够保证当前现货价格和其所承诺的长期固定价格之间存在差价，是一种更具成本优势的策略"（库普里亚诺夫，1995 年，第 11 页）。

德金精销的问题主要出现在 1993 年末，当时的能源现货价格大幅下跌。前文指出，由于它持有大量的期货多头和掉期头寸，因此造成了巨额的未变现损失。于是，它不得不大量追加保证金。更严重的是，能源期货市场在整个 1993 年几乎都处于现货贴水状态，这加剧了德金精销的问题。因此，它每次展期衍生品头寸时，都会产生巨大成本。如果能源价格升高而不是降低，那么德金精销就不会存在任何问题，衍生品头寸会导致未变现收益，以及"正向利润流动（即现金流入）"。爱德华兹和坎特（1995 年，第 216 页）指出，这种情况下，没有人会在意其远期交货义务所带来的未变现损失。但是实际情况是，从 1993 年 6 月到年底，能源价格在不断下降，每桶原油价格下降了约 4 美元（从每桶约 19 美元降至不到 15 美元）（爱德华兹和坎特，1995 年，第 216 页）。然而，这一套期保值理论并没有考虑到这样一个现实问题：油价下跌时，出售石油产品所获得的利润，只能在未来交割时才能实现，而能源期货的损失，却是即时实现的［森加德艾姆彼得·艾里斯克报告（Sungard Ambit Erisk），2010 年］。

德国金属公司监管董事会相信，公司面临着严重的流动性危机，于是他们更换了管理层，并迅速做出决定，对衍生品和远期交割头寸进行随行就市。但分析人士认为（爱德华兹和坎特，1995 年，第 216 页），"这种策略使公司面临三个互相影响的显著风险：展期风险、融资风险和信用风险"。当公司对衍生品头寸展期时，无法确定它会盈利还是亏损，这就造成了展期风险。而短期衍生品头寸的逐日盯市制度造成了融资风险。远期交货合约的客户可能会拒绝履行以固定价格购买油品的义务，这就导致了信用风险（爱德华兹和坎特，1995 年，第 216 页）。

库普里亚诺夫（1995 年，第 11 页）进一步指出，德金精销的堆栈滚动式保值策略使公司面临着展期风险。他解释说，这是一种"基差风险",所谓基差,指的是衍生工具的价格(期货价格)和套期保值标的资产价格(现货价格)之间的差异。基差通常在合约期限内发生变化,通常是由"基本的经济因素造成的,但有时人们也不太清楚具体的原因"。1993 年,能源期货价格的走势非常奇怪——短期能源期货呈现出的是现货贴水而非现货升水模式。

> 一旦近期能源期货和远期合约市场开始出现现货贴水,德金精销就不得不支付溢价成本,才能在每一堆短期合约到期时,对其进行展期。这些展期成本往往反映了与实物存储相关的持有成本。

3. 影响衍生品安全使用的因素

表 3-4 列举了影响衍生品安全使用的因素及其具体表现。

表 3-4 影响衍生品安全使用的因素

因素	具体表现
前台、中台和后台部门职责不明	公司通常不允许有人同时担任监管董事会和管理董事会职务。但是,公司首席执行官兼管理董事会主席海因茨·席梅尔布对公司的影响力远远超过了监管董事会其他成员(加雅拉曼和什里坎德,日期不明)。 德意志银行管理董事会成员罗纳尔多·施密茨博士担任公司的监管董事会主席,对德国金属公司管理层的影响力也非常大(艾伦和盖尔,1994 年)
缺乏适当的内部控制措施,缺乏适当的会计标准和规则	德国金属公司的管理董事会将公司的问题归咎于高管对运营疏于控制,称"投机性石油交易使德国金属公司陷入了危机"(爱德华兹和坎特,1995 年,第 86 页)。 高管层没有设定交易限制。即使油价下跌,公司仍在继续扩大头寸。在平仓这些头寸前,巨额头寸的数量相当于科威特 85 天的石油产量(森加德艾姆彼得·艾里斯克报告,2010 年)。 会计惯例不一致:美国和德国会计惯例的差异令人们产生困惑,并可能导致管理层做出不明智的决策

因素	具体表现
缺乏适当的内部控制措施，缺乏适当的会计标准和规则	会计原则互相冲突：加雅拉曼和什里坎德（日期不明）以及爱德华兹和坎特（1995 年）指出，德国金属公司未能发现和预防公司财务困境的原因之一是，美国和德国有着不同的会计惯例。这给债权人和投资者带来了思维混乱。在 1993 年关键的几个月里，美国和德国的审计机构对德国金属公司的审计报告存在着冲突。美国审计机构安达信（Arthur Andersen）披露，截至 9 月 30 日，1993 财年德金精销的税前利润有 6 100 万美元，德国金属公司的利润为 3 000 万美元。但是，没过多久，德国审计机构毕马威（KPMG）就报告称，德国金属公司的美国业务在同一财年出现了数亿美元的亏损。 出现这种不同的原因是，德国会计准则要求企业要在财年末必须计入其远期未平仓头寸的未实现亏损，而未实现收益则不能计入账簿。也就是说，1993 年下半年，能源价格下跌时，德金精销的账面上计入了衍生品头寸的未实现亏损，而未实现收益则没有计入。这使人们认为这些损失是由衍生品的不当投机交易引起的。因此，如果未实现收益和未实现亏损都能计入会计账簿中，那么，德金精销公布的亏损就会比实际情况要小。美国会计准则就考虑到了这个问题，并不要求将对冲头寸的未实现利润或未实现亏损计入账簿（爱德华兹和坎特，1995 年）
缺乏适当的监督和监控	尽管公司的内部控制制度不允许公司进行投机交易，但《纽约商业电讯》（New York Business Wire，1996 年）指出，对于旁观者来说，德金精销及其客户协商一致的"弹性"合约方案，"似乎是建立投机性衍生品空头头寸的一个借口"。在他们看来，当时本森"应该积极考虑减少头寸的方法，并采取其他有效措施来保存现金"，而不是签署这些"'对客户非常友好'的合约，增加 4 300 万桶油品供应"。这表明公司缺乏适当的监督，内部控制松懈
监管松懈	尽管德金精销声称自己是在进行套期保值，而不是投机，但事实或许恰恰相反（梅略和帕森斯，1995 年）。监管机构应该对这类投机进行限制。但是，没有人愿意阻止这个方案，当人们醒悟过来时，已为时太晚
管理者（使用者和内部监督者）缺乏相应的知识	管理层和监督者可能没有完全理解他们在业务中面临的风险。德金精销的高管和管理层应该预见到，大量现金外流可能会造成流动性危机（森加德艾姆彼得·艾里斯克报告，2010 年）。事实上，罗斯（日期不明）认为： 这项套期保值策略能够保证，比如说，一个为期 10 年的交货合约在 10 年内带来的会计利润将等于其会计损失，但是，如果市场要求公司立即拿出大约 10 亿美元，来弥补期货合约的当前保证金损失，这就会让人乱了阵脚。他们怎么可能没有预见到这个问题呢？ 事实上，加雅拉曼和什里坎德（日期不明）以及爱德华兹和坎特（1995 年）指出，德国金属公司所面临的财务危机表明，"监管董事会和管理董事会还没有完全搞懂期货交易策略所涉及的风险"

续表

因素	具体表现
管理者（使用者和内部监督者）缺乏相应的知识	此外，罗斯（日期不明）继续指出，市场是有效的，价格会对供需变化做出反应。他指出， 流动性市场过于高效，简单幼稚的策略是无法确保利润的。企业出现巨额亏损的风险很大，任何静态的、简单的体系注定会失败。 罗斯（日期不明）认为，德国金属公司的衍生品使用者缺乏衍生品知识。他解释道，石油市场的专家都知道德国金属公司将不得不展期到期头寸，并非常关注事态的进展。他说："巨额资金容易吸引更多的关注。建立巨额头寸的成本很高，尤其是当大家都知道你要这样的时候，你很难灵活应对。" 米勒和卡尔普在《用期货对冲大宗商品交割风险》（*Hedging a Flow of Commodity Deliveries with Futures*）中，将德国金属公司的损失归咎于监管董事会。在另一篇文章中，米勒指出， 他们（德国金属公司监管董事会）认为这是一场已经失败的赌局。但事实并非如此。他们过早进行了斩仓。如果当初选择正确的决策，他们就不会损失 13 亿美元。米勒还认为德意志银行是罪魁祸首。而这家银行是公司的主要股东和贷款人 [克拉佩尔斯（Krapels），2001 年]。 爱德华兹和坎特（1995 年）指出，德国金属公司的监管董事决定停止执行德金精销的套期保值策略，即使这是个正确的决定，也说明监管董事会层面对衍生品缺乏理解，而他们这个选择决定了德金精销的命运。爱德华兹和坎特（1995 年）继续指出，1993 年 11 月 19 日，监管董事会决定将海因茨·希姆梅尔布施的任期再延长五年，然而就在四周后，监管董事会就解雇了他。他们对董事会的这种态度突变非常好奇，于是他们分析了背后的原因，并得出结论。他们认为，董事会缺乏对套期保值策略的理解，再加上巨额的追加保证金令他们陷入了恐慌，最终导致董事会态度急转。爱德华兹和坎特（1995 年）最后指出了德国公司治理体系的缺点。他们认为，很明显可以看出，在这个案例中，大银行掌控大公司的所有权和控制权，并不是一种成功的模式
缺乏沟通	德国母公司和德金精销之间存在"沟通无效"的问题。母公司的监管董事似乎不太理解德金精销的市场行为。这表明，他们之间的沟通不够密切，母公司无法了解子公司的具体情况。如果德国母公司清楚子公司的市场活动，或许可能阻止子公司实施这一策略。如果双方存在分歧，或者如果母公司的管理层支持该战略，他们可能会避免在子公司非常脆弱的情况下紧急斩仓。 通过更好的沟通交流，子公司可能会说服母公司不要过早地进行强制平仓。如果审计机构称职的话，更好的沟通可能会让母公司有充足的时间找出这项策略的谬误，并能避免巨额损失继续扩大。在这两种情况下，母公司和子公司间显然存在沟通脱节，而这迟早会滋生很多问题（森加德艾姆彼得·艾里斯克报告，2010 年）

续表

因素	具体表现
衍生品使用的复杂性和认识误区	这一策略看似简单,但执行和分析起来,却并不容易。交货合约和协议相当复杂,同时期货头寸规模的异常庞大,导致公司用来评估相关交易的理论体系十分复杂。 复杂性导致不透明,从而使企业业务容易受到影响;业务越不透明、越复杂,融资就越困难。复杂的衍生工具使人们很难对风险实施控制(罗斯,日期不明)。 梅多娃和瑟姆波斯(1995年)指出,由于市场上不存在期限超过三年的期货合约,而且如果只使用长期场外衍生品进行套期保值的话,公司将面临巨大的信用风险,因此公司不得不使用更加复杂、更加不稳定套期保值策略。他们认为,场外交易的长期衍生品合约流动性极差,因此公司很难找到合适的交易对家,于是公司不得不选择场内交易的衍生工具,而这提高了套期保值策略的复杂性。"实际上,选择合适的套期保值策略来降低价格风险,是一个非常复杂的现实问题,也是一个值得企业认真思考的问题"(梅多娃和瑟姆波斯,1995年)。 梅略和帕森斯(1995年)指出,在人们决定实施衍生品策略时,他们对衍生品的想法和态度起到了重要的作用。 决策者相信能源市场是一个现货升水的市场。这种观点促使他们采用了这个套期保值策略。季节性商品时常会出现供应短缺的问题,导致现货溢价,产生"便利收益",因此这类商品市场往往呈现出现货升水的特性。而决策者认为,长期来看,能源市场会长期呈现出现货升水的特点,正是基于这样的观点,他们做出了过度套期保值的策略
贪婪、傲慢以及权力欲	罗斯(日期不明)指出,决策者"盲目地坚持某一种理论或某一策略",他们所表现出的这种顽固态度是"所有财务危机的核心特征"。在这个案例中,决策者拒绝正视策略本身的缺陷,并固执地坚持这一策略。这种态度体现了他们的贪婪或傲慢。事实上,"仲裁小组对本森的石油期货策略提出了质疑,并对他的'教条主义式的坚持'提出了批评,指责他丝毫不考虑不利的市场环境,盲目执行这一策略"(《纽约商业电讯》)。德国金属公司希望能在美国将子公司打造成为行业巨头,但他们却对子公司的具体情况缺乏了解,而且在没有理解套期保值策略的情况下,就态度傲慢地解雇了管理层成员,并做出了令业界哗然的决定。这同样也体现了母公司决策者的贪婪和傲慢。事实上,为了公司的利益,"监管董事会和原来的管理层本应互相理解,但他们之间就子公司远期交付计划的合理性问题,争论不休。"(爱德华兹和坎特,1995年)
经验与教育经历	关于这场财务危机,相关文献很少提及衍生品使用者的经验和教育程度。但是,人为失误和策略缺陷表明,衍生品使用者缺乏衍生品合理使用所必需的经验和知识

续表

因素	具体表现
经验与教育经历	1989 年，44 岁的海因茨·席梅尔布施博士开始担任董事会主席（集团历史上最年轻的董事会主席），任期为 4 年。经济学专业毕业的他，此前担任原材料部门的主管。在董事会任职期间，他提出的很多想法和创新观点为他赢得了声誉。他的治理提高了公司在管理和组织结构方面的灵活性（德国金属公司简介，日期不明）
其他因素	公司的内部政治：《华尔街日报》欧洲版 1994 年 10 月 18 日的报道指出， *德国《明镜周刊》（Der Spiegel）称，德意志银行的美国子公司，摩根格伦费尔投资银行，买下了德金精销急于脱手的石油期货，然后转手卖出，获利颇丰。* *但德意志银行并不承认这一说辞。* 危机处理不当： 决定德国金属公司命运的，不是它无力应对短期流动性需求，而是它的监管董事会和原来的管理层就德金精销远期交付计划的合理性问题，争论不休（爱德华兹与坎特，1995 年）

4. 德国金属公司案例的总结与结论

德国金属公司的治理结构未能使人及时发现并预防相应的问题，主要原因如下：

- 高管并没有完全理解衍生品带来的风险；

- 美国和德国不同的会计惯例；

- 内部控制制度存在缺陷；

- 公司遇到的流动性危机；

- 公司面临的融资问题不同于大型银行。

所有这些因素加在一起，使衍生品的使用环境更加复杂，最终导致了公司的财务危机（加雅拉曼和什里坎德，日期不明）。

马歇尔等人（1996 年）指出，知识、风险和执行力是影响衍生品安全使用的"因素包"。他们认为：

> 所谓知识管理,就是努力识别出个人头脑中蕴含的知识资产,并将其转化为企业本身的资产,供更多人获取和使用,方便他们为企业制定决策。

马歇尔等人(1996年,第81页)将风险管理定义为:人们借助企业自身知识,权衡收益与风险,并管理其中蕴含的复杂问题,以实现公司股东的利益。他们认为,德国金属公司、巴林银行、基德尔·皮博迪公司等企业风险管理失败的原因在于:

> 企业文化功能失调、企业知识管理不善、内部控制无效。他们提出了一种知识管理框架,将企业文化、员工技能和日常行动整合到有效的风险管理能力中(马歇尔等,1996年)。

加雅拉曼和什里坎德(日期不明)认为,运用风险价值的方法,原本可以改善德国金属公司的内部控制体系。这一方法背后的理念能够确保公司意识到经济环境变化可能造成的损失。运用风险价值模型,德国金属公司可以估计出投资组合在持仓期间的预期损失,帮助他们预测风险敞口并对其进行管理。虽然只靠它是无法阻止危机发生的。但是,公司高管能够依靠这种方法,在真正的危机爆发前,充分意识到堆栈式套期保值策略的潜在风险。例如,在采用堆栈套期保值策略时,德国金属公司可以利用基于风险价值的风险管理系统,复现公司可能遇到的、严重的流动性需求问题。

3.3.2　安然公司

1. 案例背景、企业结构与环境

2001 年 12 月 2 日，安然公司申请破产。当时有 4 000 名员工遭到公司解雇，2 万多名员工失去工作，公司市值蒸发了 730 亿美元（米勒，2005 年）。

安然公司是由肯尼斯·L. 雷（Kenneth L. Lay，担任过公司首席执行官和董事长）于 1985 年创立的。它是由得克萨斯州休斯敦市的休斯敦天然气公司（Houston Natural Gas）和内布拉斯加州奥马哈市的北方内陆天然气公司（Inter North）合并而成。合并后的安然公司一开始是一家并不活跃的天然气管道公司［艾兴瓦尔德（Eichenwald），2002 年］。它利用管道将天然气输送到公共事业公司和企业。然而，由于公司的债务负担严重，肯尼斯·雷决定将安然从一家运输和出售天然气的公司，转型为一家能源商品交易公司。换句话说，他认为，"休斯敦天然气公司与安然公司相比，仅仅是得克萨斯州的一家专门从事天然气开采与处理的公司［博得萨（Bodurtha），2002 年］"。

2000 年 12 月安然向华盛顿证券交易委员会（Securities and Exchange Commission）提交的年度报告表明，安然俄勒冈公司的业务是通过其子公司和附属公司进行的，截至 2000 年底，俄勒冈公司大约有 20 600 名员工。安然向全球数千家批发和零售客户提供天然气、电力和通信方面的产品和服务。表 3-5 列举了公司的所有业务部门［《证券交易委员会年度报告》（SEC Annual Report），2000 年］。图 3-6 展示了安然公司的业务构成。

安然的核心业务包括天然气和电力的贸易和销售,其客户遍布北美、中南美、欧洲、印度和澳大利亚等地区。安然还参与发电厂、管道和其他能源相关资产的开发、建设和运营。此外,它还涉足其他商品和服务领域,如纸张、纸浆、石化产品、自来水、风能、金属以及风险管理、金融服务和宽带通信领域。(安然公司,日期不明)。

表3-5 安然的业务部门

业务部门	具体业务
传输部门	政府管制行业、天然气州际传输、管道管理与运营、电力运营
批发业务	向企业提供经纪业务、商品销售及相关服务;向批发客户提供风险管理产品和金融服务;建造、收购和运营发电厂、天然气管道及其他能源资产(能源企业建设与管理)
能源零售业务	直接向最终用户(特别是商业和工业部门用户)提供天然气、电力等能源产品,以及能源业务外包
宽带通信服务	全国性的光纤网络的建设和管理、宽带服务的营销和管理、宽带内容的传输
其他企业业务	水处理、可再生能源业务、清洁染料厂建设与管理等企业业务(污水处理、风能发电、绿色电力)

资料来源:《证券交易委员会年度报告》(2000年)。

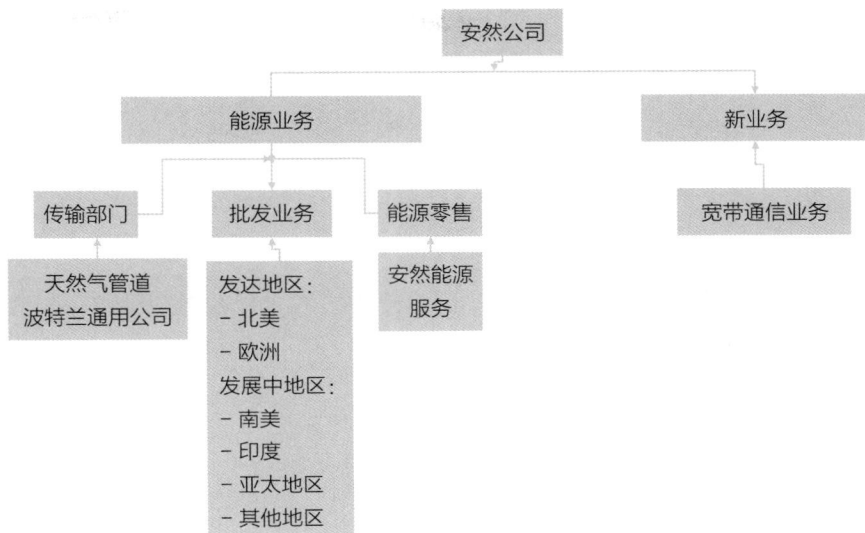

图 3-6　安然公司的业务构成

资料来源：改编自莫兰（2001 年）。

所有这些业务都为公司增加了收入，使其从传统的能源企业转型为多元化经营企业。举个例子，"安然还组建了一个智能网络平台（即安然智能网络，Enron Intelligent Network，EIN），它提供带宽管理服务，并向客户提供宽带应用程序"。安然从此开启了宽带通信服务，并与百视达公司（Blockbuster Incorporated）签署了独家代理协议，在未来 20 年，向整个北美和欧洲提供视频点播娱乐服务［安然，日期不明；莫兰（Moran），2001 年］。

20 世纪 80 年代末，美国政府放开了对天然气和电力行业的管制，安然的经营环境随之发生了变化。公司从 1989 年开始通过电话或传真交易能源产品。安然在买家和能源供应商之间扮演着中间人的角色。它从买家（如独立的电力公司）那里收集订单，并为其寻找潜在的卖家。在政府放松管制的一年内，安然的天然气服务部门已经占领了 29% 的电力市场，到 1995 年，它占领了北美五分之一的市场，而这个市场正是在它的帮助下建立起来的。1994 年，安然卖出了第一套发电机组。安然很快发展成为无所不卖的公司。它还建造了一个交易室，福萨罗和米勒（Fusaro 和 Miller，2002 年）形容这间交易室"华丽得连《星球大战》里的千年隼号都相形见绌"。

安然的高管们很快意识到，由于天然气的批发价格波动剧烈，人们需要衍生品和期权合约，来对冲电力和天然气价格波动的风险。1997 年，为了获得电力批发和零售贸易方面的专业经验，安然收购了波特兰通用公司（Portland General Corporation，旗下有波特兰通用电气公司，即 Portland General Electric，这是一家拥有超过 68 万客户的俄勒冈电力公司）[格普（Gup），2004 年]。安然公司还研究过如何采取更有效的方法收集和分析市场信息，并由此萌生了创立网上交易市场的想法。1999 年，他们建立了首个全球交易网站——安然在线（Enron Online）。从此，安然成为电力和天然气衍生品和期权合约的市场组织者和交易员（格普，2004 年）。此外，它还涉足金属，木材产品，天气衍生品和宽带服务等产品和服务[泽尔纳（Zellner）等人，2001 年]。尽管安然在光纤网络和交易设施上投资了大约 12 亿美元，但宽带网络市场的崩溃使安然蒙受了巨大的损失。公司的其他战略失策还包括：印度的达博尔电力公司（Dabhol Power Plan Company）项目，以及英格兰和世界各地的威塞克斯水处理（Wessex Water）项目（包括自来水和污水处理）。这些项目都是由其子公司埃瑟里克斯公司（Azurix）运作的，总投资额超过数十亿美元（格普，2004 年）。

安然在线是公司接触客户的另一种渠道。它是一个网上交易平台，提供超过 1 900 种安然的商品，曾被视为世界上最大的电子商务网站，每天平均进行超过 5 000 笔交易，名义价值高达 30 亿美元。与其他互联网平台不同，它不是一个撮合买家和卖家的交易平台，"而是一个做市商平台，客户利用平台直接与安然进行交易。这就确保客户能够根据标价与信誉度高的安然公司进行交易。"在每一次交易中，它都充当买方的卖家和卖方的买家。安然的交易员擅长寻找供求信息，所以它每天都与买方和卖方进行交易。平台的这种定位使卖方和买方都能随时进行天然气或电力交易。此外，由于安然将多种金融风险管理产品、期货合约和期权绑定在一起，因此，与安然公司直接进行交易，能够保证客户获得稳定的价格。"我们既可以提供套期保值合约，也提供大宗实物商品。我们能够及时交割大宗商品，并提供不同的选择，如上限期权、下限期权或掉期合约"（allbusiness.com，2001 年）。

安然的巨大成功，再加上商业媒体和金融分析师对公司的乐观态度，进一步刺激了公司崇尚竞争的企业文化。1999 年，零售业的营业额从零增长到 85 亿美元。在业界同行眼里，安然是一家充满智慧的公司，有着独特的经营方式。业界声誉促使公司高管克服重重困难，使公司在 20 世纪 90 年代末获得了飞速增长。它连续六年被《财富》杂志评为"美国最具创新力的公司"，而后在 2000 年，首次被《财富》杂志评为"世界最具创新力的公司"。它获得的其他奖项还包括，在《财富》杂志"管理层能力"评选中获得第一名，在"员工能力"评选中获得第二名，在"美国最佳雇主 100 强"评选中位列第 25 名（莫兰，2001 年）。

2000 年，安然的总资产继续增加，北方天然气公司（安然公司的前身）股价于 2000 年 8 月 23 日达到最高点，投资者在 1979 年 1 月投资价值为 34.75 美元的股票，到 2000 年 8 月 23 日，能获得 3 683.6 美元的收益。在同一时期，安然的股价和总股本市值分别升高到近 90 美元和 658.8 亿美元。

然而，就在一年零九十九天后，由于美国政府拒绝向安然等公司提供援助，这家从天然气管道运营商发展壮大起来的世界最大能源交易商，不得不黯然宣布破产。此前公司已经根据美国《破产法》第 11 章申请了破产保护，并开始出售其主要的能源交易部门（博得萨，2002 年）。图 3-7 展示了安然公司 1989 — 1999 年的发展情况。

安然公司 10 年内的发展情况

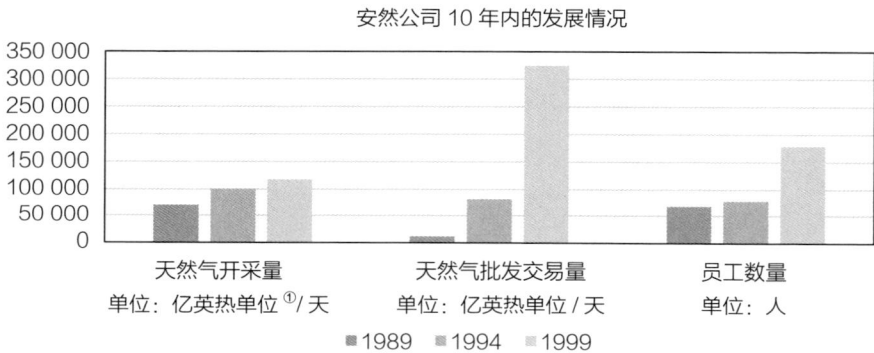

图 3-7　安然公司 10 年内的发展情况

资料来源：改编自莫兰（2001 年）。

安然丑闻的不良后果表明，美国基于制衡观念而形成的监管体系存在许多明显的缺陷。这些缺陷似乎给衍生品的滥用提供了方便，损害了投资者、债权人和雇员的利益。总体来说，事实证明，市场容易受到欺诈行为的破坏，市场本身不能保障足够的安全水平［《欧洲议会金融服务报告》（*European Parliamentary Financial Services*），2002 年］。

暗淡的盈利前景可能会警示投资者，他们会发现安然并不像它看起来的那么成功。这会加重投资者的担忧，进而影响公司股价，进一步降

---

① 英热单位，简称 BTU，1BTU=0.252 千卡 =1.055 千焦。——编者注

低销售额。此外，信用评级机构将降低安然的信用评级，而其交易伙伴
将会转而寻求其他交易渠道，这会影响公司创造高质量收益和现金流的
能力（其高质量收益和现金流肯定会受到影响）。安然的高管显然不希望
看到这样的情景，他们不惜一切代价避免这种情况发生。为了保持安然
股票的投资级别地位，高管与合伙公司串通起来共同造假，并使用可疑
的会计方法伪造账簿。

> 安然的高管自欺欺人，认为自己没有做错。为了使公司
> 股价持续上涨，他们突破会计规则的底线，欺骗投资者，使
> 他们相信安然赚了很多钱 [西姆斯（Sims）和布林克曼
> （Brinkmann），2003 年]。

根据美国普查统计局公布的《美国统计摘要》(*Statistical Abstract
of the United States*，2001 年)，1985 — 1999 财年，每年有 37 000 家至
67 000 家企业申请破产。大约 70% 的破产以清算告终（格普，2004 年）。
我们需要知道，美国的大多数公司、独资企业和合伙企业都是收入低于
100 万美元的小型私有公司，只有相对较少的企业会走向破产。2001 年，
有 257 家上市公司申请破产，见表 3–6。安然公司是其中规模最大的公
司，资产总额约为 633 亿美元。同年，安然公司在美国《财富》500 强
中名列第七。它的员工遍及 30 多个国家，连续六年入围《财富》杂志
最受尊敬的公司榜单，并被评为榜单中的"最具创新力"公司（格普，
2004 年）。

表 3-6　2001 年破产的 5 家市值最大的上市公司

公司名称	破产日期	破产前总资产 （单位：亿美元）
安然公司 （Enron Corp.）	2001 年 12 月 3 日	633
太平洋电气有限公司（Pacific Gas and Electric Co.）	2001 年 4 月 6 日	215
芬诺瓦集团有限公司（FINOVA Group, Inc.）	2001 年 3 月 7 日	141
信实集团控股有限公司 （Reliance Group Holdings, Inc.）	2001 年 6 月 12 日	126
辉门公司（Federal-Mogul Corp）	2001 年 10 月 1 日	102

资料来源：改编自 www.BankruptcyData.com，2003 年，引自格普（2004 年）。

莫兰（2001 年）指出，安然公司的成功在于它采用了反潮流的非常规方法。事实上，在 20 世纪 80 年代，其他人都预测天然气价格将继续下跌，而安然公司通过向客户提供价格固定的长期合约，进行天然气掉期交易。安然公司之所以能这么做，是因为公司的库存量能够确保商品交付。随着价格的持续波动，客户对安然公司天然气产品的需求增加，于是安然公司进一步创新，设计新的天然气衍生工具。20 世纪 90 年代，政府对电力市场放松管制之后，安然在电力市场也开始运用同样的方法。事实上，安然的重点是小型发电机组，用户可以在用电高峰时期在网上快速购买电力，它以能源包的形式提供额外的电力容量。这使公司能够抵消能源需求周期中的价格波动。

莫兰（2001 年）指出，这些成功是安然"20 世纪 90 年代进入全球舞台的跳板，而欧洲各国恰恰是在这一时期开始对天然气行业放松管制的"。

事实上，安然首先关注的是英国，它将自己在美国市场学到的所有交易经验应用到了英国市场。从英国获取的利润为它进入其他欧洲市场提供了资金。安然在 1996 年迈出了第一步，开始进入解除管制的北欧电力市场。并计划在其他成员国解除电力行业管制后，进入欧盟其他地区。1998 年，安然成为欧洲第一家电力交易商，在 15 个国家设有办事处。在欧洲市场取得成功后，安然随后进入澳大利亚、日本、印度、巴西和阿根廷市场。

莫兰（2010 年）指出，安然公司的口号是"为什么？"，这一口号塑造了他们的创业方式。他解释道，公司不会向新员工详细介绍内部的指导方针和优先事项，而是会告诉他们一个简单的目标："成为全世界最优秀的公司。"这是公司鼓励员工积极进取的方式，在公司的鼓励下，员工会积极寻找市场上效率低下的环节，寻找问题的答案，提出解决方案，他们会寻找新的商业项目。并不断创新，为公司创造最大的利润。它的宽带通信部门曾经是一个非常僵化的部门，受到复杂合约的严格限制，后来就是采用这种方法发展起来的。

2. 事件始末

1989 年，安然通过在客户和供应商之间进行天然气期货交易来赚取利润。实际上，这是在押注天然气能源价格的未来走势。

20 世纪 90 年代，安然创立了能源商品业务，并成为美国能源市场的重要参与者。它占据了天然气业务市场份额的 25%。凭借这一领域的成功，安然开辟了一个全新的市场，提供"无数种能源相关产品"。它为企业提供了多种大宗商品的对冲工具，以减轻不利价格波动带来的风险。90 年代末，该公司继续延伸商业触角，开始提供针对天气风险等外部因素的套期保值工具。虽然面临着激烈的竞争，但它通过在线交易部门，成长为休斯敦"能源港"最大的企业。此外，它迅速向世界扩张，进入了英国的水处理市场，并在印度筹建发电厂（安然，日期不明）。

2000 年，互联网经济势头正盛，安然于是开始进军宽带互联网网络领域，并开启了带宽业务交易。这一创新观念，在公司辉煌历史的加持下，吸引了很多投资者，推高了公司股价。

虽然安然的崩溃令人感到意外，但其实早在 1999 年，公司内部就出现了一些预警信号。当时，公司股价开始疯狂上涨，一直涨到超过自身股价容量。前文指出，直到 1999 年之前，安然股票都是一个稳定性高的优良资产，但事后看来，投资者在 2000 年就应该将手中的安然股票全部出售。

多德（2002 年）认为，安然停止交易时，其衍生品合约的名义价值在 1 000 亿美元左右。这一数据是由衍生品研究中心根据安然的年度报告计算出来的，安然的年度报告显示，2000 年末，安然账面上的衍生品名义价值高达 7 580 亿美元。安然公司各类衍生品的名义价值见表 3–7。这一规模甚至能跟银行和证券行业的大型衍生品交易商相提并论。这说明，安然已成为一家非常重要的金融机构，它与经济体系中很多公司都有交易联系，在美国经济中扮演着非常重要的作用。由此也可以看出，安然的衍生品市场以某种形式促进了价格发现。

表 3–7　各类衍生品的名义价值

衍生品的基础资产	名义价值（美元）
天然气	152 306 859 676
原油及其他液态能源	266 925 868 152
电力	338 307 115 555
金属、煤炭、纸浆、纸张	—
带宽能力	—
利率	8 709 000 000

续表

衍生品的基础资产	名义价值（美元）
外汇	544 000 000
股票	6 766 000 000
总额	773 558 843 383

资料来源：改编自安然公司财务报告（2000 年）。衍生品研究中心（DSC）对报告内容进行了计算（由于缺少相关合约的价格信息，因此本表缺失了某些信息，衍生品研究中心也没有对这些合约价值进行估计），引自多德（2002 年）。

不过，虽然数额庞大的衍生品交易活动，使安然公司成为美国一家非常重要的金融机构，但是，与银行、证券公司、基金和保险公司不同的是，它并不受金融规章制度所制约，这意味着它并不需要满足这些制度所提出的安全性、稳健性和透明度要求，也无须满足资本金和注册备案（以金融机构的身份）的要求。在进行场外衍生品交易前，交易员不需要职业许可或授权，也不需要通过相关考试。按照规定，金融机构需要满足信息披露的要求，安然却不需要遵守这类规定。多德（2002 年）认为，这也就是人们对它的衍生品交易活动知之甚少的一个主要原因。由于安然不受监管制度的制约，因此没有独立的公权力机构去监控交易商潜在的巨额损失风险。而这恰恰是防止市场操纵和舞弊的重要工具，也是确保企业如实披露关键信息的重要手段（多德，2002 年）。

虽然衍生品在安然破产事件中扮演了一定的角色，但它们并不是安然崩溃的导火索。安然崩溃的起始原因是它的实物投资造成了巨额的亏损，其中包括印度的发电厂、英格兰的水处理厂、美国阿肯色州的钢铁厂以及遍及美国的光纤宽带容量项目，等等。它在钢铁、煤炭、木浆和宽带容量等风险项目上的投资，也出现了不同程度的亏损。安然投资这些企业的目的，是为了与它的批发业务和衍生品交易形成互补。当出现"投资坏账"之后,安然开始寻求"新会计方法"的帮助,通过将债务和损失转移到"合伙企业网络",来掩盖安然的账面损失,利用这些企业来"创造"收入,并将这些收入纳入财务报告中。为了建立合伙关系,安然利用衍生品对这些企业进行投资,确保盈利和收入为正值,并掩盖债务和亏损。

但损失不断累积,到最后,安然不得不将其作为 12 亿美元的股本支出公之于众。消息一经公布,便引发了一连串事件,很多机构,其中包括证券交易委员会,开始对安然公司进行更严格的审查。公司的两名高管辞职,公司过去四年上报的收益核减了 6 亿美元。安然公司(日期不明)称,高管克利福德·巴克斯特(Clifford Baxter)于 2001 年 5 月离开公司,"他的离职没有任何争议,有传言称,这名后来自杀的前安然高管,曾经与公司首席执行官杰夫·斯基林(Jeff Skilling)发生过激烈的争吵,争论的焦点在于安然公司的合伙交易是否正当"。三个月后,"斯基林也以个人原因为由辞掉了自己的职务。事实上,公司糟糕的财务状况以及管理上的混乱是他离职的诱因。"

事态的进展让衍生品交易员惊愕不已,能源公司开始对安然的衍生品交易对家身份失去了信心,陷入恐慌。安然受到交易伙伴的密切关注,他们要么不愿再和安然交易,要么只愿跟安然进行短期交易。然而,信用评级的下调给了安然"最后一击"。安然不得不拿出大量新资本,提交"超级保证金",作为衍生品的履约担保。流动性不足削弱了安然公司的实力,公司不得不出此下策。缺少了交易商的信任,公司的信用评级也降到了投资级别以下,安然的交易量,以及从买卖价差(近几年的巨额收益均来源以此)中获得的收益,迅速降低至零(多德,2002 年 b)。

吉兰和马丁(Gillan 和 Martin,2002 年)在他们的几篇论文中指出,安然迅速衰败和破产的主要原因是,它毫无节制地使用衍生品和特殊目的实体(Special Purpose Entities,SPEs),来美化自己的财务业绩。按照规定，安然必须披露公司投资失败所带来的损失。而它滥用衍生品和特殊目的实体则是为了掩盖这些损失，"并将大额资产和债务从公司的资产负债表上移除，转移到公司之外的特殊目的实体上"。

> 特殊目的实体指的是由发起公司成立的、执行特殊目的或活动，或者为特殊目的进行一系列交易的法律实体。它可以采取多种形式，如有限合伙企业、有限责任公司、信托机构或者公司等［德梅萨（de Mesa），2002 年］。

前文指出，安然将特殊目的实体作为筹集资金和管理风险的一项策略，管理层将这种策略提交给了董事会。事实上，管理层向董事会解释了这一策略：

> 安然继续在能源和通信领域进行大量资本投资，这些投资通常在 1 ～ 3 年内不会产生大量现金流和收益。另外，由于公司要用有限的现金流来支付额外的债务利息，并利用有限的收益来弥补股权追加的稀释效应，因此安然可以通过联合资本投资的方式资助公司发展［《美国参议院常设小组委员会报告》（*US Senate Permanent Subcommittee Report*），2002 年，第 474 页，引自吉兰和马丁，2002 年］。

安然设立了超过 4 000 多家特殊目的实体。如前文所述，它们的存在意义就是为了帮助安然将其债务排除在资产负债表之外，掩盖真实的债务数据，并降低公司税负。

> 如果外部投资者贡献了约 97% 的投资，且其中大部分是无追索权债务，那么特殊目的实体就不必合并到发起公司的资产负债表上。根据会计准则，为了确保合伙企业的财务报表不出现在发起公司账面上，至少 3% 的股权风险资本必须来自独立于发起公司的投资者。

当资产转移到这些合伙企业时，安然就会在报表中确认利得，从而获得减税。这一减税策略使他们的利润在 1995 年到 2001 年增加了近 10 亿美元。[威特（Witt）和贝尔（Behr），2002 年]。

吉兰和马丁（2002 年）指出，

> 2000 财年末，安然的流动负债为 284 亿美元，长期债务为 86 亿美元，递延贷项和其他负债为 137 亿美元，负债总额为 507 亿美元。安然对表外特殊目的实体的债务的担保产生的 39 亿美元或有负债，未反映在公司的资产负债表中[《安然公司 2001 年第三季度季度报表》，（Enron 10Q,3rd Quarter）]。

他们继续指出，在安德鲁·S.法斯托（Andrew S. Fastow）担任首席财务官之前，安然利用一家公开上市的子公司——安然全球电力和管道公司（Enron Global Power and Pipelines）来筹备资金。但是，法斯托则更偏好合伙企业，因为它们更具成本效益，灵活性更高，因此他选择利用合伙公司为公司借款［芬克（Fink），1999 年，引自吉兰和马丁，2002 年］。但是，安然不得不为这些合伙企业的大量债务做担保，而这些债务在很多时候取决于它们所拥有的安然股份的价值。

吉兰和马丁（2002 年）认为，如果特殊目的实体的协议不违背公平原则，且是有效的，那么与它们进行的相应交易则不仅是适当的，而且是一种巧妙的手段。安然利用这些特殊目的实体，为其大规模投资融资，并利用它们出售最终会贬值的资产。从 1997 年开始，这些特殊目的实体开始关联到许多相关方（许多大型特殊目的实体都是由安然员工经营的）。安然将风险限制在交易本身，实际上实现了自我对冲。总体而言，安然是在利用这些交易来操纵公司公布的利润、亏损和财务状况。此外，一些特殊目的实体的或有负债，不会反应在公司的合并财务报表中。结果，安然的实际债务比想象的要大。另外，还有一些特殊目的实体不满足表外处理的标准，这本应该反映在合并账目中（吉兰和马丁，2002 年）。

2002 年 1 月 24 日，帕特诺伊在作证时，向政府事务委员会解释说，许多投资者都不知道，"安然本质上是一家衍生品交易公司"，安然新建的大厦装修得富丽堂皇，大厦的七楼是高管办公室，高管在里面可以"俯视整个安然帝国的核心命脉——位于六楼的、幽深的衍生品交易大厅"。由此可以看出衍生品交易在安然公司的地位。另外，他还指出，"安然为什么会崩溃"这个问题的答案，跟安然在"内外"使用衍生品的方式有关。

帕特诺伊（2002 年）指出，安然公司崩溃的一个原因是，它与表外子公司及合伙企业［一些复杂的金融实体，如"绝地武士"（JEDI），"猛龙"（Raptor）和 LJM 公司］进行了一系列衍生品交易。他解释说，虽然特殊目的实体是一种常见的企业实体，能为相关企业带来一些经济利益，但它们也可能"被用来篡改公司的财务报表,方便公司虚报资产,瞒报负债,伪造公司利润以及掩盖公司损失,它们就像衍生品一样不受监管"(帕特诺伊,2002 年)。

帕特诺伊(2002 年)认为,安然公司主要的问题是衍生品和特殊目的实体的融合使用。前文指出,该公司与这些实体进行了一系列衍生品交易(价格掉期衍生品以及看涨和看跌期权),目的是避免在季度财务报表中披露波动性资产,并人为地夸大某些资产的价值。帕特诺伊(2002 年)认为,安然公司利用衍生品的"外部交易"和特殊目的实体,通过以下手段操纵财务报表:隐瞒公司在科技股上的投机活动所带来的损失;隐瞒公司为无利可图的新业务(包括为新客户提供零售能源服务)融资而产生的巨额债务;夸大其他不良业务的价值,其中包括新投资的光纤带宽项目。

帕特诺伊(2002 年)解释说,安然对衍生品的"内部使用"也是公司崩溃的另一个原因。他认为,安然的核心业务没有带来利润,它的衍生品交易也没有表面上那么赚钱。帕特诺伊(2002 年)指出,1997 年以来,安然的一些员工系统地"使用虚假账户并操纵估值方法,为安然交易的衍生品伪造盈亏记录"。他认为,由于交易员必须达到管理层直接设定的季度盈利目标,或达到根据证券分析师(包括安然内部的分析师)的预期间接设定的季度盈利目标,迫于这样的压力,员工不得不操纵财务报表(伪造报表内容,使之与"虚构的"利润相符)。

安然的衍生品交易员以电子表格的形式记录了每笔交易的损益,并将利润分成两栏,一栏反映的是打算添加到安然当前财务报表中的利润,另一栏为"审慎准备金"。这种"审慎准备金"实际上是一种预存资金(为意外情况准备的预留资金),目的是用来抵消任何未来损失。人们常利用这种做法谎报交易资产的波动性和估值,破坏财务报表的真实性,误导投资者，因此，这是一种违规的交易业务操作。

另外，安然公司的交易员经常错误地标注"远期价格曲线"，以扭曲衍生品合约的当前价值，进而扭曲损益表。帕特诺伊（2002 年）认为，他们往往对那些非公开交易（不易引起公众注意的交易）采用这种做法，这样做的目的是掩盖损失，获得更多的奖金（交易员的奖金是跟交易利润挂钩的）。

3. 影响衍生品安全使用的因素

作者根据相关文献，在表 3-8 中列出了影响衍生品安全使用的因素。

表 3-8　影响衍生品安全使用的因素

因素	具体表现
前台、中台和后台部门职责不明	审计机构安达信会计师事务所既向安然公司提供咨询服务，也向其提供审计服务。因此人们担心这两项业务之间可能存在利益冲突。此外，斯瓦茨和沃特金斯（Swartz 和 Watkins，2003 年，第 95 页）指出，安达信会计师事务所内部流传着一条心照不宣的原则，"给客户他们想要的东西，只要管用就行"。上述两位作者认为，这句话的意思是，在安达信看来，最重要的是为客户（安然公司）提供服务，其次才是为安然"把关"并确保它遵守会计准则。事实上，在很多情况下，审计人员本应关注相应的审计问题，但他们却没有做到这一点。比如前文讨论过的齐科公司（Chewco）的案例，安达信本应通过安然公司与齐科公司的衍生品交易，判断出齐科公司是受安然公司控制的特殊目的实体，从而得出结论，它们共同承担了所有风险，因此无论是齐科公司还是绝地武士公司，都应该合并到安然公司的财务报表中。 此外，斯瓦茨和沃特金斯（2003 年）认为，安然公司为高级审计员支付了"封口费"，因此他们需要安然公司，因为它会给他们带来声誉和收入。斯瓦茨和沃特金斯举了一个例子："安达信的安然团队"批准了一项计划，使用"公允价值会计模式来帮助安然掩盖 1.9 亿美元的损失"。 管理层也没能在利益冲突面前保持中立，他们不仅参与了衍生品交易，而且他们的收入是与衍生品交易挂钩的。例如，安然的首席财务官安德鲁·法斯托安排他的下属迈克尔·科珀管理齐科公司，这样他就能够控制齐科公司（弗萨罗和米勒，2002 年）。此外，董事会还允许法斯托担任 LJM 公司的董事总经理（吉安和马丁，2002 年，第 51 页）

续表

因素	具体表现
前台、中台和后台部门职责不明	利益冲突的另一个例子是，安然公司的高级审计师大卫·邓肯（David Duncan）没有遵循安达信的保留原则，而是销毁了相关文件，阻碍针对安然的调查。他表示，是安达信的律师南希·坦普尔（Nancy Temple）授意他这么做的（弗萨罗和米勒，2002年）
缺乏适当的内部控制措施，缺乏适当的会计标准和规则	哈拉（Hala，2003年）在文章中引述了莎伦·沃特金斯（Sherron Watkins，安然公司企业发展部副总裁）的访谈记录。在沃特金斯看来，"安然公司最大的问题是，它将内部审计职能外包给了公司的外部审计机构——安达信会计师事务所"。沃特金斯认为，这些审计人员资历较浅，经验不足，他们不敢质疑安达信高级审计人员和安然高级主管批准的交易。此外，沃特金斯指出，内部审计人员并不直接向独立审计委员会报告，而是与负责各个业务部门的副总裁对接工作，而这些副总裁是在公司破产前最后一年招聘进来的。内部审计人员没有对各种危险信号提高警惕，这些信号本可以帮助公司及时发现舞弊或违规行为。沃特金斯认为，董事会在这一问题上态度消极，没有立场
缺乏适当的监督和监控	下面这个例子可以说明安然公司的内部规则缺位、监督松懈的问题。10月16日，肯尼斯·雷向分析人士宣布： 安然公司中止了前首席财务官安德鲁·法斯托与一家企业建立的合伙关系，从而消除了12亿美元的股本。通过这些合伙企业，安然可以在不计入债务的情况下买卖资产。这也是保证公司信用水平、维持股价高位的一种有效手段。这些措施清楚地反映了安然领导层自私自利的态度。公司高管不仅纵容这种不道德行为，还主动采取这种措施，并因此获得了公司的奖励。安然利用这些合伙公司掩盖自己背负的巨额债务，欺骗投资者。高管的这些操作，向公司员工传递了这样一个理念：信息的完全披露不仅不是公司规定，甚至连建议都算不上；通过掩盖真相为公司赚取短期利益，是完全可以接受的（西姆斯和布林克曼，2003年）
监管松懈	帕特诺伊（2002年）指出，安然"用含糊的语言敷衍披露义务"，而且他们觉得这没有什么不妥。他继续指出， 事实上，公司上报的收益应符合会计准则和会计原则。而披露出的会计指标与公司的基本经营状况并不总是一致的。但是，公司管理层的业绩通常是用会计收入，而不是用经营状况来衡量的。因此，风险管理战略针对的是公司的会计指标而不是经营表现。 安然很清楚，监管措施和监管标准是滞后的，跟不上创新的节奏，或者说是内控人员跟不上衍生品使用者的步伐。

续表

因素	具体表现
监管松懈	事实上，从安然进行的证券化操作和其他合法的结构性融资交易来看，安然公司的信息披露似乎不够深入，投资者很难根据其披露的信息做出足够合理的决策。此外，帕特诺伊（2002 年）提到，安然的交易员使用了"审慎准备金"名目，这说明要么是公司内部的政策不符合会计准则，要么是没有人执行这些政策
管理者（使用者和内部监督者）缺乏相应的知识	斯瓦茨和沃特金斯（2003 年，第 95 页）指出，在审计方面，安达信的审计人员都比较年轻，没有足够的知识和经验来处理和调查客户的做法。他们还指出，事务所的合伙人是优秀的销售人才，但并不擅长技术工作。在管理方面，员工经验比较丰富，拥有足够的知识。很多人毕业于一流大学，并都曾在审计事务所（如安达信）、顶级证券公司和银行工作过。但是，斯瓦茨和沃特金斯（2003 年）认为，安然更喜欢直接从学校招募员工，这样他们就可以按照公司的风格和企业文化来塑造他们
缺乏沟通	为了维持股价上涨，并方便公司使用衍生品与合伙企业和其他交易者进行交易，安然公司尽力向公众、分析师、银行、员工等所有人隐瞒真实信息。交易员这样做的目的是获得稳定的奖金，审计人员则是为了获得可观的收入，有些审计人员甚至希望日后能在安然找到一份薪酬更高的工作（安然公司的许多员工都是从安达信跳槽过来的）。事实上，公司的高管并没有与员工和投资者进行充分的沟通。尽管他们都知道真相，但他们仍坚持认为，公司财务状况稳定，许多新出现的问题其实并不太严重。他们做出的财务决定都是为了保障自己的个人利益（西姆斯和布林克曼，2003 年）
衍生品使用的复杂性和认识误区	附表中提到的衍生品交易远非普通衍生品，它们的作用是帮助安然公司隐瞒事实，营造公司业绩良好的假象
贪婪、傲慢以及权力欲	有几个例子突出展现了相关人员的贪婪、傲慢和权力欲。例如，为了确保获得丰厚的奖金，并使公司业绩表面上符合外界的预期，交易员和管理层掩盖了真实的损益情况。由于担心失去声誉，害怕失去安然这样的大客户，审计师要么选择保持沉默，要么与安然串通一气（这样，管理层就可以确保每个人只能看到自己希望看到的结果，而看不到真实的情况）。 安然营造了一种极端激进的企业文化，为业绩好的员工提供极为丰厚的奖励。它营造了一个竞争异常激烈的内部环境，鼓励员工之间相互竞争

续表

因素	具体表现
经验与教育经历	安然更喜欢从学校里直接招聘员工，这样新员工就只会接受并认同安然公司的做事方式。在安然公司步步高升并在休斯敦扎根下来的员工，很难在休斯敦找到一份跟原来薪水相当的工作。由于在就业方面没有太大的选择余地，人们会更容易容忍或忽视安然的内部危险（斯瓦茨和沃特金斯，2003年）
其他因素	政治因素：安然公司积极参与政治。摩根（2002年）指出，1992年，肯尼斯·雷支持民主党人鲍勃·克里（Bob Kerry）竞选总统。1994年，他向得克萨斯州民主党州长安·理查兹（Ann Richards）捐款，支持他的竞选活动，并在克林顿政府的可持续发展委员会任职。从1997年到2000年，为了提高政治影响力，安然向华盛顿的政客捐赠了大约1 020万美元，向总部所在地得克萨斯州的政客捐赠了580万美元［麦克纳尔蒂（McNulty），2002年］。乔治·W. 布什（George W. Bush，即小布什）总统担任得克萨斯州州长的时候，他把安然公司的董事长肯尼斯·雷亲切地称为"肯尼伙计"。肯尼斯·雷为小布什的两次州长竞选捐款46.1万美元，最终小布什成功当选。2000年，他为小布什的总统竞选捐款超过29万美元（艾兴瓦尔德和恩里克斯，2002年）。他坐在"先锋"包厢里观看了小布什总统的就职典礼，并在第二天参加了总统在白宫举办的私人午宴。 在此期间，与政府的良好关系和政治捐款为安然带来了回报。在担任得克萨斯州州长期间，小布什放松了对电力市场的管制，放宽了针对污染企业的规定，并制定法律保护企业免于诉讼。曾负责安然公司墨西哥业务的马克斯·伊扎奎尔（Max Yzaguirre），被任命为得州公共事业委员会委员［斯帕加特（Spagat），2002年］。这是一项对美国政治和安然公司都有利的任命。小布什当选总统后，把肯尼斯·雷安排在总统过渡团队中任职。W. 布什总统还任命安然的支持者、得克萨斯州公共事业专员帕特里克·H. 伍德三世（Patrick H. Wood III）为联邦能源监管委员会主席。安然从海外私人投资公司获得了约12亿美元的贷款担保，并从美国进出口银行获得了约6.5亿美元的贷款，为其海外投资项目提供资金（约斯特，2002年）。海外私人投资公司和进出口银行的贷款都得到了美国政府的信用作担保。海外私人投资公司提供的约2亿美元的贷款担保，帮助安然公司建成了一条从玻利维亚，经过奇基塔诺热带干燥森林，通往巴西的总长为390英里（1英里=1.609千米）天然气管道。管道经过的地方是世界上生态最脆弱的地区之一［格里马尔迪（Grimaldi），2002年］。 安然公司的高管和布什政府的能源特别工作组也进行了一些合作，副总统迪克·切尼（Dick Cheney）也参与其中。为了帮助安然公司收回达博尔（位于孟买附近）电力项目中价值29亿美元的股份和未付票据，副总统切尼专门就此事知会了印度政府。国务卿科

续表

因素	具体表现
其他因素	林·鲍威尔（Colin Powel）也就达博尔项目与印度官员进行了会谈 [米尔班克（Milbank）和赛普雷斯（Sipress），2002 年]。克林顿政府的驻印度大使理查德·塞莱斯特（Richard Celeste）和布什政府的驻印度大使罗伯特·D. 布莱克威尔（Robert D. Blackwell），以及两届政府的其他政府官员也都向印度政府施加了压力 [菲利普斯（Phillips），2002 年]。 小布什任命的高级顾问卡尔·罗夫（Karl Rove），拥有超过 10 万美元的安然股票，直到 2001 年 6 月他才处置了这些股票。2001 年 5 月，他开始担任政府的高级顾问，帮助总统制定能源计划和法案。小布什政府中与安然公司有密切关系的官员，还包括陆军部长（安然前副总裁）托马斯·怀特（Thomas White），白宫经济顾问（前安然公司顾问）劳伦斯·林赛（Lawrence Lindsey），切尼的助手罗伯特·利比（Robert Libby，安然股东），美国贸易代表（前安然顾问委员会成员）罗伯特·佐利克（Robert Zoellick），共和党全国委员会主席（曾经是安然公司的说客）马克·拉西科特（Marc Racicot）等人 [卡明斯（Cummings）和汉堡（Hamburger），2002 年]。 最后，共和党得克萨斯州参议员菲尔·格拉姆（Phil Gramm）的妻子温迪·格拉姆（Wendy Gramm），在安然的审计委员会工作。她曾担任过商品期货交易委员会的主席，负责监管过安然的几项交易活动。在商品期货交易委员会任职期间，她主导了一项委员会裁决，免除掉了联邦当局对安然公司大量交易活动的监管……2000 年……格拉姆参议员发起了《商品期货现代化法案》（*Commodity Futures Modernization Act*），正式将监管豁免写入法律 [赫奇斯（Hedges）、泽勒尼（Zeleny）和詹姆斯（James），2002 年]。 不过，2001 年，在安然公司的财务丑闻披露后，肯尼斯·雷等安然公司的高管与政府官员举行了一场电话会议，他们与财政部长保罗·H. 奥尼尔（Paul H. O'Neill），商务部长唐纳德·L. 埃文斯（Donald L. Evans），负责美国国内金融的财政部副部长彼得·费舍尔（Peter Fisher），联邦储备银行主席艾伦·格林斯潘及其他政府官员进行了交流，但最终没有获得他们想要的援助。此外，两党的一些政客，包括共和党阿肯色州参议员蒂姆·哈奇森（Tim Hutchison），民主党密苏里州众议员理查德·A. 格帕德（Richard A. Gephard）等人，都急于撇清与安然的关系，纷纷返还安然公司的政治捐款 [埃德萨尔（Edsall），2002 年]。每个政客都想与安然公司划清界限，希望能在安然倒闭后免于刑事指控。 企业文化：几乎可以肯定的是，安然公司的领导层，以及公司的内部环境为公司的不道德行为提供了完美的庇护，这最终断送掉了公司的未来。安然的领导者和审计人员缺乏道德良知和勇气阻止公司

因素	具体表现
其他因素	的倒闭，同时也缺乏区分企业内部环境优劣的领导力特质 [约瑟夫森（Josephson），1999 年]。事实上，斯瓦茨和沃特金斯（2003 年，第 96 页）在书中写道，沃特金斯嘲笑她在安达信的两位老同事时说："你们俩什么时候会长点胆量呢，你真的打算让我们无视这些公平价值原则吗?"她的话反映了安然审计人员的软弱性格。 此外，沃特金斯指出，一旦上层管理人员开始向下属施加不当的压力和不良的影响，人们以后就不再质疑上司，因为他们认为这样做是徒劳的。此外，听从上司的摆布，也能减轻自己的罪恶感。他们开始躲在公司的背后，不敢站出来。我认为安然公司内部就是这个样子。高层的态度确实至关重要，如果高层人士无视企业道德，其他人也会纷纷效仿（哈拉，2003 年）

4. 对安然公司案例的总结

安然破产事件使我们得以一窥未来虚拟环境下资本的运作方式。但是，我们从中却得出了两种完全矛盾的见解。一方面，互联网使资本的运作更加灵活，因此，资本运行体系会更加稳定。与过去垂直整合的制造业巨头相比，高度自动化、水平化的在线交易网络，能够更加快速地对需求变化做出反应。人类身上的无形资本比工厂和设备等有形资本更容易得到重新部署。在线产品的生命周期大大缩短，鼓励人们加快节奏进行创新。人们通过这些创新对企业实施管理，而这些企业也都采用了更先进的电子商务模式。未来更鲜明的变化是，人们可以利用新兴市场的关键信息，通过调动投资者所掌握的资金，为企业融资。另一方面，这个过程存在着巨大的风险。安然的轰然倒下，揭示出这样一个结论：一旦金融市场证明人们的乐观情绪是错误的，虚拟资本就会迅速消失。银行不愿看到自己提供的贷款血本无归，因此往往会继续向陷入困境的借款者贷款。而证券投资者就不一样了，一旦坏消息引起市场恐慌，他们会选择立即撤出资金。这种趋吉避凶的态度往往会造成雪崩一样的后果。这是因为，市场预期往往会趋向于极端，高杠杆率投资者面对市场下跌，不得不抛售手中的证券。这种像雪崩一样的市场反应，可以使市值超过 700 亿美元的安然公司，在几个月内化为乌有。

> 安然公司的倒闭，使企业领导力问题成为全球商界关心的头等大事。安然公司的倒闭不仅改变了成千上万名雇员的人生轨迹，也对整个商业界造成了巨大的影响，这一影响至今仍未消失［托马斯（Thomas），2006 年］。

但是，值得注意的是，在颓然倒闭前的几年里，安然公司拥有很多荣誉，其中包括：

- 公认的伟大企业；
- 六项环保大奖的获奖者；
- 2000 年度全球最受尊敬公司；
- 连续六年被评为美国最具创新力公司；
- 最佳雇主之一；
- 备受三重底线报告的赞誉（该报告不仅考虑企业的经营业绩，还看重它们的社会表现和环保表现）（托马斯，2006 年）。

很多商学院称赞安然公司为"卓越人才中心"，开启了"新千年的商业模式"。全世界演讲者和学者都对安然公司赞不绝口，称"这家新兴的创新公司似乎正在为商业世界创立新的规则"。但是，

> 安然公司营造了一个竞争异常激烈的内部环境，鼓励员工

之间相互竞争。作为一个公司实体，安然在短短几周内就垮掉了，不仅留下了一摊财务乱局，也给员工带来了严重的影响。

在 1997 年到 2001 年，安然的市值增长到惊人的 500 亿美元，然而仅仅用了 10 个月的时间，巨额市值就完全蒸发掉了（托马斯，2006 年）。

在企业的整个发展过程中，安然就像金融世界的一座孤岛。虽然安然公司的有些员工是从其他企业跳槽过来的，但它更喜欢从学校里直接招聘员工，这样新员工就只会接受并认同安然公司的做事方式。在安然公司步步高升并在休斯敦扎根下来的员工，很难在休斯敦找到一份跟原来薪水相差无几的工作。由于在就业方面没有太大的选择余地，人们会更容易容忍或忽视安然的内部危险。对安然的员工来说，他们的就业环境很特殊，而安然公司本身的运营环境也很特殊。当然，华尔街也爆出过不少金融丑闻，而且由于衍生品交易涉及的资金规模都很庞大，这样的丑闻很有可能还会出现。

安然的领导层用他们自己的行动传递了自己强烈的价值倾向。他们极为关注财务指标和新型的合伙关系，这不仅违反了相关规定，也触犯了法律。

例如，10 月 16 日，肯尼斯·雷向分析人士宣布：安然公司中止了前首席财务官安德鲁·法斯托与一家企业建立的合伙关系，从而消除了 12 亿美元的股本。通过这些合伙企业，安然可以在不计入债务的情况下买卖资产。这也是保证公司信用水平、维持股价高位的一种有效手段。

这些措施清楚地反映了"安然领导层自私自利的态度"。公司高管不仅纵容这种不道德行为,还主动采取这种措施,并因此获得了公司的奖励。安然利用这些合伙公司掩盖自己背负的巨额债务,欺骗投资者。高管的这些操作,向公司员工传递了这样一个理念:信息的完全披露不仅不是公司规定,甚至连建议都算不上;通过掩盖真相为公司赚取短期利益,是完全可以接受的(西姆斯和布林克曼)。

安然的领导层更关心的是他们的个人收入和经济回报,而不是公司所面临的严重问题。事实上,他们一开始忽略了这些问题,后来又否认这些问题的存在。

> 例如,安然的问题公开后,公司的股价开始下跌,公司"恰好"从一个投资项目过渡到另一个投资项目。员工们无法出售他们的股票,但高管们却迅速抛售了许多股票。公司的高管缺乏诚信,并没有与员工和投资者进行充分的沟通。尽管他们都知道真相,但他们仍坚持认为,公司财务状况稳定,许多新出现的问题其实并不太严重。他们做出的财务决定都是为了保障自己的个人利益(西姆斯和布林克曼,2003 年)。

此外,安然公司的领导层为公司的不道德行为提供了完美的庇护。约瑟夫森商业道德研究所(Josephson Institute of Ethics)所长迈克尔·约瑟夫森在研究领导力特质时,分析了企业内部环境。

这种不良的企业环境只可能在短时间内对人们产生惊人的效果，但可以预计的是，以恐惧作为激励员工的因素，会促使人们为了自保不得不采取作弊、欺骗的手段，营造出一种争当第一的内部竞争氛围（约瑟夫森，1999 年，引自西姆斯和布林克曼，2003 年）。

根据约瑟夫森（1999 年）的观点，安然的领导者和审计人员缺乏道德良知和勇气阻止公司的倒闭，同时也缺乏区分企业内部环境优劣的领导力特质。约瑟夫森（1999 年）还指出：

个人特质决定了个人的命运，同理，一个组织的命运由其领导者的特质决定。当个人由于缺乏领导力特质而背离原则时，组织也会因此蒙受损失。

安然管理层不仅欺骗投资者，更恶劣的是，它还欺骗、伤害自己的雇员。一些投资者能够调整头寸，抛售安然股票，但员工却无法出售股票，因为他们持有的安然股票是他们养老金计划的一部分。安然公司成千上万名辛勤工作的雇员，都是美国中产阶级的一员，他们不仅失去了工作，还失去了自己的退休金。相反，高层管理人员却能及时抽身离开，有些人甚至靠卖出公司股票获得了不少利润。

安然倒闭后，美国联邦调查局调查了安然公司的前总裁肯尼斯·雷。

肯尼斯·雷涉嫌在获悉公司财务状况不佳的消息后，非法抛售股票。1999 年 2 月至 2001 年 7 月，他抛出了价值 1 亿美元的安然股票。2001 年 8 月，肯尼斯·雷与安然公司前高级雇员莎伦·沃特金斯进行了会面。雷还被指控在此次会面后非法抛售股票。沃特金斯曾警告他，安然的把戏已经被拆穿，公司的违规操作会将公司淹没在丑闻的浪潮中。

现在，人们仍然在全面探讨安然公司内部出现的问题。很明显，安然内部存在的问题，跟领导层和管理者脱不了干系。他们似乎已经失去了任何道德底线。"安然付出了如此多努力才建立起来的，极力鼓吹竞争的企业文化，最终为公司的垮台创造了条件"（安然公司，日期不明）。这种企业文化带来了危险的结果，最终导致了公司的覆灭。领导层用谎言夸大业绩，以至于他们完全无法采取任何实质措施，来提高公司的真实财务业绩。"安然最终成为一家以谎言、舞弊、傲慢和背叛为特征的公司"。但安然公司绝不是一个孤例，绝不是唯一一家被公司领导者自身的领导角色和方式所裹挟的国际知名公司。事实上，本项研究也表明，在过去的几十年里，出现了很多与安然存在类似问题的公司（安然公司，日期不明）。

安然破产事件最重要的影响是，人们对公司治理有了更深入的认识和理解，或者说，它促使人们意识到自己缺乏这种认识和理解。2002 年夏，安然丑闻爆发后，就在人们想知道哪家公司会成为下一个安然的时候，环球电讯（Global Crossing）、泰科（Tyco）、伊康系统（ImCone Systems）和世通公司（WorldCom）也被指控存在财务欺诈。消息一出，立刻震惊了投资者，相关公司的股价也受到了冲击。短期内，投资者对股票丧失信心，撤出大量资金，投资者的这些反应造成了数十亿美元的损失。从长期来看，投资者要求公司提高治理水平，提高信息披露的透明度，会对市场产生有益的影响。我们还会发现，安然公司缺乏遵守规则的主动性,故意掩盖公司负债和其他会计信息,使投资者无法掌握公司的真实财务情况。正是这种舞弊行为,促使公司滥用衍生品进行负债管理和新业务融资。

根据安然公司的报告(日期不明),安然的破产,是一个"前所未有的案例"。安然事件折射出公司异常复杂、风险极高的商业模式,以及它进行的充满疑点的交易活动。此外,报告还指出,安然公司的市值已经完全超出了公司产生经常性盈余现金流的实际能力,而最终导致公司破产的原因有:公司内部政策不到位,缺乏能力出众的投资顾问和投资银行,公司内部私底下进行违法行为,审计无效以及信用评级大幅下降。

卡拉翰(Callahan)和卡扎(Kaza)(2004 年)指出,在这桩美国历史上第二大破产案(仅次于世通公司)中,衍生品确实起到了一定的作用,但它的作用并没有大多数人想象的那么大。安然公司的破产,并不是由衍生品交易亏损导致的。事实上,安然在衍生品交易业务上是非常成功的,它从中赚取了数十亿美元的利润。根据经济历史学家弗兰克·帕特诺伊的调查,导致安然破产的不是亏损,而是它试图利用它的利润掩盖自己在咨询业务和技术项目中出现的严重亏损。在会计欺诈丑闻曝光后,公司信誉扫地,信贷来源和现金来源也随之消失。它倒闭的直接原因是现金流中断,而不是缺乏利润。

第 4 章
人们对金融衍生品的认识误区与疑问

4.1　概述

本项综述性研究表明，金融衍生品是金融和非金融企业广泛使用的一种风险管理工具。作为套期保值或增加收益的工具，未来金融衍生品的使用程度将会不断提高。与其他金融工具类似，衍生品的使用也会增加企业的风险敞口。很多公司、基金机构和银行因衍生品使用不当，遭受了巨额损失，这引发了媒体的大量讨论，也引起人们对其有效性的质疑。同时也激发了笔者的探究欲，促使笔者展开研究，调查影响衍生品使用的因素。

笔者进行本项研究的目的是确定给企业造成损失的是衍生品使用者和内控人员的原因还是衍生品工具本身的原因。此外，笔者希望通过调查，回答以下两个突出的问题：

- 影响衍生品安全使用的决定因素是什么？

- 问题的根源是否是衍生工具所固有的性质？使用衍生品是否是一种不理智的行为？衍生品是否是一种糟糕透顶且极度危险的金融工具？

总之，笔者希望通过这本书探讨衍生品的使用方式，剖析有关对衍生品的误解和认识误区。通过本项研究，我们发现，合理使用衍生品，确实能为企业带来更多收益，衍生品也是一种稳健、灵活、有效的风险管理工具。衍生品给了人们消除或降低不必要风险的更多选择，有助于消除或降低市场不确定性造成的影响。

本项研究表明，导致企业做出不明智决策，并影响衍生品安全使用的，并不是衍生品本身，而是本书探讨的其他因素。

作者对格里马（2012 年），贝齐纳和格里马（2012 年）研究的案例、结论进行了总结，揭示了这些影响因素的相似性，见表 4-1 和表 4-2。

表 4-1　影响衍生品安全使用的因素（及相关案例）

		金融企业	财务危机（格里马，2012 年）	非金融企业
A		前台、中台和后台部门职责不明	—	前台、中台和后台部门职责不明
B		缺乏适当的内部控制措施，缺乏适当的会计标准和规则	内部控制手段、标准不合理、激励措施不当	缺乏适当的内部控制措施，缺乏适当的会计标准和规则
C		缺乏适当的监督和监控	—	缺乏适当的监督和监控
D		监管松懈	—	监管松懈
E		管理者（使用者和内部监督者）缺乏相应的知识	培训不充分、缺乏专业技能	管理者（使用者和内部监督者）缺乏相应的知识
F		缺乏沟通	—	缺乏沟通
G		衍生品使用的复杂性和认识误区	衍生品的复杂性和认识误区	衍生品使用的复杂性和认识误区
H		贪婪、傲慢以及权力欲	贪婪、傲慢以及权力欲	贪婪、傲慢以及权力欲
I		经验与教育经历	经验	经验与教育经历
J		—	—	危机处理不当（德国金属公司）
K		—	政治因素	政治因素（德国金属公司）（安然公司）
L		企业文化和内部环境（爱尔兰联合银行）（法国兴业银行）	不合理的风险管理文化	企业文化（安然公司）
M		—	缺乏透明度	—
N		—	对衍生品的认识误区	—
O		—	管理层的影响	—
P		—	企业规模和内部关联程度	—
Q		—	所用工具、技术不合理	—

表 4-2　相关研究所探讨的影响衍生品安全使用的因素

	本项研究	贝齐纳和格里马（2012 年），以及贝齐纳等人（2013 年）	格里马等人（2017 年）
A	前台、中台和后台部门职责不明	前台、中台和后台部门职责不明	—
B	缺乏适当的内部控制措施，缺乏适当的会计标准和规则	会计标准和规则不合理	会计标准不合理，缺乏内部控制体系以及措施
C	缺乏适当的监督和监控	—	—
D	监管松懈	—	会计标准和规则不合理
E	管理者（使用者和内部监督者）缺乏相应的知识	—	缺乏衍生品方面的知识和经验（专业技能）
F	缺乏沟通	—	缺乏沟通
G	衍生品使用的复杂性和认识误区	衍生品的复杂性	衍生品的复杂性
H	贪婪、傲慢以及权力欲	—	贪婪、傲慢以及权力欲
I	经验与教育经历	—	—
J	—	衍生品的内在性质	—
K	—	衍生品使用者和控制者本身的性格和特质	—
L	—	金融市场的残酷性	—
M	—	欺诈行为和流氓交易员（有些人认为这是一种表现，而不是影响因素，正因如此，作者没有在其他研究中将其列为影响因素）	—
N	—	—	"企业体量庞大，不可能倒闭"的错误心态
O	—	操作流程不清晰	—
P	—	企业内部环境与企业文化	企业内部环境与企业文化
Q	—	担心出丑的心理	担心出丑的心理（害怕在衍生品使用过程中犯错）

	本项研究	贝齐纳和格里马（2012年），以及贝齐纳等人（2013年）	格里马等人（2017年）
R	—	缺少专职的内部控制人员（审计人员、风险管理人员、合规管理人员）	—
S	—	培训不充分或缺乏相应的培训	政治因素（内部和外部因素）

上述两项研究分别指的是贝齐纳、格里马与法尔宗（2013年），格里马、罗曼诺娃与贝齐纳（2017年）的研究。

4.2 影响衍生品安全使用的决定因素是什么？

作者对相关论文的所有结论进行了概括，见表4-3。所有相关论文均将内部控制、会计标准、人们对衍生品的理解、认识、衍生品的复杂性、人们的贪欲、傲慢、权力欲，以及人们对衍生品使用的错误观念列为影响衍生品使用的因素。作者将上述因素划分到四个互相独立的维度或编号中（分别是B，E，F和G）。

表4-3 影响衍生品安全使用的因素以及这些因素所归属的维度

影响衍生品安全使用的因素以及这些因素所归属的维度		案例研究及格里马（2012年）的研究	贝齐纳和格里马（2012年），以及贝齐纳（2013年）的研究	格里马等人（2017年）的研究	本项研究
A	前台、中台和后台部门职责不明	√	√	—	√
B	缺乏适当的内部控制措施，缺乏适当的会计标准和规则	√	√	√	√

续表

	影响衍生品安全使用的因素以及这些因素所归属的维度	案例研究及格里马（2012 年）的研究	贝齐纳和格里马（2012 年），以及贝齐纳（2013 年）的研究	格里马等人（2017 年）的研究	本项研究
C	缺乏适当的监督和监控	√	—	—	√
D	监管松懈	√	—	√	√
E	管理者（使用者和内部监督者）缺乏对衍生品使用后果的知识、认识和理解	√	√	√	√
F	缺乏沟通	√	—	√	√
G	衍生品使用的复杂性和认识误区	√	√	—	√
H	贪婪、傲慢以及权力欲	√	√	√	√
I	经验与教育经历	√	—	—	√
J	政治因素	√	√	—	√
K	不合理的企业文化和内部环境	√	—	—	—
L	缺乏透明度	√	—	—	—
M	对衍生品使用的认识误区	√	√	—	—
N	管理层的影响	√	—	—	—
O	企业规模和内部关联程度	√	—	—	—
P	所用工具、技术不合理（风险管控方面）	√	√	—	—
Q	衍生品本身的性质	—	√	—	—
R	衍生品使用者和控制者本身的性格和特质	—	√	—	—
S	金融市场的残酷性	—	√	—	—

续表

影响衍生品安全使用的因素以及这些因素所归属的维度		案例研究及格里马（2012年）的研究	贝齐纳和格里马（2012年），以及贝齐纳（2013年）的研究	格里马等人（2017年）的研究	本项研究
T	欺诈行为和流氓交易员	—	√	—	—
U	操作流程不清晰	—	√	—	—
V	内部环境与企业文化	—	√	√	—
W	担心出丑的心理	—	√	√	—
X	缺少专职的内部控制人员（审计人员、风险管理人员、合规管理人员）	—	√	—	—
Y	培训不充分或缺乏相应的培训	—	√	—	—
Z	"企业体量庞大，不可能倒闭"的错误心态	—	√	√	—
AA	布莱克－斯克尔斯定价模型	—	—	—	√

4.3　问题的根源

　　乔瑞恩（1995，第3页）将衍生品比作"魔鬼的工具"，笔者使用了类似的方式，形容人们对衍生品的误解（"魔生品"）。很多学者将衍生品定义为"资本家进行豪赌的工具和混乱的金融市场的一剂致命毒药"［伯恩斯（Burns），1998年］。乔瑞恩（1995年）指出，"'衍生品'一词在1992年的《华尔街日报》新闻标题中只出现了8次，1993年出现了28次，1994年出现了128次"。如果你在2010年11月26日使用谷歌搜索这个词语，它会返回2 880万个结果。如果你在同一天搜索"衍生品灾难"（Derivative

Debacles）这个词组，你会得到13.1万个结果。"衍生品"越来越频繁地出现在媒体报端。过去20年里，衍生品在全球范围内的普及程度迅速提高。

我们选择了个别案例，对衍生品的使用进行了深入的分析。虽然表面看来，衍生品似乎是导致企业巨额损失的共同因素。但事实表明，其他因素对企业失败也起到了推波助澜的作用。调查结果（访谈、调查）表明，对企业来说，衍生品是一种重要工具，如前文所述，它是一种成本更低、效果更好的风险管理手段。本项研究的结果也表明，由于人们对衍生品存在误解，或者认识误区，于是它便跟"流氓交易员"一样，成为理想的"替罪羊"，成为审计人员、高管、董事会、审计委员会和监管机构等推卸责任的借口。在笔者深入研究的几个案例中，只有安达信这一家审计机构因为参与安然公司的违规行为，而与管理层一同垮台。在其他所有案例中，人们都将矛头指向衍生品的"流氓交易"。事实上，在访谈中，尼克·李森断然拒绝将问题归咎于衍生品，他认为问题的根源是衍生品背后的人为因素以及衍生品的使用环境。他表示，衍生品是一项重要的工具，不仅有助于消除风险，还能促进企业和国家的发展。

4.4　对策措施及建议

为指导企业和机构安全使用衍生品，本项研究所依据的几篇论文提出了以下对策措施及建议：

- 对前台、中台和后台部门进行物理上和逻辑上的分离；
- 定期开展培训，确保相关人员了解其所从事的业务；
- 在条件允许的情况下，同时对内控人员和衍生品使用者进行培训，培训内容应与内控措施和新型金融产品有关；

- 制定灵活的内部政策，政策中应包含例外程序；

- 重塑企业文化，确保每个人都肩负起内部控制的责任以及安全使用衍生品的责任；

- 公司需要提高薪酬，吸引经验丰富的优秀人才，尤其是内部控制方面的人才；

- 企业应制定可用衍生品清单，在使用某一种衍生品前对员工进行相关培训，确保所有人都了解这一工具；

- 保证高层管理人员、员工和审计委员会之间沟通顺畅；

- 沟通渠道应该清晰、有效；

- 企业应尽量使用场内交易的衍生品，若进行场外衍生品交易，则必须采用标准化、易于理解的合约；

- 内控人员和衍生品使用者必须清楚地了解场外合约的风险，并对风险进行适当的管理和账务处理；

- 企业内部应形成良好的氛围，不仅鼓励员工创造利润，也要允许和鼓励人们发现业务漏洞（例如，企业应该鼓励员工以最低风险创造利润，而不仅仅靠佣金鼓励人们创造利润）。

4.5　对后续研究的建议

本项研究表明，存在多种因素影响衍生品的安全使用（笔者在调查中发现了影响衍生品安全使用的六大方面的因素和四个人口统计变量，在分析完所有数据来源后，共找出了 25 个影响因素）。很多企业因滥用衍生品而遭受了重大损失甚至导致了破产，研究这些企业内控人员和交易者的特点和特质，将是一件非常有意义的事情。通过研究，研究人员可以分析这些结构性因素在这些案例中所起到的作用。

人们还需要深入分析是什么因素导致企业没有及时发现预警信号，从而避免灾难的发生。是内控团队人员不足、内部结构不合理，还是预防体系的岗位汇报结构或沟通机制不合理导致的。

此外，研究者还需要深入研究其他案例，如长期资本公司和不凋花公司的对冲基金，探讨这些因素对衍生品安全使用的影响。事实上，在长期资本管理公司案例研究中提到的一个因素，并没有出现在其他研究案例中，这个因素就是布莱克 – 斯科尔斯公式。

4.6　本项研究的基础和局限性

本项研究的基础仅限于笔者所选择的案例、文献。尽管存在一定的局限性，但我们的研究结果能促进人们对衍生品使用和滥用问题的讨论，鼓励人们开展更多的研究，增进人们对衍生品的安全和有效使用这一问题的理解。

4.7　本项研究的意义

在过去的几十年里，针对衍生品问题，人们开展了大量的研究。每一项研究都涉及不同的领域，采用相似或不同的方法，或探讨不同的地区或国家的衍生品问题。但是，本项研究着眼于衍生品滥用问题，其研究方式和方法不同于现有的其他任何研究。

由衍生品使用或内控问题造成的企业破产或损失的案例层出不穷，本项研究以这一课题为研究对象，丰富了这一领域的研究。笔者探讨了影响衍生品安全使用的重要因素，帮助使用者和内控人员在衍生品的使用过程中区分和重视这些因素。很多人将企业损失归咎于衍生品，而本项研究打破了这一认识误区，并指出如果运用得当，衍生品不失为一项重要的风险对冲工具。由于企业管理层和董事对衍生品抱有误解，因此学者们有必要开展进一步的研究，消除人们的误解。

本研究的重点是提出明确的内部控制措施，确保企业能够以安全的方式使用衍生品，使各相关方都能从中受益。作者通过表 4-3 总结了影响衍生品使用的重要因素，以方便使用者和内控人员更好地理解和评估这些因素，并提出了一些切实可行的建议，目的是确保人们能够清楚衍生品的实际意义和特点。笔者采取了一种以研究者兼实践者的立场分析问题的方法（詹姆斯和温尼科姆，2002 年）。如前文所述，这有助于将本项研究付诸实践，缩小理论与实践的距离。

笔者指出，个体行为和社会学方面的因素、企业内部环境、企业文化、教育程度、经验、政治因素、个人认知、内控结构和个人特质和性格等因素，都对衍生品的使用起到了重要的影响，并能影响衍生品的使用效果。本项研究表明，企业应该建立良好的企业治理、风险和合规管理体系，制定合理的岗位汇报结构，确保从业人员具有衍生品相关知识（经验和教育背景），只有这样，人们才能深入理解和解决表 4-3 列举的各项问题，也只有这样，人们才能发现并解决其他问题。

4.8　结论

过去的几年，衍生品领域发生了翻天覆地的变化。衍生品市场、能源衍生品、保险和天气衍生品、基于互联网的风险管理，这些学者们以前想都不敢想的东西，如今都成了现实。很难想象，假如没有这些东西，现在的世界会是什么样子［莱布（Leib），2000 年］。

衍生品是企业管理商业风险的重要工具。但是，如果缺少合理的内部控制机制，企业就有可能滥用衍生品，操控衍生品交易。此外，企业应根据自身面临的风险，决定使用哪种性质或类型的衍生品。衍生工具在不同案例中的使用背景，操纵衍生品交易的案例和交易欺诈案例，给人们提供了宝贵的启示，有助于人们更好地理解这些金融工具。更重要的是，未来的衍生品将会为企业带来更多的利润，它在金融市场中的地位和作用也将不断提高。事实证明，衍生品蕴藏着巨大的潜力，因此为了更好地利用这些金融工具，人们必须重视与衍生品滥用相关的风险。

本项研究表明，影响衍生品安全使用的因素是多种多样的。同时，通过对过往案例进行研究、调查和分析，人们可以建立完善的内部规则和控制体系。但是，它们有时可能会与新环境、新现实脱节。这表明，能否安全使用衍生品，取决于一系列因素的综合作用。企业和机构应该认识到这些问题，并时刻保持警惕，注意衍生品市场的变化和创新，并及时对控制体系做出调整。

芬克姆（Finchem，1998 年）指出，一些企业使用衍生品作为主要的风险管理策略，但在此之前，它们需要解决几个问题。他认为，建立高效的流动性市场是非常重要的。同样十分重要的是，管理层和高管必须懂得如何利用衍生品来降低风险和创造价值。仅仅靠修订规章、公司章程、标准、规则以及商定交易主协议，是远远不够的。此外，由于近年来衍生品使用者对衍生品交易过于谨慎，因此市场参与者应建立并维持自身信誉。笔者认为，衍生品市场面临的最大问题是，市场参与者需要设计出合理的风险管理策略，满足企业自身需求。还有，大多数大型企业的资金部门往往都能利用丰富的资源，来评估、监控和管理风险，但相比之下，中小企业的资金部门往往缺乏相应的资源，更容易受到市场波动以及经营现金流变化的影响，因此，衍生品能够给中小企业带来更多收益（芬克姆，1998 年）。

要保证金融衍生品得到安全使用，企业就必须根据现实需要和市场环境及时做出调整。人们必须重新思考如何解决已经出现的问题。参与衍生品交易的公司和机构应该时刻注意预警信号，警惕那些试图绕开内控机制的"流氓交易员"。

附录：案例概要

①
阿拉克鲁兹公司

克里斯·朗（Chris Lang，2009 年）在彭博社（2008 年 12 月）的一篇文章中提到，2008 年，巴西纸浆制造商阿拉克鲁兹公司对外宣布，公司在外汇衍生品上的损失高达 21.3 亿美元。巴雷托（Barreto，2008 年 b）在路透社的一篇文章中指出，此前，公司与多家银行进行交易，轧平了有毒外汇衍生品的大部分敞口头寸。公司持有的货币远期合约的执行价格平均为 1.76 雷亚尔兑 1 美元，平均期限 12 个月。合约规定，在交易价格低于执行价格时，公司需支付两者价差的两倍。随着雷亚尔对美元的大幅贬值，公司的亏损也在不断增加。

巴雷托（2008 年 b）指出，阿拉克鲁兹与某些不愿具名的银行达成了一项协议，公司出售其外汇衍生品，通过平仓97%的合约来重组逾期债务。当雷亚尔对美元大幅贬值时，阿拉克鲁兹是公布巨额外汇损失的几家巴西公司之一。

巴雷托（2008 年 a，b）指出，事实上，2007 年雷亚尔对美元升值了20%，2008 年 8 月初又升值了14%，于是许多公司押注雷亚尔会持续走强。

全球市场动荡加剧，以及人们对全球的悲观预期，导致新兴市场的资本急剧外流，这些押注开始落空。雷亚尔自 2008 年

8 月初达到 9 年来的最高点后，持续下跌，跌幅达 27% 以上，造成了巨额的汇兑损失（巴雷托，2008 年 a，b）。

针对关于这家"纸浆公司"，克里斯·朗（2009 年）在一篇在线论文中指出，2008 年 11 月 24 日，公司召开了一次特别股东大会。

96.5% 的有表决权的股东代表参加了会议。会议上，他们计划讨论一项提议，决定是否对公司前首席财务官伊萨克·萨古里（Isac Zagury）的失职提起诉讼。

克里斯·朗（2009 年）指出，让责任人为自己造成的乱局负责，的确是应该的。但是，公司做出这一决定的唯一原因是雷亚尔兑美元的汇率暴跌。如果这种情况没有发生，即使董事会和股东可能已经知道公司存在滥用衍生品的问题，他们也不会抱怨公司的衍生品交易。克里斯·朗（2009 年）辛辣地指出，之所以会这样，是因为此前他们一直在盈利。

②
昭和壳牌石油公司

昭和壳牌石油公司是日本最大的炼油商和石油产品分销商之一。它是荷兰皇家壳牌集团（Royal Dutch Shell Group）的子公司，后者持有昭和壳牌的一半股份。1993 年 2 月，昭和壳牌披露，公司未实现亏损为 1 250

亿日元（10.5 亿美元），造成巨额亏损的原因是，公司进行了美元兑日元的投机性外汇衍生品交易，总价值高达 64 亿美元。由于美元持续贬值，公司的损失后来达到 1 663 亿日元。同年 8 月，两位公司高层因外汇期货合约的巨额损失而辞职（莱斯扎特，1998）。贝亚特·莱斯扎特（Beate Reszat，1998 年）指出，公司在接下来的几年里冲销了这些损失，并通过出售证券和财产筹集必要的现金，来弥补这些损失。由于公司需要不停地展期远期合约头寸，于是导致外汇损失越滚越大，逐渐失去控制。而在 1994 年 4 月以前，这种操作是符合规定的，也是正常的（但在 1994 年 4 月之后，日本财务省修改了相关规则）。日本的会计准则允许公司通过以历史价值上报这些交易信息，公司可以通过这一操作来掩盖未实现的损失。

莱斯扎特（1998 年）指出，事实上，1989 年，昭和壳牌开始以平均 145 日元的价格买入美元远期。当日元兑美元汇率下跌时，昭和壳牌将其头寸进行展期，推迟结算，以免暴露公司损失。理论上，如果不是因为展期费用过高，这种操作可以无限期地继续下去。

❸
鹿岛石油株式会社

1994 年 4 月，这家日本的中型炼油厂向外界公布，公司因外汇衍生品交易产生的未实现损失总额达 1 522 亿日元（15 亿美元）。公司老板小畑八郎（Hachiro Obata）为此引咎辞职。鹿岛石油株式会社主要向日本市场供应成品油，其原料为进口石油；而日元走强意味着原材料更便宜，因此利润更高。截止到 1988 年，这家公司的外汇交易员签订了大量有约束力的远期合约，造成了 1 000 亿日元的未实现亏损。到了 1990 年，伊拉克入侵科威特，公司的损失继续增加。由于预期未来的石油需求会增加，鹿岛石油和许多其他日本大宗商品进口商一样，增持了美元资产。后来由于美元贬值，公司的预期利润也随之下跌［《经济学人》（美国版），1994 年］。

鹿岛石油表示，公司将出售价值 1 000 亿日元的资产和证券，以弥补这一损失。四家母公司（鹿岛石油为非上市公司）打算为其注入新资本，包括鹿岛市主要银行日本工业银行（Industrial Bank of Japan）在内的 29 家银行，也参与了融资。

> 这件事给了日本公司的资金业务人员上了一堂课。越来越多的人开始选择期权（即使对市场判断失误，也不会产生巨额亏损头寸）而不是远期合约（货币走势与预期不符会导致巨大的风险）作为外汇套期保值的手段。

公司主管们开始意识到，公司必须对交易员实施密切的内部控制。此外，跟昭和壳牌的遭遇相似，1994 年 4 月，财务省禁止企业对新的远期合约进行展期，并要求企业尽快平仓现有的敞口头寸。财务省 1995 年又颁布了一项新指令，要求企业必须在 1995 年 3 月，即该财政年度结束前，平仓所有现有敞口头寸［《经济学人》（美国版），1994 年］。

④
松鼠储蓄银行

2008 年 10 月，这家法国互助储蓄银行在衍生品交易（自有账户的越权交易）上损失了 6 亿欧元（8.07 亿美元或 4.66 亿英镑）。银行将巨额损失的部分原因归咎于当时市场的高度波动性。索尔特马什（Saltmarsh，2008 年）在文章中写道，银行的发言人指出，涉及的衍生品是股票指数类衍生品。这名发言人补充说，该行的控股公司法国国家储蓄银行（Caisse Nationale des Caisses d'Épargne）将冲销这笔损失。银行的内部审计人员发现了银行的敞口头寸。

银行已经解雇了越权进行交易的一组雇员。索尔特马什（2008 年）认为，根据发言人的说法，"约六名交易员"组成的团队负责这些交易，他们目前已被停职，正在等待接受调查。

松鼠储蓄银行在一份声明中表示，这些损失不会影响银行的金融实力，也不会对客户造成影响。这家非上市银行在声明中补充道，它保留了超过 200 亿欧元的股东权益（索尔特马什，2008 年）。松鼠储蓄银行将这一事件归咎于发生在 10 月 6 日那周的市场"极端波动"。据 BBC 新闻报道（2008 年），松鼠储蓄银行的一位发言人说，一个"人数不多的团队"造成了这次损失，"他们因超出交易风险限制而受到了处罚"。发言人还表示银行已经解雇了财务总监朱利安·卡尔莫纳（Julien Carmona）的一名助手。

❺
沙地亚公司

　　沙地亚公司成立于 1944 年，是巴西一家非常重要的食品生产商、肉类产品出口商，也是全世界最重要的冷冻食品生产商之一。公司在巴西、阿根廷、智利、乌拉圭、巴拉圭和玻利维亚设有配送中心，并在英国、意大利、日本和阿联酋设有代表处。沙地亚公司在圣保罗交易所（Sao Paolo Exchange）上市，公司的美国银行证券存单在纽约证券交易所挂牌交易，交易代码为"SDA"。

　　沙地亚公司披露，由于在外汇衍生品上押注失败，公司亏损约 7.6 亿雷亚尔（合 4.1 亿美元）。这导致沙地亚公司的股票在一个交易日内暴跌37%，市值蒸发超过 8 亿美元。因此，该公司决定提前清算某些金融交易，最终造成大约 7.6 亿雷亚尔（4.1 亿美元）的损失。

　　沙地亚公司透露，造成损失的原因是，公司进行了未披露的投机性交易且交易规模超出了必要限制（即交易的目的不是为了对冲汇率变动的风险）。这些交易与该公司公开披露的对冲操作不一致（这些合约是为了覆盖 12 个月远期出口的敞口头寸，而公司披露的合约仅覆盖了 6 个月的敞口头寸）。

　　此外，沙地亚公司公开表示，它在货币市场上从事衍生品合约仅仅是为了对冲市场风险，而公司对这些风险实施密切监控，是合情合理的（即利用风险价值分析手段进行系统地评估）。但有人指出，沙地亚公司的财务报表没有对该公司的巨大敞口头寸做出解释，而这些头寸极易受到市场波动的影响（该公司公开的相关衍生品敞口不足 1.5 亿美元），而且该公司缺乏适当的内部控制和财务控制机制。

面对这一丑闻，公司解雇了自己的首席财务官，公司董事长和副董事长也引咎辞职〔BLB & G 律师事务所（Bernstein Litowitz Berger & Grossmann LLP Attorneys at Law），2008 年〕。

6

中国航油（新加坡）股份有限公司

中国航油（新加坡）股份有限公司是亚太地区最大的航空油料采购商。2005 年，该公司因卷入了一起涉及其首席执行官陈久霖（后来因涉嫌内幕交易被批捕，最终被判处四年零三个月的有期徒刑）的交易丑闻，并因此登上了媒体的头条。这场损失高达 5.5 亿美元，公司随后宣布破产。

最初，公司利用衍生品对冲其主要业务（石油采购和交易）的固有风险。但是，考虑到油价将继续上行，公司后来开始进行投机性期权交易，目的是从有利的市场走势中获利（国际风险管理师协会，日期不明）。

公司买进看涨期权，卖出看跌期权，从而有效地建立了高杠杆率多头头寸。随着油价上涨，公司行使看涨期权的买入权利，获得利润。交易对家放弃看跌期权的卖出权利，公司获得期权费收益。但是，从 2003 年第四季度开始，陈久霖认为未来油价的峰值为每桶 38 美元，他相信油价不会超过这个价格。于是改变了交易策略，与多家银行签订了衍生品合约。2003 年末，该公司通过卖出看涨期权和买入看跌期权，建立起空头头寸。但是,直到 2004 年 10 月,油价都没有下跌,甚至大大高过了原先预测的油价峰值。因此,公司不得不为其未平仓(空头)衍生品头寸追加巨额保证金。

根据国际风险管理师协会的案例研究(日期不明),2004 年 11 月 30 日,公司公布了一份新闻稿,公司在这篇新闻稿中表示,由于无法满足投机性衍生品交易引发的保证金追加要求,该公司被迫与一些交易对家进行平仓。这些已结清头寸造成的累计损失约为 3.9 亿美元。此外,该公司还有约 1.6 亿美元的未实现亏损,因此衍生品交易的损失总额达到 5.5 亿美元。

此外,调查表明,陈久霖和公司的其他高管曾在一段时间内通过篡改财务报表来掩盖公司损失(国际风险管理师协会,日期不明)。

⑦ 瑞士联合银行

1997 年,瑞士联合银行宣布,银行在股票衍生品上的损失达到 6.25 亿瑞士法郎。因此,到了 1998 年,瑞士联合银行不得不与瑞士银行公司合并,并在合并后冲销了 7.6 亿瑞士法郎的股票衍生品损失[舒茨(Schützs),2000 年]。在《瑞士联合银行的陨落:瑞士联合银行衰落背后的原因》(*The Fall of the UBS: The Reasons Behind the Decline of the Union Bank of Switzerland*)一书中,舒茨(2000 年)叙述了戈德斯坦(Goldstein,股票衍生品交易的负责人)如何一步步建立起全球股票衍生品交易团队,并躲避银行的风险管理控制体系的。戈德斯坦为银行赚取了巨额利润，并为自己赢得了数百万美元的奖金。舒茨（2000 年）指出，瑞士联合银行创建了两个独立而又功能重叠的风险控制部门，两个职能部门都直属于业务部门主管，而不是银行的高级管理层。由于戈德斯坦为公司创造了巨额利润，再加上银行内部存在利益冲突，这些因素帮助戈德斯坦的交易团队绕开了银行的内部控制。

但是，迪克·舒茨（2000 年）指出，戈德斯坦的同事并没有怀疑他进行了非法交易或从事不道德交易。他们认为，戈德斯坦是一个遵守规则的专业人员。在他们看来，戈德斯坦似乎从没有突破过交易限制，但事实并非如此。他敢于使用复杂的长期合约为公司赚取收益，在这些交易中，所有合约的利润都可以预先计入，而无须拿出适当的准备金。风险管理师或其他内控人员等本可以阻止他的交易，但没有人这样做。舒茨（2000 年）将瑞士联合银行的这场事件形容为"一个涉及权力、野心和虚荣的复杂故事"。

8
东方汇理银行

总部位于巴黎的法国农业信贷银行（Credit Agricole SA）是法国第二大银行，而东方汇理银行是前者的子公司，主要业务为投资银行业务。2007 年 9 月 18 日，东方汇理银行宣布，银行为平仓越权建立的头寸，亏损了 2.5 亿欧元（3.2 亿美元）。这些头寸是由理查德·比尔鲍姆越权建立的，他是东方汇理银行纽约部门的交易员。随后，公司以其越权进行指数型衍生品交易为由，解雇了比尔鲍姆（这类衍生品即信用违约掉期，其特点是，如果美联储降息，投资者会做出信贷质量会提高的预期，企业就能利用信用违约掉期交易从中获利）。一同被解雇的还有他的五名上司［波尔当（Paulden）、西蒙斯（Simmons）和里斯克（Risk），2007年］。波尔当等人指出，交易员表示，他的老板知道他在做什么，并把他看作银行在纽约部门的"摇钱树"，而且他每天都会上报头寸情况。

⑨
智利国家铜业公司

由于公司内部缺少适当的机构设置和内控体系，导致这家智利的国有铜矿公司在衍生品业务上栽了大跟头。公司公布的交易损失为2.07亿美元，其中1.64亿美元、3 100万美元和1 200万美元的损失，分别是由铜、白银和黄金期货造成的。前首席交易员胡安·巴勃罗·达维拉因电脑操作失误给公司带来3 000万美元的损失。他本应卖出伦敦金属交易所（LME）的期货合约，却错误地执行了买入操作。随后，他押注铜价下跌，试图通过卖空超过100万吨的铜期货（4万份LME合约）来弥补损失，同时他还在纽约商业交易所进行了黄金和白银期货的投机交易。但从1993年9月到1994年1月，铜期货每磅上涨了约10美分。交易员违反了交易规则，导致公司的内控体系完全失效。按照公司规则，他的损失限额最多不超过100万美元，净头寸限额为2万吨铜（即800份LME合约）期货。公司解雇达维拉后，他的直接上级也相继辞职，其中包括高级营销副总裁、销售经理和副经理［《商业全球》（All Business），1994年］。

⑩
国民西敏寺银行

国民西敏寺银行是英国最重要的银行之一，1997 年 2 月 28 日，这家银行的投资银行部门——金融市场部公布了银行在利率期权和掉期交易上的损失。银行公布的损失额为 5 000 万英镑，经过调查，这一数额修正为 9 050 万英镑。起始原因是，银行的利率风险管理部门的交易员对大量期权和掉期合约进行了系统性的错误定价。负责德国马克的交易员基里亚科斯·帕普伊斯（Kyriacos Papouis）以及他的上司，负责英镑交易的尼尔·道奇森（Neil Dodgson），为了掩盖损失，开始在银行账簿上篡改期权头寸。当时的监管机构——证券及期货管理局（英国金融服务管理局的前身）后来指出，这两名交易员不仅缺乏这项业务所需的技能，同时也缺乏相应的谨慎和勤勉态度。银行发现这些亏损后，帕普伊斯［当时已经跳槽到贝尔斯登银行（Bear Stearns）］以及包括道奇森在内的几位高级经理相继辞去职务。银行的内部控制和风险管理部门受到了严厉的批评，监管机构对银行处以 42 万英镑罚款。帕普伊斯和道奇森因违反证券及期货管理局的规定，而受到了罚款和训斥的处罚。这是一个经典的案例，它反映了复杂的定价模型，以及风险管理模型给现代银行带来的风险。证券及期货管理局指出，在近一年的时间里，风险管理部门竟然没有发现明显的错误定价，也没有发现交易员掩盖头寸的行为，出现这种情况的主要原因是，相关人员没有遵守最基本的内控标准（艾姆彼得·艾里斯克报告，2001 年）。

⑪
全球曼氏金融

这家全球重要的金融衍生品经纪商宣布，公司的坏账预计达 1.415 亿美元。造成这一损失的原因是，全球曼氏金融分部一名交易代理进行了越权交易，这名代理于 2008 年 2 月 27 日使用个人账户在小麦期货市场进行交易，其交易额大幅超过了公司授权的交易限额。因这一事件和 2003 年的另一起天然气交易事件，美国商品期货交易委员会对曼氏金融处以 1 000 万美元的罚款。芝加哥商品交易所则因这场小麦期货事件对曼氏金融处以 49.5 万美元的罚款。这场事件的责任人埃文·杜利（Evan Dooley）在家乡田纳西州从事小麦等大宗商品的交易。曼氏金融指控他越权进行了交易，导致了公司的巨额损失。曼氏金融称，杜利越权使用公司资金，押注小麦期货，买入了 1.5 万份小麦期货，这相当于期货市场每月容量的 10%。发现这些越权交易后，曼氏金融将杜利解雇。由于市场动荡，公司不得不迅速进行平仓，导致损失不断增加。曼氏金融的电子交易系统本来可以预防经纪人进行超权限的交易，但奇怪的是，某些交易员，包括杜利在内，关闭了这些功能，最终这些预防措施没有发挥作用，他们给出的理由是这些内控措施延缓了交易进程［格林鲍姆（Grynbaum），2008 年］。

⑫
摩根士丹利

2008 年，这家美国第二大证券公司，也成了"流氓交易员"的受害者。据传，这位交易员可能是伦敦分公司的马特·派珀（Matt Piper）。摩根士丹利透露，因试图掩盖约 1.2 亿美元（合 6 130 万英镑）的损失，公司对一名伦敦信贷交易员做出了停职的处罚。英国金融服务管理局在对一名雇员的行为进行全面调查时，发现了一笔对 1.2 亿美元交易记录的负调整，但金融服务管理局并未透露这名交易员的姓名。交易员原先在账簿中进行的这一调整，并不符合公司的内部政策。与此相关的短期信贷指数期权交易可以追溯到前一年。这些交易可能涉及 CDX 指数期权，它是一种用来对冲债券等信贷投资风险的复杂衍生品［鲍顿（Bawden），2008 年］。

⓭
中信泰富有限公司

2008 年 10 月，中信泰富有限公司宣布，由于外汇市场波动，越权的单向押注交易给公司造成了 20 亿美元的亏损。财务主管在未经授权的情况下对澳元和欧元进行了交易。公司签订了所谓的"累计期权合约"。根据合约，如果投资者押注的货币走强，他们就可以退出合约，但如果货币贬值，投资者就不能退出。

累计期权合约指的是投资者同意以低于现货价格的固定价格购买一定数量货币的衍生品合约［圣蒂尼（Santini），2008 年］。

在中信泰富有限公司公布亏损之前，

> 累计期权合约就像是埋在投资领域的地雷一样。这些合约

的风险敞口很大，对冲基金和金融投资者使用这种对冲工具的目的，是为了将风险锁定在限值以内。

市场分析师认为，在澳元不断升值的情况下，中信泰富有限公司签署了一些累计期权合约。合约设定了较高的收益上限，但没有规定亏损下限。由于合约的定价模式非常复杂，因此其风险很难估计。

随着澳元汇率升至 1 澳元兑 0.87 美元，中信泰富有限公司从中赚得了利润。尽管美元自 2008 年初以来持续走弱，但市场参与者仍错误地认为澳元将继续走强，并押注这一判断。随后，澳元的贬值给公司带来了巨额损失。如果市场走势再度翻转，公司本可以扭亏为盈。不过，中信泰富有限公司决定出售累计期权合约和其他衍生品，并平仓部分衍生品合约。这给公司带来了严重损失，当年 12 月公司亏损 8.077 亿港元（1.042 亿美元）。另外，中信泰富有限公司也持有类似的与欧元和人民币价值挂钩的衍生品合约（圣蒂尼，2008 年）。

⑭
帕玛拉特

迈克尔·爱德华（Michael Edward，2004）在他的网上文章《帕玛拉特破产事件背后的美国欺诈性金融衍生品》（*Fraudulent U.S. Bank Derivatives Behind Parmalat's Insolvency*）中指出，这家活跃于牛奶、乳

制品和水果饮料领域的意大利食品集团，估计持有 170 亿美元公司无法解释的账面资金。这些资金主要来源于一种复杂而高风险的衍生品，它的基础资产是一些空壳离岸公司发行的毫无价值的债券。自 1997 年以来，该公司收购了北美和南美的一些企业。在收购过程中，帕玛拉特欠下了巨额的债务，债权人包括摩根大通、美国银行和花旗公司等金融机构（这些机构持有大量的金融衍生品）。到 2001 年，公司的损失越积越多，这些银行开始使用利率掉期来降低损失风险。但是，针对利率和汇率的高风险投机活动，进一步增加了损失。这些银行原本是其他金融机构和投资者进行衍生品交易的中间人，于是，它们利用衍生品实施了一场庞氏骗局。这些衍生品的基础资产都是毫无价值的帕玛拉特债券。这种操作实际上成了它们隐瞒债务和损失的一种手段。由于他越来越贪心，形势变得越发不可收拾，于是银行把责任全部推到了帕玛拉特身上。而这些坑害了帕玛拉特和其他投资者的银行，恰恰正是当初将帕玛拉特的衍生品所基于的债券评为"稳健级金融票据"的那些银行，是它们促成了这场骗局。事实上，这些债券毫无价值，因为它们都是伪造的金融票据，而银行明知实情，却在一直充当这些衍生品的中间商。

迈克尔·爱德华（2004 年）继续指出，帕玛拉特前首席执行官坦齐（Tanzi）向意大利检方表示，"（整个欺诈性债券体系）完全是银行的主意"。帕玛拉特的前财务经理福斯托·托纳（Fausto Tonna）也是在银行的提议下，篡改了账簿，为这些债券向银行提供了伪造的担保书（爱德华，2004 年）。

2003 年 6 月，来自美国银行的卢卡·萨拉（Luca Sala）被任命为帕玛拉特的新董事。爱德华（2004 年）指出，为了掩盖基于债券的欺诈性衍生品，美国银行向外界宣布，存有 39 亿美元资金的帕玛拉特账户并不存在。这就等于公开了帕玛拉特即将破产的消息。同时，花旗银行的阿尔贝托·费拉里斯（Alberto Ferraris）被任命为帕玛拉特的财务经理（爱德华，2004 年）。

⑮
澳大利亚国家银行

2004 年 1 月，越权外汇衍生品交易给澳大利亚国家银行造成了数亿美元的损失。由此建立的敞口头寸使该行损失了 3.6 亿澳元，市值蒸发近 20 亿澳元。此后，许多高级职员丢掉了工作，董事会进行了重组，董事长查尔斯·艾伦（Charles Allen）和首席执行官弗兰克·西库托（Frank Cicutto）引咎辞职。墨尔本分行的交易员卢克·达菲、大卫·布伦和文斯·费卡拉，以及伦敦分行交易员吉安尼·格雷相继被公司解雇，并接受了澳大利亚联邦警察的调查，这些交易员后来被称作"流氓交易员"。2003 年 10 月，这些交易员预计澳元和新西兰元兑美元的汇率将下跌，于是以高杠杆率交易了澳元和新西兰元看涨期权。但这些货币的走势与预期相反，于是澳大利亚国家银行每天亏损数百万美元。为了挽回损失，这些交易员不仅没有进行平仓，反而加倍押注。他们还在银行的账目上填写虚假的货币交易，以掩盖他们的损失。但一开始，银行的内部控制部门没有发现这些虚假交易和超越限额的违规交易。几个月后，公司的一名职员发现了交易账户的资金出入，于是将情况上报给了管理层［辛格（Singh），日期不明］。

⑯
日本住友商事株式会社

住友商事是日本最大的贸易公司之一，也是铜现货市场最大的参与者，其交易量是市场第二大参与者的两倍。1996 年 6 月 13 日，住友商事宣布，公司在伦敦金属交易所的铜交易中亏损了 18 亿美元。造成损失的责任人是住友的首席铜交易员滨中泰南。当时，滨中主要负责大宗商品衍生品业务。时任住友总裁的秋山富一称，这些交易完全是由滨中泰南本人完成的，并指控他滥用住友的名义越权进行交易。在日本所有越权交易造成的损失案例中，这笔 18 亿美元的损失是当时数额最大的一笔。此前，拥有 233 年历史的英国巴林银行因越权交易而宣告破产；1995 年 9 月，日本大和银行也因交易员井口俊英的越权交易，在美国国债市场上损失了 11 亿美元（ICMR，2004 年）。

⑰
美国奥兰治县地方政府

1994 年年底，美国北卡罗来纳州奥兰治县宣布该县地方政府损失了 16 亿美元，这一消息震惊了市场，这是"地方政府投资池有史以来最大的损失"。随后，奥兰治县地方政府宣告破产。导致奥兰治县巨额亏损的原因是，该县没有对县财务主管鲍勃·西特伦的投资活动进行监督。他当时掌控着奥兰治县 75 亿美元的资金，这些资金归该县的学校、城镇、特别行政区和县政府所有。西特伦通过投资衍生品来增加资金池的利润，并将投资组合的杠杆率提高到最高的程度。这种投资策略一直运作良好，但到了 1994 年，美联储开始了一系列的加息操作，这导致了资金池的巨额损失。这种未实现的"账面"损失很快使奥兰治县宣布破产，随后该县启动了清算程序，账面损失最终转化为实际损失（乔瑞恩，2009 年）。

⑱
美国长期资本管理公司

长期资本管理公司最初非常成功，被认为是"华尔街的宠儿"。它在特定市场的大规模交易，以及持有的大额头寸，使公众认为，它是对冲基金领域中的佼佼者，公司最初的年化回报率超过 40%。

事实上，交易对家常常把长期资本管理公司当作投资银行，而不是对冲基金。尽管高杠杆率是公司高回报的关键，但同时它也夸大了公司的损失（总统金融市场工作组，1999 年）。

长期资本管理公司高管称，

长期资本管理公司参与了超过 2 万多笔交易，并与超过 75 个交易对家有业务往来。公司最初只是一家套利基金，后来很快就变成了一家全球资产配置基金，专门从事债券交易。事实证明，长期资本管理公司原先的模式对亚洲金融灾难和俄罗斯债券危机准备不足。

1998 年，长期资本管理公司在不到四个月的时间里损失了 46 亿美元，并于 2000 年初破产，这充分说明了对冲基金行业的高风险性（总统金融市场工作组，1999 年）。

⑲ 美国不凋花顾问公司

这家天然气交易商、多重策略对冲基金由尼克·马奥尼斯（Nick Maounis）于 2000 年创立（曾是美国最大的对冲基金之一）。这家公司一周内损失了大约 60 亿美元，当时创下了单名交易员造成的最大财务损失的记录。伯顿（Burton）和莱辛（Leising）指出，2006 年 6 月，公司能源交易约占基金总资本的一半，为公司创造了约 75% 的利润。一般来说，对冲基金的投资策略和风险水平与其他企业有所不同。对冲基金属于私募基金，通常游离于政府管制之外。因此，它们不需要向监管机构注册（在美国，这一机构为证券交易委员会）登记备案，但是对冲基金的管理者对投资者负有诚信义务。此外，由于相关法律不允许对冲基金宣传和推广其业务，因此，公众往往不了解对冲基金的财务信息。由于基金管理者不希望自己的无意行为导致监管机构（即证券交易委员会）介入调查，因此，在某种程度上，它们不会公开特定信息（伯顿和莱辛，2006 年）。

20
美国基德尔·皮博迪公司

这家纽约证券交易商在交易美国政府证券及其本息分离债券时，因交易员约瑟夫·杰特的行为而损失了 3.5 亿美元。所谓本息分离债券，是指每一笔现金流都作为证券而单独出售的债券（赫尔，2009 年）。

> 本息分离债券将债券的本金和利息分成两个单独交易的债券。如果人们对债券的需求高于本息分离债券，则可以将最多 60 笔利息支付（零息债券）重组为传统的附息债券（即"重组债权"）[弗里德曼（Freedman）和伯克（Freedman），2001 年]。

弗里德曼和伯克（2001 年）指出，由于公司的信息处理系统无法"让数十笔本息分离债券在重组中凭空消失，然后将其生成为传统债券"，因此，交易所会将重组过程记录为出售本息分离债券和购买附息债券。但是，系统允许人们最多提前 5 天结算"重组债券"，即系统允许交易员买进并卖出"远期合约"。这样，杰特就可以交易"远期"合约，然后在未来某个日期，再把本金和利息部分合并在一起。于是杰特就能够在入账当天记录利润，但这些利润却会在未来进行交易结算时从账目中消失。然后，他会滚动展期这些债券，而不进行结算，这样就会把利润留在账面上。因此，他必须不断增加投资组合的价值，才能继续维持账面利润。这就是 1994 年初基德尔·皮博迪公司出现巨额交易的原因（弗里德曼和伯克，2001 年）。

㉑
加拿大蒙特利尔银行

2007 年 4 月蒙特利尔银行披露，公司在天然气交易中的损失高达 4.07 亿美元。银行的首席执行官比尔·唐恩（Bill Downe）在一场电话会议上指出，造成亏损的原因是，交易员对该银行巨额的天然气价外期权组合的估值不准确，从而造成了投资者的损失。这些交易大多是由银行的一位资深天然气交易员戴维·李执行的［亚历山大（Alexander），2007 年］。

㉒
意大利租赁银行

意大利租赁银行的主要业务是向商业实体、金融机构提供租赁和保理服务，此外，银行还提供物业管理和其他金融服务。

根据埃文斯–普里查德（Evans–Pritchard）发表在《每日电讯报》（The Telegraph，2008 年）上的一篇文章，2007 年 6 月 29 日，意大利租赁银行宣布：自己在信用衍生品掉期交易上损失了约 6.1 亿美元，交易对家涉及德意志银行、巴黎银行（Paribas）和法国兴业银行；另外，银行还存在另一笔 1.2 亿美元的未实现损失。

衍生品业务上的损失令这家米兰的银行机构始料未及，同时暴露了奇异信贷工具背后隐藏的巨大风险。意大利银行（Bank of Italy）建议意大利租赁银行寻求增资,并终止出售任何形式的衍生品合约。事实上,这家银行的佣金下降了 37%,这说明它已经退出了衍生品业务。但银行的保理业务增长了 24%,达到 95 亿欧元。虽然银行的衍生品业务陷入困境,但在后来的六个月里,它的市场份额有所增加。

米兰梅里奥巴卡银行的风险管理师达维德·纳瓦索蒂(Davide Navasotti)认为,问题的根源在于,"意大利租赁银行缺少合理的风险管理措施,以及没有贯彻《巴塞尔新资本协议》的政策"(埃文斯–普里查德,2008 年)。在公布完衍生品业务的净亏损(总额达 6.86 亿美元)后,意大利租赁银行对其风险管理团队和内控流程进行了重组。随着欧洲利率的不断上升,行权障碍被打破,银行不得不承担逐日盯市的损失。

> 意大利租赁银行与交易对家银行结算了大部分衍生品交易,截至 2007 年 7 月 23 日,其未清偿衍生品合约的逐日盯市的正市值约为 300 万欧元(埃文斯 - 普里查德,2008 年)。

㉓
德意志银行

2008 年 10 月 27 日,这家德国实力最雄厚的银行遭遇了股票市场的巨变,规模堪比 20 世纪 30 年代的那场市场动荡。他们在股票衍生品上损失了 4 亿美元〔西蒙斯和基纳(Keehner),2008 年〕。这些金融合约的价值取决于其他资产的波动，而由于股票市场之间的相关性增加，这些合约的价值受到了负面影响。在这种情况下，虽然银行从零售结构性金融产品上获得了剩余衍生品头寸，但这些头寸不断贬值（西蒙斯和基纳，2008 年）。

㉔
巴瓦格银行

巴瓦格银行（德语"劳动与经济银行"的简称）是奥地利的第五大银行，原隶属于奥地利工会联盟（Austrian Trade Union Federation）。2006年，这家银行被赛罗伯斯资本（Cerebus Capital）收购。此前，调查人员曾对巴瓦格银行进行了一场调查，调查表明，巴瓦格银行使用货币和利率掉期合约，押注日元走势，但最终押注失败，银行在衍生品交易上损失了 24 亿美元。这家银行还曾与瑞富公司（Refco）进行过复杂的衍生品交易，后者是美国的一家期货经纪商，现已破产。银行的前首席执行官赫尔穆特·埃尔斯纳，以及基金经理沃尔夫冈·弗洛蒂因给银行造成巨额损失而被判刑［《泰晤士报》(*The Times*)，塞布（Seib），2008年］。在《巴瓦格银行丑闻牵连甚广》(*Scandal at Union-Owned Bank in Austria Cuts Wide Swath*) 一文中，霍罗威茨（Horowitz，2006 年）将这场丑闻归咎于银行管理层的贪婪。他引用了伦敦穆迪投资者服务公司（Moody's Investor's Service）高级分析师尼古拉·费内代（Nicola Venedey）的观点，称"他们（管理层）的风险偏好非常高，但他们做事的透明度非常低。"

在连续几任首席执行官的领导下（包括沃尔特·弗洛蒂，赫尔穆特·埃尔斯纳，尤其是后者），巴瓦格银行在高风险衍生品上投入了大量资金。这些衍生品都是由罗斯资本市场公司（Ross Capital Markets Ltd.）管理的，这是一家在百慕大注册的对冲基金，它的老板就是沃尔特·弗洛蒂的儿子沃夫冈·弗洛蒂（Wolfgang Floetti）。

最初几年，这些投资确实带来了利润。后来由于前文提到的押注失败，这些投资最终血本无归。

巴瓦格银行还投资了巴勒斯坦西岸的一家赌场。这家位于杰里科（Jericho）的赌场是由巴解组织主席亚西尔·阿拉法特（Yasser Arafat）所控制的一家投机集团运营的。赌场一开始也赚得了很多利润，但2000年10月巴勒斯坦爆发了暴力起义，一个月后这家赌场就停业了。巴瓦格银行为此损失了1 320万美元的股份（霍罗威茨，2006年）。

2006年1月，埃瓦尔德·诺沃特尼（Ewald Nowotny）开始担任首席执行官。上任伊始，他便立即承诺停止所有"奇异衍生品交易"，并清理掉所有给银行造成重大金融问题的业务。

在 2006 年 3 月 24 日的新闻发布会上，巴瓦格银行监管董事会主席冈特·韦宁格（Günter Weninger）公布了该行过去五年的损失累积情况，并表示 2000 年底管理层就已经告诉他银行的损失情况了。"但他还是决定掩盖衍生品交易的损失，以免引发客户挤兑以及可能造成的银行破产"〔亚当（Adam），2006 年〕。

㉕
联合利昂

1991 年，这家饮料和食品公司的资金部门因售出美元对英镑汇率的看涨期权，损失了 1.5 亿美元（赫尔，2009 年）。1991 年 3 月 20 日的《金融时报》（Financial Times）指出，这场损失归咎于公司"异常的外汇敞口"。豪厄尔斯（Howells）和贝恩斯（Bains）在其著作《货币、银行和金融的经济学》（*The Economics of Money, Banking and Finance*）中引述了这篇报道。由于运营和出口业务的需要，公司持有大量的美元收入，于是公司采用衍生品对冲不利的汇率波动。由于预期美元将会走弱，公司开始在衍生品和现货市场上建立大额敞口头寸，卖出美元的看涨期权，并在外汇市场卖空美元。如前文所述，卖出看涨期权是大公司很常见的操作，但人们应该谨慎对待这一策略，因为卖出者面临的损失可能是无限大的（豪厄尔斯和贝恩斯，2005 年，第 439 页）。

26
吉布森贺卡公司

"吉布森贺卡公司是一家位于辛辛那提的贺卡制造商。1994年，公司的资金部门与信孚银行进行了奇异利率衍生品交易。这些合约给公司造成了约2 000万美元的损失。"起初，为了将它们的债券转换为浮动利率债，他们与信孚银行进行了普通的掉期交易。合约中止后，公司获得了一定利润，然后，这些掉期合约被转换成结构性掉期合约。他们接受5.5%的固定利率，并向银行支付浮动利率，浮动利率为LIBOR（伦敦同业拆借利率）的平方除以6%。随着LIBOR的上升，支付利率越来越高，为了避免在合约中止时支付现金，公司与信孚银行签订了更为复杂的掉期合约。若不计入相关负债，公司的不良资产增加到1.675亿美元。信孚银行当时为了降低未实现损失，故意给出了错误的估值［戈帕拉克里希南（Gopalakrishnan），日期不明］。随后，吉布森贺卡公司起诉了信孚银行，最终双方达成庭外和解（赫尔，2009年）。

27
哈默史密斯-富勒姆区政府

1988年，英镑利率发生变动后，哈默史密斯-富勒姆区政府在英镑利率掉期和期权交易上损失了约6亿美元。出于投机目的，这个地方政府交易了大约600份利率掉期和相关衍生品合约，名义本金总额约为60亿英镑。参与交易的两名员工并不完全理解相关交易及其风险。英国法院后来宣布所有合约无效。显然，对充当交易对家的银行来说，这一判决是不利的，因为它剥夺了银行执行合约的权利（赫尔，2009 年）。

㉘
美国宝洁公司

1994 年，这家美国大型公司的资金部门与信孚银行进行了奇异利率衍生品的交易，并因此损失了约 9 000 万美元。他们后来向法院起诉信孚银行，称信孚银行没有"准确和充分地"披露衍生品合约信息，最终双方在庭外达成和解（赫尔，2009 年）。宝洁一直都在利用衍生品来降低借贷成本，并利用掉期交易管理利率和外汇敞口。豪厄尔斯和贝恩斯在《货币、银行和金融的经济学》中指出，宝洁公司预期美国和德国利率将一直处于较低水平，于是签订了信孚银行设计的两份高杠杆率掉期合约，将公司固定利率贷款转换为浮动利率贷款。随着利率的大幅上升，这些合约给宝洁公司造成了严重损失。宝洁后来表示，这些合约与公司使用衍生品的内部政策不一致。前文也提到，另一家美国公司吉布森贺卡公司也以同样的理由，同时向法院起诉了信孚银行（豪厄尔斯和贝恩斯，2005 年，第 438 页）。

㉙
东南亚金融危机

亚洲的很多公司（包括前文提到的鹿岛石油和昭和壳牌）经常使用

衍生品来押注利率和汇率的走势。虽然这一地区的政府要求本国货币盯紧美元，但在危机开始时，利欲熏心的资本玩家所持有的投机性货币衍生品，是外汇储备的两倍（亚当斯和朗克尔，2000年）。由于投机者持有这些合约直至到期，损失一直保持在他们的账面上［博苏克（Borsuk）和麦克德莫特（McDermott），1998年］。

㉚
法国兴业银行

法国兴业银行创下了单个期货交易员造成的最严重损失的记录。2008年1月股市开始下跌，揭开了期货交易员热罗姆·凯维埃的交易骗局。银行为了平仓凯维埃越权建立的头寸，付出了49亿欧元（71.8亿美元）的代价。在BBC新闻（2008年）的报道《接受调查的法国交易员》（*French trader under investigation*）中，法国兴业银行称，凯维埃"所持有的头寸是为了押注价值500亿欧元（730亿美元，370亿英镑）的欧洲股票的走势"。

这远远超过了法国兴业银行约350亿欧元的市值，大约相当于法国全年预算赤字的规模。为了避免灾难性后果，银行不得不平仓凯维埃的敞口头寸。法国兴业银行表示，凯维埃从事过交易管理方面的工作，这使他能够伪造交易信息，在账面上实现平衡，从而骗过内控人员（BBC新闻，2008年）。

㉛
德国金属公司（MG）

德国金属公司是一家德国企业集团，也是一家传统金属公司，公司的能源事业部拥有多家子公司。1993 年 12 月，德国金属公司公开宣布，公司的能源事业部给公司造成了大约 15 亿美元的损失。最初，德国 MG 集团旗下的精炼和销售公司（即德金精销）与多家客户签订了合约，承诺以 1992 年的固定价格，每月向客户出售一定数量的石油，合约的最长期限为 10 年。德金精销认为，公司雄厚的金融资源能够帮助它们以最有效的方式管理风险，于是向客户提供了这样一种方案，帮助客户消除或者转移油价波动的风险。但是，公司实际上并未达到这种规模经济的水平。德金精销在纽约商业交易所的敞口头寸太过庞大，以至于很难进行平仓。另外，为了实施套期保值策略，德金精销必须巧妙安排现金流周期，但公司在这方面遇到了问题。尽管这种风险管理策略可能实现企业的目标，但管理层并没有理解或批准这一策略［迪格南（Digenan）等人，2004 年］。

㉜
爱尔兰联合银行

2002 年，爱尔兰第二大银行爱尔兰联合银行的子公司爱弗斯特银行，在外汇期权交易中损失了 7.5 亿美元。《路德维希报告》将银行的损失归咎于失败的外汇投机交易。银行的交易员约翰·鲁斯纳克"系统地伪造了银行记录和文件，来掩盖投机交易的损失"。鲁斯纳克利用风险管理程

序的漏洞，采用半真半假的期权头寸来掩盖损失，而银行在长达五年的
时间里竟然对他的行为毫无察觉。和巴林银行一样，爱尔兰联合银行也
是操作风险的受害者。

> 路德维希报告表明，风险管理者没有对交易员的活动进行
> 全面的合理性测试，因此他们没有发现鲁斯纳克日成交量水平
> 和总头寸规模已经超过了预计损益表和风险价值的限值（克里
> 顿和奥克利里，2002 年）。

㉝
巴林银行

发生在 1995 年初的巴林银行破产事件，给人们敲响了警钟。这场事
件表明，公司将衍生品用于投机目的，或者不对交易活动进行适当的控
制，会给自己带来严重问题。一家拥有两百多年历史的金融企业，竟然
犯下了滥用衍生品的错误，这实在令人费解。最初，巴林银行新加坡子
公司的交易员尼克·李森买入了数千份场内（东京证券交易所交易）交
易的日经指数期权合约。他认为日经指数将会上涨，为了获得更多奖金，
他在没有做对冲的情况下买入了这些合约，给银行带来了巨大的风险敞
口。由于日经指数下跌，银行无力弥补到期合约造成的损失，不得不宣
布破产［贝克（Baker），1995 年］。

㉞
安然公司

安然公司成立于 1985 年，是由休斯敦天然气公司和内布拉斯加州奥马哈市的北方内陆天然气公司合并而成的。起初，安然公司是一家天然气管道公司。20 世纪 80 年代末，美国政府放开了对天然气和电力行业的管制，于是公司开始通过电话或传真开展天然气和电力产品的交易。

> 交易员收集买家（如独立电力公司）的订单，并为其寻找潜在的卖家。在政府放松管制的一年内，安然的天然气服务部门已经占领了 29% 的市场份额。为了寻找更好的方法来汇总和分析市场信息，安然把目光投向了在线市场（达菲，2001 年）。

经过多年的耕耘，安然公司很快成长为美国第七大公司和世界上最大的能源交易商。它广泛开展各类能源和信贷衍生品的交易。不过，为了掩盖巨额亏损，公司进行了系统性作假，最后成为美国历史上因系统性作假而破产的、规模最大的公司。安然公司倒闭后，《华盛顿邮报》（*The Washington Post*）指出，衍生品是一种"风险极高、极其复杂，且基本上不受监管的金融合约"。此外，《巴尔的摩太阳报》（*The Baltimore Sun*）引述了美国商品期货交易委员会前官员迈克尔·格林伯格（Michael Greenberger）的观点，称"不谨慎的衍生品交易无异于赌博"。此外，小说《鲍伊债券》（*Bowie Bonds*）的作者琳达·戴维斯（Linda Davies）认为，"衍生品是没有内在价值的金融工具"（卡拉翰和卡扎，2004年）。在这桩美国历史上第二大破产案（仅次于世通公司）中，衍生品确实起到了一定的作用，但它的作用并没有大多数人想象的那么大。很多人以为，安然的破产是由衍生品交易亏损导致的，但这种观点显然不符合事实。事实上，安然在衍生品交易业务上是非常成功的，赚取了数十亿美元的利润。帕特诺伊（2002年）认为，安然之所以破产，是因为它试图利用它的利润掩盖自己咨询业务和技术项目中出现的严重亏损。帕特诺伊解释道，在会计欺诈丑闻曝光后，公司信誉扫地，信贷来源和现金来源也随之消失。因此安然倒闭的直接原因是现金流中断，而不是缺乏利润（普伦蒂斯，2002年）。